La Santé par le plaisir
de bien manger

Richard Béliveau Ph. D. ▪ **Denis Gingras** Ph. D.

La Santé par le plaisir de bien manger

La médecine préventive au quotidien

TRÉCARRÉ

Une compagnie de Quebecor Media

Catalogage avant publication de Bibliothèque et Archives nationales du Québec et Bibliothèque et Archives Canada

Béliveau, Richard, 1953-

    La santé par le plaisir de bien manger : la médecine préventive au quotidien

    Comprend des réf. bibliogr.

    ISBN 978-2-89568-418-3

    1. Régimes alimentaires. 2. Diabète non insulinodépendant - Aspect nutritionnel. 3. Cancer - Aspect nutritionnel. 4. Appareil cardiovasculaire - Maladies - Aspect nutritionnel. 5. Alzheimer, Maladie d' - Aspect nutritionnel. I. Gingras, Denis, 1965- . II. Titre.

RM217.B44 2009   615.8'54   C2008-942293-7

Édition : Martin Bélanger
Révision linguistique : Carole Mills
Correction d'épreuves : Emmanuel Dalmenesche
Direction artistique : Lison Lescarbeau et Marike Paradis
Couverture et grille graphique : Marike Paradis
Mise en pages : Hamid Aittouares
Photo des auteurs : Jacques Migneault
Nutritionniste : Frances Boyte
Illustratrice : Amélie Roberge
Collaborateurs : Maude St-Jean, Julie Gauthier, Patrick Thibault, Sam Murray, Michelle Hénault, Randal Lyons, Louise Durocher, Jessica Laroche

Remerciements

Les Éditions du Trécarré reconnaissent l'aide financière du gouvernement du Canada par l'entremise du Programme d'aide au développement de l'industrie de l'édition (PADIÉ) pour ses activités d'édition. Nous remercions le Conseil des Arts du Canada et la Société de développement des entreprises culturelles du Québec (SODEC) du soutien accordé à notre programme de publication. Gouvernement du Québec – Programme de crédit d'impôt pour l'édition de livres – gestion SODEC.

Les Éditions du Trécarré
Groupe Librex inc.
Une compagnie de Quebecor Media
La Tourelle
1055, boul. René-Lévesque Est
Bureau 800
Montréal (Québec) H2L 4S5
Tél. : 514 849-5259
Téléc. : 514 849-1388

Dépôt légal – Bibliothèque et Archives nationales du Québec et Bibliothèque et Archives Canada, 2009

ISBN 978-2-89568-418-3

Distribution au Canada
Messageries ADP
2315, rue de la Province
Longueuil (Québec) J4G 1G4
Tél. : 450 640-1234
Sans frais : 1 800 771-3022

Ce livre est dédié au Dr Claude Bertrand, neurochirurgien,
fondateur du service de neurochirurgie du CHUM,
pour sa vision éclairée et innovatrice de la médecine,
pour avoir inspiré une génération de chirurgiens et de chercheurs.

REMERCIEMENTS

Pour leur soutien indéfectible à la Chaire en prévention et traitement du cancer de l'UQAM, merci à :
· l'entreprise Nautilus Plus et à son président, M. Richard Blais ;
· la Financière Manuvie ;
· la Banque Nationale ;
· Metro Inc.

C'est grâce à leur vision d'une société meilleure que nous pouvons réaliser nos travaux de recherche.

Merci aux neurochirurgiens du service de neurochirurgie du CHUM, pour leur enthousiasme à faire converger intervention thérapeutique et recherche médicale.

Merci aux oncologues du service d'oncologie de l'Hôpital général juif de Montréal et du Centre de prévention du cancer, pour leur dynamisme à implanter des mesures de prévention dans la population.

Merci à tous les patients, qui, par leur témoignage et leur motivation, nous encouragent à continuer ce combat dans la lutte contre les maladies chroniques.

Un merci spécial à Kathleen Asselin, pour son courage et sa détermination admirable dans son combat individuel face au cancer.

Merci à tous les chercheurs du Laboratoire de médecine moléculaire, qui, par leur travail acharné, permettent de faire progresser la recherche en traitement et prévention du cancer et des autres maladies chroniques.

La Fondation des maladies du cœur du Québec est très heureuse de pouvoir souligner l'exceptionnel travail de vulgarisation effectué par les Drs Richard Béliveau et Denis Gingras dans le présent livre. Ils y démontrent clairement l'impact que de saines habitudes de vie peuvent avoir sur la qualité de notre santé actuelle et future, particulièrement lors de notre vieillissement.

Les Drs Béliveau et Gingras ont su capter l'information scientifique et la présenter de façon simple, pour un public instruit, curieux et intéressé par les problèmes de santé. Peu d'ouvrages rassemblent les connaissances contemporaines sur l'importance du style de vie et les troubles majeurs de santé dans notre société. Les principes énoncés sont universels : se nourrir sainement, limiter l'apport calorique, faire de l'exercice quotidiennement, ne pas fumer et avoir un environnement sain sur le plan de la détresse et du soutien social auront un impact majeur sur la santé.

À notre connaissance, c'est la première fois qu'on retrouve dans un seul et même livre un message cohérent de prévention, qu'on parle de maladies cardiovasculaires, de cancer, de diabète ou de maladies neurodégénératives. Bien qu'axée principalement sur la saine alimentation, sans toutefois négliger l'activité physique, cette approche multidisciplinaire amène rapidement le lecteur à constater qu'il peut réduire ses risques de souffrir de plusieurs des grandes maladies chroniques en adoptant quelques principes de vie fort simples. Car ce livre n'est ni un guide nutritionnel ni un recueil de recettes, c'est plutôt un véritable manuel de prévention qui nous permet de mieux comprendre et de mieux apprécier les nombreux effets de ce que nous mangeons et buvons sur notre état de santé.

Ces principes universels ont été énoncés il y a plus de deux mille ans par Hippocrate (460-377 av. J.-C.), le père de la médecine, qui disait que la maladie était la « conséquence de facteurs environnementaux, de l'alimentation et des habitudes de vie ». Il est bon de se le rappeler.

Jacques Genest, MD, FRCP (C)

Professeur, Faculté de médecine, Université McGill
Chaire de médecine McGill/Novartis
Directeur, Division de cardiologie
Centre universitaire de santé McGill/hôpital Royal Victoria
et président du comité Affaires santé et recherche
Fondation des maladies du cœur du Québec

En 1979, quatre confrères médecins et moi-même avions le désir d'améliorer la qualité de vie des personnes atteintes de cancer et celle de leurs proches par des services d'information, d'accompagnement et d'héberge-ment. C'est ainsi que nous avons créé la Fondation québécoise du cancer il y a maintenant presque trente ans. À l'époque, nous étions constamment confrontés à la dure réalité que vivaient nos patients atteints de cancer, qui ne bénéficiaient pas toujours de ressources suffisantes.

Au-delà du fait qu'ils devaient inévitablement faire face à cette maladie grave, nombre d'entre eux expri-maient également une multitude d'interrogations sur la maladie. Leurs confidences, leurs questionnements, leurs inquiétudes face à ce que devrait subir leur corps pour combattre le cancer... ce sont les paroles échangées entre le jeune clinicien que j'étais et mes patients qui ont fait naître en moi cette préoccupation quant à la qualité des soins et du soutien qui leur étaient offerts.

En effet, au contact de mes patients, j'ai rapidement pris conscience du manque d'information vulgarisée sur les thèmes qui les préoccupaient tant. Presque trente ans plus tard, je constate que beaucoup de chemin a été parcouru en matière de prévention. Grâce à l'expertise d'individus tels que le Dr Richard Béliveau et le Dr Denis Gingras, la population est maintenant plus conscientisée quant à l'importance d'une saine alimentation et de son impact fondamental sur la longévité et le maintien d'une bonne qualité de vie. Et c'est, je crois, le premier pas à franchir pour éloigner le cancer et les autres maladies chroniques qui bouleversent le quotidien de tant de gens chaque jour.

C'est avec joie et intérêt que je trouve dans *La Santé par le plaisir de bien manger* des réponses claires et vulgari-sées à tant de questions que j'entendais dans mon bureau durant toutes mes années d'exercice. Au fil des pages, vous découvrirez un guide pratique et accessible qui pose un regard fascinant sur l'évolution de notre environne-ment en analysant l'impact de l'alimentation sur la santé de notre société. En plus d'apporter des bienfaits pour notre quotidien, cet ouvrage s'avère une lecture captivante qui allie la science à des réflexions philosophiques et anthropologiques sur la relation entre l'être humain et les aliments. Ce tour du monde historique fait donc prendre conscience des liens entre une nutrition déficiente et le développement de certaines maladies chroniques telles que le cancer et les troubles cardiovasculaires.

Félicitations aux Drs Richard Béliveau et Denis Gingras pour cette œuvre magistrale, qui offre un message d'espoir face à la lutte contre le cancer.

Dr Michel Gélinas

Président et cofondateur
Fondation québécoise du cancer

La vieillesse n'est pas
une question de mort,
c'est une question de santé
puisque la mort est certaine.

François Mitterrand (1916-1996)

Chapitre 1

Quand manger rend malade

Un enfant qui naît aujourd'hui dans un pays industrialisé peut espérer vivre en moyenne près de quatre-vingts ans, une statistique tout à fait exceptionnelle si l'on considère que pendant la majeure partie de l'histoire de l'humanité l'espérance de vie à la naissance s'est située aux environs de 20 à 30 ans (Figure 1). Ce n'est que depuis la seconde moitié du XIXᵉ siècle que l'augmentation de cette espérance de vie a véritablement pris son envol, une tendance à la hausse soutenue par les découvertes extraordinaires réalisées par la médecine moderne au cours du XXᵉ siècle (Figure 2). En effet, le développement de nombreux antibiotiques, vaccins, médicaments, interventions chirurgicales et autres prouesses médicales qui ont marqué le dernier demi-siècle a permis de réduire considérablement le fardeau imposé par plusieurs maladies, notamment la mortalité

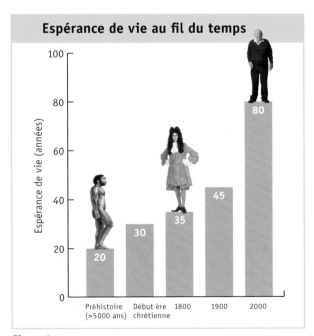

Figure 1

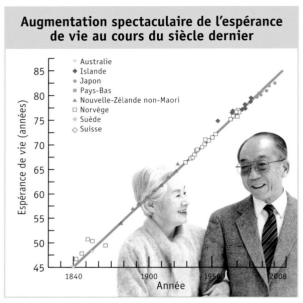

Figure 2 Source: adapté de *Science* 2002 ; 296 : 1029-1031

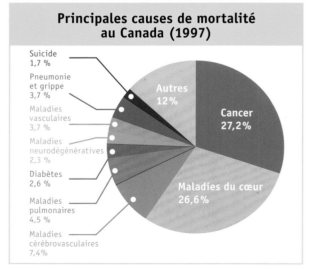

Figure 3 Source : Statistique Canada

associée aux maladies infectieuses. Alors qu'il y a un siècle à peine la tuberculose, la pneumonie et les diarrhées étaient responsables à elles seules du tiers de la mortalité aux États-Unis, ces maladies ne représentent plus aujourd'hui qu'un faible pourcentage des décès, loin derrière ceux qui sont causés par ces « nouvelles maladies » que sont le cancer, les maladies cardiovasculaires et autres désordres chroniques comme le diabète de type 2 et les maladies neurodégénératives (Figure 3). Ces maladies chroniques constituent donc le principal défi auquel doit actuellement faire face la médecine, très loin devant certains facteurs de risque qui font souvent les manchettes, mais dont l'impact réel sur la santé publique est beaucoup moins important (Figure 4).

Même si l'augmentation de l'espérance de vie a certainement joué un rôle dans cette hausse fulgurante de la forte mortalité associée aux maladies chroniques, il est néanmoins préoccupant de constater que ces maladies frappent trop souvent de plein fouet des personnes dans la force de l'âge et peuvent ainsi considérablement diminuer autant la durée que la qualité de vie. Par exemple, l'Organisation mondiale de la santé estime qu'une personne qui vit quatre-vingts ans perdra en moyenne presque dix années de vie en bonne santé en raison de l'une ou l'autre de ces maladies chroniques. Il va sans dire que la perte d'autonomie ainsi que les nombreuses souffrances associées aux traitements de ces maladies (chirurgie, chimiothérapie, dialyse...) représentent malheureusement une réduction substantielle des bénéfices que peut procurer une augmentation de la durée de vie. En d'autres mots, même si la hausse continue de l'espérance de vie observée depuis cent cinquante ans permet d'envisager des durées de vie moyennes qui pourraient atteindre quatre-vingt-dix et même quatre-vingt-quinze ans d'ici quelques décennies, la forte incidence des maladies chroniques graves menace non seulement de mettre un frein à cette tendance, mais également d'hypothéquer la principale raison d'être d'une plus grande longévité : vivre le plus longtemps possible en bonne santé.

Espérance de vie en bonne santé

On croit souvent que l'apparition de ces maladies chroniques est un phénomène inévitablement associé au vieillissement, une fatalité à laquelle nous ne pouvons échapper à moins d'être « chan-

Morts par année aux États-Unis (2004)	
Maladies cardiovasculaires	652 486
Cancer	553 888
Accidents	112 012
Rhume et grippe	59 664
Sida	14 627
Chute d'escalier	1 307
Chute du lit	450
Chute sur glace	92
Attaque de requin	2
Grippe aviaire	0
Vache folle	0

Figure 4   Source : Centers for Disease Control and Prevention

ceux » et de posséder des gènes qui nous prédisposent à vieillir en bonne santé. Cette perception est pourtant fausse, car on sait maintenant que ces « gènes de Mathusalem » ne sont responsables que d'environ un tiers des cas de longévité exceptionnelle ; les deux tiers des personnes qui atteignent un âge avancé tout en conservant une bonne santé le doivent d'abord et avant tout à de saines habitudes de vie.

La comparaison des incidences de diverses maladies chroniques dans différentes populations du monde illustre de façon spectaculaire l'influence du mode de vie sur le risque d'être touché par ces maladies. Par exemple, alors que la mortalité liée aux maladies cardiovasculaires est extrêmement élevée dans la plupart des pays occidentaux et y représente la principale cause de décès, cette incidence peut être jusqu'à dix fois plus faible dans certaines régions du Bassin méditerranéen ou encore au Japon (Figure 5). Ces différences ne sont pas dues à des facteurs génétiques qui protégeraient les habitants de ces pays, car lorsque ces populations émigrent vers des pays où l'incidence de maladies cardiovasculaires est élevée (comme l'Amérique du Nord), elles acquièrent rapidement les mêmes taux de mortalité que les habitants de ces régions. La comparaison de l'incidence de maladies cardiovasculaires de Japonais vivant à Hiroshima avec celle de leurs compatriotes vivant à Hawaï ou en Californie est un exemple frappant de ce phénomène (Figure 6) : alors que les infarctus du myocarde sont un phénomène rare au Japon, l'incidence de cet événement double à la suite de l'émigration des Japonais vers une région plus occidentalisée (Hawaï) et quadruple dès qu'ils s'établissent aux États-Unis.

De telles différences sont également observées pour le cancer. Par exemple, les femmes américaines, tout comme celles des pays occidentaux en général, sont très durement touchées par le cancer du sein après la ménopause, et la mortalité associée à cette maladie ne cesse d'augmenter par la suite. À l'inverse, la mortalité associée au cancer du sein des Japonaises n'augmente pratiquement pas en fonction de l'âge, de sorte que, même à un âge avancé (75 ans et plus), ces femmes sont cinq fois moins touchées par ce cancer que les femmes occidentales (Figure 7A). Une situation similaire est observée pour le cancer de la prostate : alors qu'en Occident l'incidence et la mortalité associées à ce cancer connaissent une augmentation fulgurante après l'âge de 65 ans, cette hausse est beaucoup moins prononcée au Japon et entraîne trois fois moins de décès qu'en Amérique (Figure 7B). Encore une fois, ces différences sont causées par des facteurs liés au mode de vie car les Japonais qui s'établissent aux États-Unis voient leurs incidences de cancers du sein et de la prostate devenir similaires à celles des résidents de leur pays d'accueil. Dans l'ensemble, ces exemples montrent donc à quel point l'apparition des maladies chroniques au cours du vieillissement peut être influencée par le mode de vie occidental, en particulier celui en vogue en Amérique du Nord. La hausse fulgurante de ces maladies observée au cours des

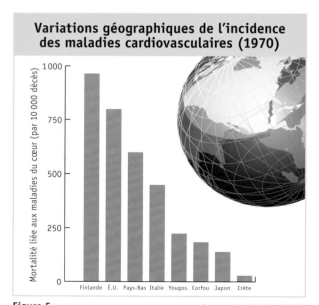

Figure 5   Source: adapté de *Keys* (1980)

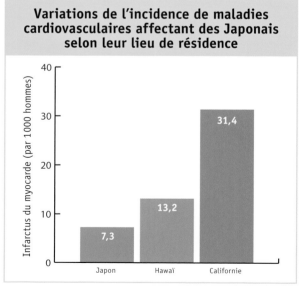

Figure 6   Source: *Am. J. Epidemiol.* 1975; 102; 514-525

dernières années n'est donc pas une conséquence inévitable de l'augmentation de l'espérance de vie, mais plutôt le résultat de mauvaises habitudes qui favorisent leur apparition et accélèrent leur développement. Et parmi tous les facteurs associés au mode de vie qui peuvent influencer le risque de maladies chroniques, l'alimentation est l'un des plus importants.

Maladies à la carte

Les premiers indices sur l'implication de l'alimentation dans le développement des principales maladies chroniques proviennent des observations de plusieurs explorateurs, médecins et missionnaires qui ont travaillé au début du XXᵉ siècle auprès de populations isolées d'Afrique, d'Australie ou du Grand Nord canadien. Ils ont observé que les habitants de ces régions étaient très rarement touchés par le cancer, les maladies cardiovasculaires ou encore le diabète de type 2, mais que l'incidence de l'ensemble de ces maladies augmentait très rapidement à la suite de l'adoption du mode de vie occidental, une modification qui était généralement caractérisée par une plus grande sédentarité et une consommation accrue d'aliments riches en sucre et en gras aux dépens de produits végétaux comme les fruits et légumes ou les céréales à grains entiers.

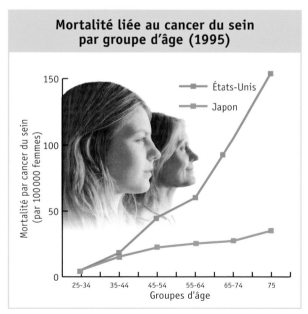

Figure 7A   Source: Statistiques de l'OMS

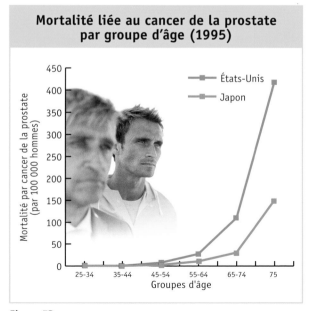

Figure 7B   Source: Statistiques de l'OMS

15

Plus récemment, la mondialisation des échanges commerciaux amorcée depuis une vingtaine d'années constitue probablement la meilleure illustration de cet impact négatif du régime alimentaire occidental sur la santé. En effet, c'est au cours de cette période que les habitants des pays économiquement moins développés ont commencé à avoir accès à une foule d'aliments extrêmement riches en calories vides, c'est-à-dire des produits surchargés de sucre et de gras mais paradoxalement dépourvus d'éléments nutritifs essentiels. Que ce soit les boissons gazeuses ou encore les produits transformés riches en sucre, en gras et en farines raffinées, tous ces aliments industriels fabriqués à grande échelle et souvent vendus à prix modique ont remplacé plusieurs constituants de l'alimentation traditionnelle de nombre de pays du monde et représentent désormais une partie importante de l'apport calorique des habitants de ces pays.

Et l'impact désastreux de ces modifications alimentaires sur la santé ne s'est pas fait attendre : par exemple, alors qu'en 1989 à peine 10 % des Mexicains souffraient d'embonpoint ou d'obésité, ce pourcentage atteint aujourd'hui 60 %, une augmentation due entre autres à un essor vertigineux de la consommation de boissons gazeuses, qui atteint en moyenne 155 litres par année par habitant (Figure 8). En parallèle, le diabète de type 2, qui était quasi inexistant dans ce pays il y a seulement quinze ans, touche maintenant 15 % de la population, et il y a fort à craindre que les incidences d'autres maladies associées à l'obésité, comme le cancer et les maladies cardio-vasculaires, augmenteront de façon similaire au cours des prochaines années. L'exemple mexicain ne constitue pas un cas isolé, bien au contraire : tous les pays qui adoptent ce type d'alimentation, que ce soit en Amérique du Sud, au Moyen-Orient ou encore dans certaines régions urbaines de l'Inde et de la Chine, voient l'état de santé de leurs habitants se détériorer rapidement. Cette véritable « mondialisation » des maladies chroniques constitue donc un exemple aussi tragique qu'éloquent des effets néfastes associés à l'alimentation industrielle occidentale et de son rôle majeur dans le développement de plusieurs maladies graves.

Une question d'équilibre

L'impact négatif de l'alimentation industrielle moderne sur la santé est dû en grande partie à son côté excessif, autant dans ses excès que dans ses carences. D'un côté, le développement accéléré de toute une gamme d'aliments industriels extrêmement riches en sucre et/ou en gras (croustilles, boissons gazeuses, aliments de restauration rapide) a modifié en profondeur les habitudes alimentaires et a entraîné une augmentation de l'apport calorique, avec le surpoids et l'obésité qui lui sont inévitablement associés ; de l'autre, cette surconsommation de calories vides se fait généralement aux dépens d'aliments d'origine végétale, ce qui conduit à priver l'organisme de précieuses sources de vitamines, minéraux, fibres et composés phytochimiques qui jouent tous des rôles clés dans la prévention des maladies (Figure 9).

L'effet combiné de ces deux extrêmes peut se révéler dévastateur : alors que le surpoids subséquent à la consommation excessive de calories crée un environnement pro-oxydant, pro-inflammatoire et pro-angiogénique qui perturbe l'équilibre du milieu intérieur, la carence en molécules phytoprotectrices des végétaux enlève un des principaux moyens de défense des cellules de l'organisme contre l'agression causée par cette inflammation chronique, entraînant du même coup la formation d'un environnement favorable à la progression des maladies chroniques (Figure 9). Ce phénomène est extrêmement important pour comprendre à quel point une mauvaise alimentation est néfaste pour la santé : en effet, malgré des différences dans leurs effets sur le corps humain, la majorité des cas de cancer, de diabète de type 2, de maladies cardiovasculaires ainsi que de maladies neurodégénératives sont des conséquences directes du déséquilibre de notre environnement intérieur. Rétablir cet équilibre en diminuant l'apport en aliments surchargés en calories tout en augmentant celui de produits végétaux riches en composés phytoprotecteurs ne peut donc qu'avoir des répercussions extraordinaires sur la prévention de ces maladies chroniques.

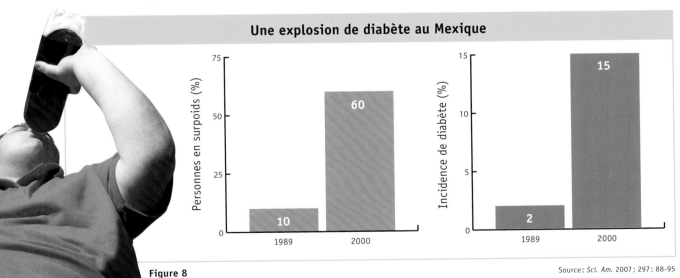

Une explosion de diabète au Mexique

Figure 8

Source : *Sci. Am.* 2007 ; 297 : 88-95

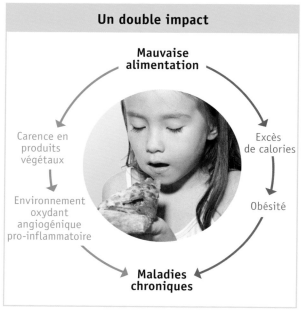

Un double impact

Mauvaise alimentation

Carence en produits végétaux

Excès de calories

Environnement oxydant angiogénique pro-inflammatoire

Obésité

Maladies chroniques

Figure 9

Ne pas jouer à l'autruche

Nous avons tous entendu parler de ces fameux oncles, tantes ou autres « bons vivants » qui ont vécu jusqu'à un âge avancé en fumant toute leur vie pendant que d'autres personnes, qui n'avaient pourtant jamais fait la moindre « folie », sont décédées des suites de maladies foudroyantes avant même d'atteindre 40 ans. De tels exemples, qui constituent souvent l'argument principal des gens qui remettent en question la pertinence de prendre soin de leur santé, sont très pratiques pour justifier nos mauvaises habitudes, car ils suggèrent que notre destin est déjà tracé à la naissance et ne sera pas altéré quoi que l'on fasse. Pourtant, aussi réels soient-ils, ces cas extrêmes ne correspondent pas à la réalité telle qu'elle est vécue par l'immense majorité des gens et, malgré leur caractère spectaculaire qui peut frapper l'imagination, ces exemples demeurent d'abord et avant tout des exceptions. En pratique, de telles exceptions sont marginales car elles sont inévitablement associées statistiquement à tout phénomène qui implique un grand nombre de personnes. Par exemple, avant même de corriger un examen, un professeur sait très bien qu'un petit nombre d'étudiants réussira l'épreuve avec une excellente note, tandis qu'à l'opposé un groupe restreint d'élèves obtiendra une note médiocre. Entre ces deux extrêmes, la grande majorité réussira l'examen avec une gamme de résultats allant de passable à très bien, une note qui reflète très souvent la somme de travail et le sérieux consacrés à la préparation de l'examen. C'est exactement le même phénomène qui entre en jeu lorsque l'on examine la durée de vie des individus dans une population : il y aura toujours un petit groupe d'individus chanceux qui vivra à un âge avancé quoi qu'il arrive, et un autre, beaucoup plus malchanceux, qui décédera en bas âge. Pour la très grande majorité de la population, cependant, la durée de vie se situe entre ces deux extrêmes et, pour poursuivre l'analogie avec les étudiants qui préparent adéquatement leur examen, ces personnes peuvent améliorer de beaucoup leur longévité en adoptant de meilleures habitudes de vie (Figure 10).

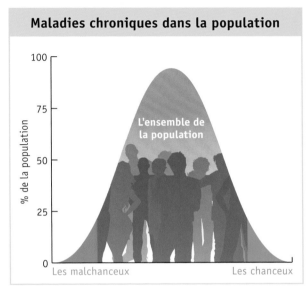

Maladies chroniques dans la population

L'ensemble de la population

% de la population

Les malchanceux   Les chanceux

Figure 10

Problèmes complexes, solutions simples

On peut donc constater que, malgré la gravité des effets associés aux maladies chroniques, cette situation est loin d'être irréversible et pourrait même être rapidement améliorée en appliquant certains principes qui corrigent les principaux excès de ce mode de vie (Figure 11). Le potentiel de prévention des principales maladies chroniques par la mise en application de ces cinq principes est tout simplement phénoménal : on estime que 90 % des cas de diabète de type 2, 82 % des maladies cardiovasculaires et 70 % des cancers pourraient être prévenus en adoptant un tel mode de vie, sans

compter que les recherches les plus récentes indiquent que ces principes pourraient même prévenir un grand nombre de maladies neurodégénératives, comme la maladie d'Alzheimer. Il n'est donc pas étonnant que ces recommandations soient formulées par toutes les instances de santé publique, que ce soit l'Organisation mondiale de la santé, les associations médicales contre les maladies du cœur et du diabète ou encore les divers organismes de lutte contre le cancer. Une telle approche préventive peut avoir un impact extraordinaire sur la qualité de vie en retardant de plusieurs années l'apparition des maladies associées à la vieillesse et en augmentant de façon spectaculaire la qualité de la vie des années gagnées (Figure 12). Si l'on ajoute à cela les progrès inouïs réalisés par la médecine curative, cette prévention constitue sans aucun doute le meilleur moyen mis à notre disposition pour réaliser le plein potentiel de la vie humaine.

Malgré son apparente simplicité, l'application de ces principes de médecine préventive semble souvent être perçue comme une chose difficile à réaliser dans notre société car une proportion importante de la population conserve un mode de vie qui augmente le risque de maladies (Figure 13). En pratique, on estime qu'à peine 5 % de la population applique au quotidien ces cinq principes et a donc un mode de vie optimal pour prévenir efficacement le développement des maladies chroniques. Cette situation ne signifie pas que la majorité des gens soient indifférents à la possibilité d'être touchés par une maladie grave, mais reflète plutôt à quel point la société dans laquelle nous vivons exerce des pressions qui sont incompatibles avec une telle approche préventive et encourage même des habitudes de vie qui vont totalement à l'encontre du maintien d'une bonne santé. Il s'agit sans doute d'un des plus grands paradoxes des sociétés occidentales actuelles : alors que collectivement nous recherchons constamment des « assurances tous risques » en exigeant de nos dirigeants qu'ils nous (sur)protègent de facteurs extérieurs difficiles à contrôler (contamination alimentaire, accidents, catastrophes naturelles) et qui ne représentent qu'une faible proportion des décès (Figure 4), nous adoptons individuellement un mode de vie à haut risque qui favorise l'émergence de maladies très graves, directement responsables chaque année de la mort prématurée de plusieurs milliers d'individus.

S'informer pour se prendre en main

La mise en œuvre d'une véritable approche de médecine préventive nécessite donc plus que jamais une réflexion en profondeur sur notre mode de vie et plus particulièrement sur nos habitudes alimentaires. En ce sens, il faut absolument tirer profit des immenses progrès réalisés par la recherche des dernières décennies, qui ont mené à l'identification des alternatives à adopter pour réduire de façon extraordinaire le risque d'être amputé de plusieurs années de vie active. Ce véritable trésor d'informations demeure malheureusement encore peu exploité, étant dilué par une avalanche de nouvelles, de faits divers ou d'opinions contradictoires qui, très souvent, ne font que compliquer inutilement la situation et découragent nombre de personnes d'entreprendre des actions concrètes pour améliorer leur santé et leur espérance de vie (voir encadré, p. 23).

L'objectif de ce livre est de présenter, de la façon la plus simple possible, un résumé des connaissances accumulées au cours des dernières années sur les moyens concrets de prévenir quatre des principales maladies chroniques qui touchent actuellement notre société, soit les maladies cardiovasculaires, le diabète de type 2, le cancer ainsi que la maladie d'Alzheimer. Les solutions pour contrer la majorité de ces maladies sont étonnamment simples et économiques, mais peuvent néanmoins sembler difficiles à mettre en application pour certaines personnes, car elles requièrent une profonde remise en question de la place qu'occupe l'alimentation dans notre vie quotidienne. Pour y arriver, il faut donc non seulement décrire les facteurs qui sont responsables du risque accru de développer ces maladies, mais aussi identifier les raisons qui nous poussent, souvent bien inconsciemment, à adopter des habitudes de vie qui vont à l'encontre de celles qui peuvent influencer positivement notre santé.

Nous croyons que le seul moyen de réellement modifier nos habitudes alimentaires et, par le fait même, de réduire le fardeau imposé par les maladies chroniques est de porter un regard sur l'ensemble de l'histoire de l'alimentation humaine ainsi que sur les processus biologiques

Les 5 règles d'or
de la prévention des maladies chroniques

 **1** Ne pas fumer

 **2** Maintenir un poids normal
(IMC entre 19 et 24)

 **3** Manger une abondance de
produits végétaux, comme
les fruits et légumes et les
grains entiers

 **4** Être actif physiquement
au moins 30 minutes par jour

 **5** Réduire la consommation de produits riches
en sucre et en gras, en particulier ceux qui sont issus
de l'industrie de la restauration rapide

Le pourcentage de maladies chroniques pouvant être prévenues par les 5 changements dans les habitudes de vie

Diabète de type 2	**90 %**
Maladies cardiaques	**82 %**
Cancer	**70 %**
Accidents vasculaires cérébraux	**70 %**

Figure 11

qui sont impliqués dans nos comportements alimentaires. C'est dans cet esprit que nous vous proposons de survoler les grandes étapes de l'évolution de l'homme à la recherche des aliments les mieux adaptés à son métabolisme, d'apprécier la complexité du goût ainsi que des mécanismes impliqués dans le contrôle de l'appétit pour comprendre les facteurs impliqués dans l'épidémie d'obésité actuelle et, surtout, de rappeler à quel point le plaisir de manger représente une facette essentielle de l'âme humaine. La santé par le plaisir de bien manger ? Avouons que la prévention peut difficilement avoir meilleur goût !

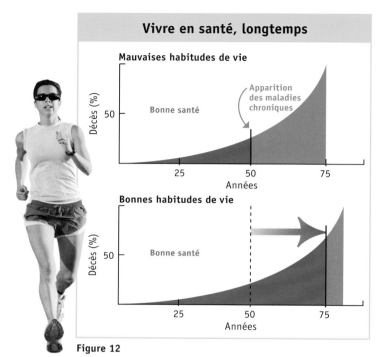

Vivre en santé, longtemps

Mauvaises habitudes de vie

Bonne santé

Apparition des maladies chroniques

Décès (%)

Années

Bonnes habitudes de vie

Bonne santé

Décès (%)

Années

Figure 12

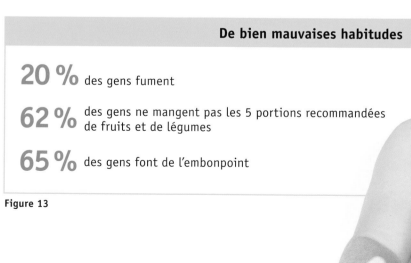

De bien mauvaises habitudes

20 % des gens fument

62 % des gens ne mangent pas les 5 portions recommandées de fruits et de légumes

65 % des gens font de l'embonpoint

Figure 13

Comment s'informer ?

Peu de sujets (hormis la sexualité, bien sûr!) suscitent autant d'intérêt auprès de la population que l'impact de l'alimentation sur la santé. Cette préoccupation est parfaitement compréhensible car, depuis la nuit des temps, nous savons intuitivement que ce que nous mangeons exerce une grande influence sur notre santé et notre bien-être. Cependant, le nombre important de nouvelles, de publications ou d'articles portant sur ce sujet rend très difficile de distinguer ce qui est vrai de ce qui ne l'est pas, surtout depuis l'avènement d'internet : si ce média a entraîné une véritable révolution en permettant à un grand nombre de personnes, où qu'elles se trouvent sur la planète, d'être rapidement informées sur un sujet d'intérêt, cette accessibilité peut cependant devenir problématique lorsque les informations véhiculées sont partielles ou, pire encore, inexactes.

Pour survivre à cette avalanche d'informations, il faut tout d'abord éviter d'hyper-réagir à chaque nouvelle étude publiée. Nous avons souvent une vision très idéaliste de la science, un peu comme si chaque découverte était l'expression d'une vérité absolue qu'il faut immédiatement croire sur parole. Pourtant, la science fonctionne exactement à l'inverse de ce processus : un peu comme les briques dans un mur, chaque étude, prise isolément, n'a que peu de valeur intrinsèque : c'est l'ensemble des découvertes qui donne une cohérence à un sujet

donné. Par exemple, promouvoir de saines habitudes de vie pour la prévention de ces maladies n'est pas un acte de foi ou une opinion personnelle, il s'agit plutôt d'un fait incontestable : des milliers d'études scientifiques réalisées au cours des cinquante dernières années avec des molécules isolées, des modèles animaux ainsi que sur de grands échantillons de population humaine ont permis de démontrer que le tabagisme augmente plus de trente fois (3 000 %) le risque de cancer du poumon, que l'obésité prédispose à de nombreuses maladies chroniques ou encore que la consommation abondante de fruits et de légumes réduit significativement le risque de plusieurs cancers. En conséquence, il y a bien consensus scientifique sur le fait que ces habitudes de vie sont responsables d'une grande proportion des maladies qui touchent actuellement la population.

À l'opposé, nous sommes très souvent confrontés à des informations qui sont d'abord et avant tout basées sur des opinions et non sur des faits. Une opinion est par définition quelque chose de subjectif, une interprétation des faits fondée sur une croyance ou sur une vision personnelle, ce qui, il faut bien l'avouer, n'a rien de scientifique. Par exemple, affirmer que la pollution est une des principales causes de cancer n'est pas une affirmation scientifique, c'est une opinion personnelle : même si la pollution a certainement des impacts négatifs majeurs sur notre environnement et, par ricochet, sur notre santé, des centaines d'études montrent qu'elle est responsable d'à peine 2 % de tous les cancers. La concentration des molécules cancérogènes est beaucoup plus élevée dans la fumée de cigarette et dans certains aliments que nous consommons couramment (charcuteries, viandes carbonisées) que dans l'air que nous respirons ou l'eau que nous buvons. Il est toutefois bien plus facile et moins dérangeant de blâmer la pollution des autres que de changer ses habitudes de vie...

Il faut surtout utiliser notre sens critique si l'information obtenue provient de sites commerciaux qui font la promotion de produits (suppléments, extraits naturels, etc.) prétendument aptes à prévenir ou même, dans certains cas, à guérir des maladies aussi graves que le cancer. Même si ces produits sont souvent très attrayants, provenant de contrées lointaines où (selon la publicité) ils sont utilisés depuis des millénaires pour guérir une panoplie de maladies, il faut néanmoins garder en tête que les produits miracles n'existent pas et que le but premier de ces compagnies est de vendre un produit, non de sauver l'humanité. Un autre bon exemple est la surconsommation de vitamines en Amérique du Nord, une conséquence directe d'activités promotionnelles d'entreprises commerciales qui font une promotion agressive de ces produits. À de rares exceptions près (vitamine D et folate pour les femmes enceintes), les données médicales ne montrent pas d'avantage à la supplémentation vitaminique dans la prévention des maladies chroniques, elles expliquent plutôt que ces suppléments valident les mauvaises habitudes alimentaires de ceux qui en consomment.

Il faut donc privilégier les informations fiables qui viennent de professionnels de la santé reconnus, tels que les médecins, les chercheurs ou les nutritionnistes. Dans le cas du cancer, par exemple, il existe plusieurs sites qui contiennent des informations très pertinentes sur la maladie en général, en plus de fournir des liens pouvant permettre de répondre à des questions plus spécifiques des patients. En particulier, les sites provenant d'organismes de lutte contre le cancer, d'universités ou encore de centres hospitaliers de réputation internationale recèlent des trésors d'informations destinés au grand public.

Quelques adresses utiles

Fondation québécoise du cancer (www.fqc.qc.ca) ; Société de recherche sur le cancer (www.src-crs.ca) ; Société canadienne du cancer (www.cancer.ca) ; American Institute for Cancer Research (www.aicr.org) ; Harvard Center for Cancer Prevention (www.hsph.harvard.edu/cancer) ; Université McGill (www.votrerisquedecancer.mcgill.ca) ; Fondation des maladies du cœur (www.fmcoeur.com) ; Société Alzheimer Canada (www.alzheimer.ca) ; Diabète Québec (www.diabete.qc.ca).

En résumé

- L'augmentation spectaculaire de l'espérance de vie est associée à une hausse dramatique de l'incidence de plusieurs maladies chroniques graves qui réduisent considérablement les bénéfices associés à cette longévité accrue.

- Ces maladies chroniques ne sont pas une conséquence inévitable du vieillissement, elles sont plutôt le résultat de mauvaises habitudes de vie, en particulier la nature de l'alimentation, qui favorisent leur apparition.

- La très grande majorité de ces maladies pourraient être évitées ou significativement retardées grâce à cinq modifications au mode de vie: l'absence de tabagisme, le maintien d'un poids normal, l'exercice physique régulier, l'adoption d'une alimentation saine et riche en aliments végétaux et la diminution de la consommation de produits industriels transformés.

Lorsque tu ne sais pas où tu vas,
regarde d'où tu viens.

Proverbe africain

Chapitre 2

Des hommes des cavernes
qui marchent sur la lune

Il ne fait plus aucun doute qu'une alimentation pauvre en produits végétaux, combinée à une surconsommation d'aliments transformés riches en sucres raffinés, en sel ainsi qu'en gras saturés, joue un rôle prédominant dans le développement de plusieurs maladies chroniques qui frappent actuellement de plein fouet les habitants de la plupart des pays industrialisés. Si, comme nous le constaterons dans les chapitres suivants, il existe de nombreuses explications aux effets désastreux de ce mode d'alimentation sur la santé, il est fascinant de constater à quel point ces impacts négatifs sont intimement liés à la façon dont notre système digestif et notre métabolisme en général se sont développés au cours de l'évolution de notre espèce. Pour mieux apprécier les répercussions

de l'alimentation moderne sur le développement des maladies chroniques, il faut donc non seulement examiner les effets des aliments actuels sur notre organisme, mais également remonter le fil du temps à la recherche d'indices sur la nature de l'alimentation à laquelle nous nous sommes adaptés au fil de ces millions d'années d'évolution. Nous ne sommes pas seulement ce que nous mangeons ; nous sommes aussi ce que nous avons mangé !

Un singe pas comme les autres

Si les nombreuses réalisations humaines au fil des siècles témoignent sans l'ombre d'un doute des capacités exceptionnelles du cerveau humain et de son immense potentiel créateur, il faut néanmoins reconnaître que nos débuts ont été beaucoup plus modestes. L'être humain, tel qu'on le connaît aujourd'hui, n'est pas arrivé sur Terre du jour au lendemain ! Au contraire, les découvertes remarquables effectuées au cours du dernier siècle ont permis d'établir les grandes lignes de la généalogie de l'espèce humaine, c'est-à-dire les principales étapes qui ont jalonné notre évolution à partir du *Proconsul*, un ancêtre commun à tous les hominidés (homme et grands singes) qui a vécu en Afrique il y a environ 20 millions d'années (Figure 1). Tout d'abord séparés des orangs-outangs il y a 16 millions d'années, puis des gorilles 7 millions d'années plus tard, ce n'est que depuis 6 millions d'années que nous avons emprunté un chemin évolutif différent de celui des chimpanzés, nos plus proches cousins parmi les espèces qui vivent aujourd'hui sur la planète (voir encadré, p. 29). Comme l'avait soupçonné Darwin, nous sommes donc une espèce bien particulière de grand singe, le résultat aussi extraordinaire qu'improbable d'une évolution à partir d'un « quadrupède poilu pourvu d'une queue et d'oreilles pointues, probablement arboricole dans son mode de vie et habitant du Vieux Continent » (*La Filiation de l'homme*, 1871).

Fous des végétaux !

Ce lien étroit de parenté des humains avec les grands singes a d'importantes répercussions pour la compréhension de l'alimentation qui est adaptée à nos besoins, car c'est au cours de cette évolution commune que s'est développée la très grande majorité de nos mécanismes physiologiques de base, notamment ceux qui sont impliqués dans la digestion et le métabolisme des éléments essentiels contenus dans la nourriture.

Même s'il est difficile de connaître avec précision la composition exacte du menu de nos ancêtres de cette époque, de nombreuses études réalisées auprès des grands singes actuels indiquent que les aliments d'origine végétale constituaient certainement leur principal moyen de

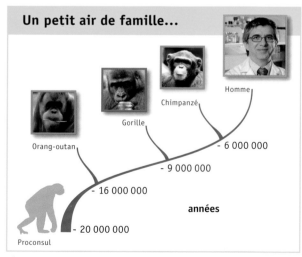

Un petit air de famille...

Homme

Chimpanzé

Gorille

Orang-outan

− 6 000 000

− 9 000 000

− 16 000 000

années

− 20 000 000

Proconsul

Figure 1   Source : adapté de *Sc. Am.* 2003 ; 289 : 74-83

Nos cousins les singes

On ne peut qu'être fascinés par le regard intelligent, l'habileté manuelle et les comportements sociaux extrêmement élaborés des grands singes : ils peuvent parfois tellement nous ressembler ! Ces similitudes ont été remarquées dès 1641 par le célèbre anatomiste hollandais Nicolaas Tulp (il fut immortalisé par Rembrandt), qui publiait la première description détaillée de l'anatomie d'un grand singe dans son *Observationum Medicarum*. Les grandes lignes de ses observations ont été confirmées en 1699 par les travaux du médecin anglais Edward Tyson, celui-ci étant particulièrement stupéfait par la grande similitude existant entre la morphologie du cerveau du jeune chimpanzé qu'il avait disséqué et celui des humains. Si l'on peut comprendre la surprise de ces médecins, on sait maintenant que ces ressemblances n'ont rien d'étonnant : notre matériel génétique est identique à 98 % à celui du chimpanzé !

Du point de vue alimentaire, l'une des conséquences d'un tel degré d'identité génétique est que nous partageons plusieurs caractéristiques avec les grands singes, notamment la nécessité d'un apport important en végétaux. En effet, les humains et les singes sont parmi les rares animaux (à l'exception notable du cobaye et de certaines chauves-souris) incapables de fabriquer par eux-mêmes la vitamine C, ils doivent donc absolument l'obtenir à partir de sources alimentaires végétales. Cette inca-pacité est due à la perte au cours de l'évolution du gène codant pour une enzyme (la L-gulonolactone oxydase) qui participe à la fabrication de cette vitamine à partir du sucre ; cependant, cette « maladie génétique » n'a eu que peu d'impact sur la survie et l'évolution des singes car, grâce à leur grande consommation de fruits, on estime que leur régime alimentaire pouvait procurer de dix à vingt fois la quantité de vitamine C nécessaire !

L'acquisition de ces végétaux a en outre été facilitée par une autre mutation génétique apparue à peu près à la même époque, qui fait des humains et des singes les seuls mammifères à posséder une vision trichromatique (perception des couleurs bleu, vert et rouge). Cette adaptation a joué un rôle particulièrement important dans notre évolution en permettant de distinguer les fruits parvenus à maturité (rouges) dans un environnement principalement composé de vert et ainsi d'avoir accès à une source importante de nourriture.

L'utilisation de cette vision trichromatique pour identifier les fruits serait d'ailleurs responsable du légendaire attrait des femmes pour le rose : puisque ce sont les femmes qui ont eu la responsabilité de cueillir les fruits tout au long de l'évolution, le cerveau féminin s'est spécialisé dans l'identification des couleurs allant du rose au rouge et a développé une préférence culturelle pour ces couleurs, devenues synonymes de survie. Cette sensibilité au rose a rendu de grands services pour apprécier l'état de santé et émotionnel des membres de l'entourage familial et social, en percevant mieux les vasodilatations subtiles du visage, associées aux émotions. Elle a également contribué à développer une sensibilité accrue des femmes aux sentiments des autres, ce qui est encore aujourd'hui une caractéristique fondamentale de la psyché féminine.

Même si les grands singes sont d'abord et avant tout herbivores, cela ne signifie pas pour autant qu'ils ne tolèrent pas les aliments d'origine animale. Les chimpanzés, en particulier, digèrent très bien la viande et sont capables de faire preuve d'une grande ingéniosité pour obtenir des insectes et même parfois de petits animaux pour compléter l'apport en protéines et en matières grasses. Cependant, ces aliments n'occupent pas une place prépondérante dans leur menu quotidien parce que la capture d'animaux et d'insectes est difficile et implique une dépense d'énergie qui n'est ni nécessaire ni rentable pour la survie de l'espèce. En d'autres mots, même si les grands singes peuvent être considérés comme des omnivores, aptes à manger des aliments d'origine autant végétale qu'animale, ils tirent l'essentiel de leur subsistance des végétaux et sont donc principalement herbivores. Cependant, comme nous le verrons plus loin, ce potentiel d'omnivore jouera un rôle crucial dans l'apparition des humains sur Terre.

subsistance. En effet, les végétaux peuvent représenter jusqu'à 98 % de tous les aliments consommés par ces animaux, une abondance qui permet l'absorption de quantités élevées de vitamines, minéraux, fibres et composés phytochimiques essentiels à la santé, et ce, en quantités largement supérieures à celles que la plupart d'entre nous consomment quotidiennement. Cette omniprésence des végétaux dans l'alimentation des grands singes ne signifie cependant pas que ces animaux s'assoient sur la branche d'un arbre et mangent sans discernement tout ce qui est à proximité de leurs mains ; au contraire, ils sont généralement « fines bouches » et montrent une nette préférence pour certains fruits ou jeunes pousses bien spécifiques, allant jusqu'à sélectionner quelque 150 végétaux différents ! Les grands singes sont donc capables de choisir les aliments qui correspondent le mieux à leurs besoins à partir de leur environnement immédiat, et cette capacité est fort utile lorsque l'on considère que, parmi les quelque 300 000 espèces végétales existantes, environ 30 000 d'entre elles seulement peuvent être utilisées dans l'alimentation.

Ce processus de sélection des plantes ne sert pas seulement à des fins alimentaires ; on sait maintenant que chez certaines espèces de grands singes, les animaux malades sont capables d'identifier des espèces végétales qui possèdent des propriétés médicinales particulières et

Des chimpanzés pharmaciens

Non seulement les animaux herbivores sont capables d'identifier les plantes toxiques et évitent de manger ces végétaux, mais certains d'entre eux, en particulier les chimpanzés, sont à même de sélectionner certaines familles de plantes pour soigner des infections qui les touchent. Par exemple, pendant la période où les parasites sont les plus nombreux, les chimpanzés de plusieurs communautés d'Afrique enroulent les feuilles velues d'une plante sur leur langue et les avalent sans mâcher. L'analyse des selles de ces singes a révélé la présence de ces feuilles, non digérées mais contenant des vers piégés dans les poils. Un vermifuge efficace !

En Tanzanie, des chercheurs ont observé de profonds changements dans le comportement de chimpanzés qui manifestaient des signes de malaises intestinaux. Ces individus ne mangeaient presque plus, à l'exception notable de tiges d'un petit arbre qui n'est habituellement pas consommé par ces singes en raison de sa forte amertume. Les chimpanzés frappés de malaises intestinaux choisissaient de jeunes pousses, enlevaient l'écorce et mâchaient longuement les tiges pour en extraire la sève. Après 24 heures de ce régime, les singes redevenaient actifs et se remettaient à manger. Leur choix était judicieux car l'analyse biochimi-que de cette plante révéla la présence de plusieurs composés antiparasitaires qui n'avaient jamais été isolés auparavant !

Par ailleurs, on a noté que certains individus blessés, par exemple à la suite d'un combat, modifient leur régime alimentaire pendant une semaine en consommant les tiges d'une plante épineuse (*Acanthus pubescens*) ainsi que les fruits et les feuilles de certaines espèces de *Ficus*. Ces choix auraient certainement été approuvés par les médecins guérisseurs habitant cette région, car ces plantes sont toutes utilisées en médecine locale pour soigner les blessures et les ulcères ! D'ailleurs, les chercheurs ont observé que plusieurs de ces plantes sélectionnées par les grands singes sont également utilisées dans les médecines traditionnelles de ces régions, ce qui suggère que l'observation attentive du comportement des animaux par les humains a probablement joué un rôle crucial dans l'élaboration de ces traitements. L'industrie pharmaceutique travaille d'ailleurs à établir le profil de ces molécules végétales pour en dériver de nouveaux médicaments.

réussissent très souvent à combattre efficacement leurs maladies (voir encadré, p. 31). Nos connaissances des impacts nutritifs et thérapeutiques des plantes ont donc une origine ancienne, datant déjà de plusieurs millions d'années, au cours desquelles nous avons su tirer profit de la richesse exceptionnelle des végétaux en molécules antioxydantes, anti-inflammatoires et anticancéreuses pour sélectionner des plantes présentant des avantages pour notre santé, notamment les fruits et légumes qui font aujourd'hui partie de notre alimentation.

Souligner l'importance capitale des végétaux pour le maintien d'une bonne santé n'a donc rien de bien original ni de bien révolutionnaire : en pratique, ces aliments font partie de notre alimentation depuis 20 millions d'années ! Vu sous cet angle, il n'est donc pas étonnant qu'une carence en végétaux, typique du régime alimentaire actuel des pays occidentaux, puisse provoquer des effets aussi néfastes sur la santé...

Avoir plusieurs cordes à son arc

Si nous possédons plusieurs caractéristiques communes avec les grands singes, le développement phénoménal de notre cerveau au cours de l'évolution de notre espèce est sans contredit la caractéristique qui nous différencie le plus de nos cousins. Par exemple, alors que les premiers hominidés bipèdes possédaient un volume cérébral d'environ 400 cm³ (comme un chimpanzé moderne), l'espace occupé par le cerveau a graduellement augmenté au cours de l'évolution pour finalement atteindre un volume quatre fois plus gros chez l'homme moderne, soit près de 1 600 cm³ ! Cette augmentation est absolument extraordinaire compte tenu de l'énergie considérable requise pour le maintien des fonctions cérébrales : en effet, le cerveau est un organe extrêmement gourmand qui utilise à lui seul entre 20 et 25 % de toute l'énergie d'un humain au repos, et ce, même s'il ne représente que 3 % du poids corporel. On ne le réalise pas toujours, mais réfléchir est un travail plutôt exigeant !

On croit que cette croissance fulgurante du cerveau humain a été en grande partie rendue possible par des modifications majeures dans notre alimentation au cours de l'évolution, la plus importante étant certainement l'adoption d'une alimentation omnivore. En combinant la consommation abondante de végétaux à celle d'aliments de source animale, nos ancêtres ont réussi à élaborer un menu de grande qualité, mariant l'apport important en éléments indispensables à la santé (par les végétaux) à la haute densité calorique des viandes. Cette exploitation accrue des ressources de l'environnement, autant végétales qu'animales, a cependant nécessité une longue période d'adaptation pour résoudre le dilemme inhérent à tout omnivore, c'est-à-dire la difficulté d'identifier les aliments qui procurent des bénéfices pour la santé tout en écartant ceux qui sont toxiques. Il n'est donc pas étonnant que les grandes étapes qui ont marqué l'évolution de l'homme illustrent cette quête constante de bénéfices associés à la nourriture : que ce soit par la fabrication de nombreux outils indispensables à l'obtention de nouvelles sources de nourriture difficiles d'accès (comme le gros gibier), l'utilisation du feu pour améliorer la digestibilité (et le goût !) des aliments, ou encore les premières formes d'organisation sociale qui améliorent le succès de la chasse et de la cueillette, toutes ces « inventions » typiquement humaines ont permis de résoudre les grandes lignes de ce dilemme et d'obtenir une alimentation diversifiée procurant suffisamment d'énergie pour soutenir la croissance du cerveau de même que les éléments essentiels au fonctionnement du corps dans son ensemble. Et grâce à ces efforts, à partir de simples grands singes herbivores qui ont cherché à améliorer leur sort en marchant debout, apparaissait sur Terre il y a environ 200 000 ans l'*Homo sapiens*, l'omnivore le plus extraordinaire à avoir habité cette planète (voir encadré, p. 35).

Le garde-manger de l'homme des cavernes

Les premiers représentants de notre espèce étaient des « chasseurs-cueilleurs », c'est-à-dire des omnivores polyvalents capables de tirer profit des ressources animales autant que végétales de leur environnement. La proportion de ces deux catégories d'aliments dans le menu quotidien de ces hommes variait évidemment selon la latitude,

avec plus de viande au nord et plus de végétaux dans les régions tempérées, mais, dans l'ensemble, on estime que leur subsistance quotidienne consistait pour deux tiers de végétaux et pour un tiers d'aliments de source animale. Il est frappant de constater que la combinaison typique du menu de ces chasseurs-cueilleurs permettait un apport en éléments essentiels largement supérieur à celui de l'alimentation actuellement en vogue dans les pays industrialisés, cette différence étant particulièrement marquée pour la vitamine C, les fibres et certains minéraux comme le fer (Fe) et le calcium (Ca) (Figure 2). Les proportions de sodium (Na^+) et de potassium (K^+) provenant de l'alimentation ont également subi des modifications extraordinaires : alors que la quantité de potassium ingérée est actuellement trois fois plus faible

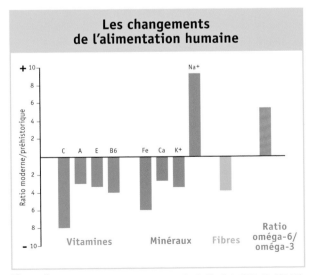

Figure 2

Source : *Eur. J. Clin. Nutr.* 1997 ; 51 : 207-216

qu'à l'époque préhistorique, celle de sodium est presque dix fois plus élevée, avec comme résultat que l'être humain actuel est le seul animal terrestre qui consomme plus de sodium que de potassium, et ce déséquilibre a des répercussions importantes sur le risque de maladies cardiovasculaires (voir chapitre 5). L'alimentation moderne contient en outre des quantités bien moindres d'acides gras essentiels oméga-3, une carence qui provoque un état d'inflammation chronique favorisant le développement de plusieurs maladies (voir chapitre 4). À l'opposé, nous mangeons actuellement beaucoup plus de gras saturés et de sucres raffinés qu'à l'époque préhistorique, et ces excès sont souvent incriminés pour leur rôle central dans l'épidémie d'obésité actuelle.

Même s'il est impossible (ni souhaitable !) de retourner au mode de vie traditionnel des chasseurs-cueilleurs, il est important de garder en tête qu'en dépit de tous nos progrès la plus grande partie de notre bagage

génétique est identique à celui des humains de l'époque paléolithique et que nous sommes donc fondamentalement adaptés à une alimentation riche en fibres, en vitamines et en oméga-3, dans laquelle le sodium, les sucres raffinés ainsi que les gras saturés n'occupent qu'une place mineure. Notre mode d'alimentation actuel est donc diamétralement opposé à celui qui a été élaboré au cours de l'évolution de l'espèce humaine, et il n'y a aucun doute que ces différences jouent un rôle important dans le développement des maladies chroniques qui touchent présentement nos sociétés.

Le confort du foyer

Même si l'expertise acquise dans la cueillette de végétaux et la chasse aux animaux a permis aux chasseurs-cueilleurs d'élaborer un régime alimentaire de grande qualité, ce mode de subsistance a été complètement remis en question il y a environ 10 000 à 12 000 ans avec l'apparition de l'agriculture. Les raisons qui ont motivé cette modification fondamentale du mode de vie demeurent nébuleuses, mais on croit que les changements climatiques qui sont survenus à cette période (fin de l'ère glaciaire) ont modifié la disponibilité des ressources alimentaires « classiques », forçant les humains à se tourner vers d'autres sources de nourriture. Par exemple, alors que les magnifiques fresques des cavernes de Lascaux et d'Altamira témoignent de l'abondance de la faune à la fin du

(suite p. 37)

Menus préhistoriques

On croit que les changements climatiques importants qui ont déferlé sur l'Afrique il y a environ 5 millions d'années ont joué un rôle de premier plan dans l'émergence de l'espèce humaine. En particulier, un assèchement marqué du climat causé par le début d'une période glaciaire a provoqué des bouleversements majeurs dans l'habitat des grands singes en transformant les forêts tropicales, véritables supermarchés regorgeant de végétaux, en savanes où cette nourriture est beaucoup plus rare et dispersée. Il est probable que l'acquisition d'un mode de locomotion bipède représente la première adaptation à ces changements : en effet, marcher debout permettait de parcourir plus efficacement les grandes distances alors requises pour l'acquisition de la nourriture, sans compter qu'en libérant les mains une stature verticale favorisait également une meilleure localisation des sources alimentaires et facilitait leur transport.

Les australopithèques (env. -4 millions d'années)
• La découverte du squelette du membre le plus célèbre de ces hominidés primitifs, Lucy, montre que les australopithèques sont parmi les premiers grands singes à avoir incontestablement adopté un mode de locomotion bipède. Lucy et ses semblables avaient certainement une alimentation très similaire à celle des grands singes,

c'est-à-dire principalement constituée d'aliments d'origine végétale. Certaines espèces apparentées aux australopithèques, mais présentant un aspect plus robuste (*Parathropus robustus*), qui vivaient à la même époque, avaient même des mâchoires tellement impressionnantes que les paléontologues les ont affectueusement surnommées les « briseurs de noix ». Même s'il est probable que ces différentes espèces d'australopithèques pouvaient également se nourrir de petits animaux, les blessures aux crânes de ces hominidés indiquent qu'ils étaient probablement beaucoup plus des proies pour les léopards et les hyènes que des prédateurs !

Homo habilis (env. - 2 millions d'années)
• Premier véritable membre du genre humain, *Homo habilis* doit son nom à sa capacité de fabriquer des outils rudimentaires, notamment à partir du silex, qu'il utilisait probablement pour prélever la viande sur les carcasses d'animaux. On considère d'ailleurs que la transition vers une alimentation omnivore est en grande partie due à *H. habilis*. Un apport accru en viande est également suggéré par des modifications de la taille des molaires et de la forme

des incisives, qui indiquent la présence plus importante d'une nourriture moins fibreuse et requérant moins de concassage. Néanmoins, il semble probable que ces débuts de chasseurs aient été plutôt modestes ; en effet, les marques laissées par les outils de *H. habilis* ont été dans plusieurs cas effectuées après la consommation de ces proies par d'autres prédateurs (hyènes), ce qui suggère que ces premiers humains étaient en grande partie des charognards. Étant donné sa petite taille et sa capacité cérébrale (400 cm^3) beaucoup plus proche des singes que des humains modernes, il est fort probable que *H. habilis* avait fort à faire pour concurrencer d'autres prédateurs féroces ; il a donc dû privilégier des sources de nourriture très riches en énergie et pouvant être obtenues rapidement (moelle osseuse, cervelle, etc.). Cette préférence pourrait donc marquer les véritables débuts de l'attirance des humains envers les aliments riches en calories…

Homo erectus (env. -1,5 million d'années)
• Les innovations de *H. habilis* ont été grandement perfectionnées par son successeur, *Homo erectus*, cet «homme debout» qui est le premier de nos ancêtres à véritablement ressembler aux humains actuels, tant par sa stature que par le volume de son cerveau (850 cm^3, soit environ 70 % du nôtre). *H. erectus* a su utiliser l'augmentation de ses capacités cérébrales pour fabriquer des outils sophistiqués destinés à la chasse ainsi que pour contrôler le feu, une innovation apparue il y a environ 500 000 ans. L'élaboration de ces premières «cuisines» a eu des conséquences extraordinaires sur le futur de l'humanité en accroissant considérablement la digestibilité (et la valeur nutritive) de la viande ainsi qu'en permettant la consommation de certains végétaux contenant des toxines (champignons et certaines racines comme le manioc), ce qui a permis du même coup d'exploiter beaucoup plus efficacement les ressources alimentaires de l'environnement et de soutenir le développement du cerveau. Des squelettes de *Homo erectus*, grand voyageur toujours en quête de nouveaux territoires de chasse, ont été trouvés dans plusieurs régions du monde, en Europe bien sûr, mais également en Chine.

Homo sapiens (env. - 200 000 ans)
• Les premiers représentants de notre espèce sont apparus en Afrique il y a à peine 200 000 ans. Cependant les traces les plus vivaces de leur passage se situent entre 35 000 et 10 000 avant notre ère, une époque qu'on appelle le paléolithique supérieur et qui correspond à notre vision de l'homme de Cro-Magnon vivant dans sa caverne. Adeptes d'un mode de vie nomade, ces humains à l'apparence et au bagage génétique quasi identiques aux nôtres avaient une alimentation en grande partie basée sur la cueillette de végétaux, complétée par l'addition de viande obtenue par des stratégies de chasse de plus en plus élaborées.

Même si ce mode d'alimentation omnivore nécessitait une somme considérable de travail (on estime qu'un chasseur-cueilleur pouvait parcourir près de 10 km dans une même journée pour obtenir sa nourriture), le jeu en valait certainement la chandelle, car les analyses réalisées sur des squelettes datant de cette époque indiquent que ces hommes préhistoriques avaient une taille similaire à la nôtre et ne présentaient pas de signes de carences alimentaires graves. La bonne qualité de l'alimentation de ces chasseurs-cueilleurs est également suggérée par l'analyse des habitudes alimentaires de certaines communautés isolées qui ont conservé jusqu'à ce jour ce mode de vie, notamment les !Kung San du désert du Kalahari,

au sud de l'Afrique. Ces peuples ont une alimentation très diversifiée, composée de plus d'une centaine d'espèces différentes de plantes ainsi que de plusieurs types d'animaux (et parfois d'insectes!) distincts, ce qui permet un apport important en vitamines, minéraux et fibres tout en fournissant suffisamment de calories pour maintenir un niveau élevé d'activité physique. Ce type d'alimentation est certainement bien adapté au fonctionnement du corps humain, car l'état de santé général de ces populations est excellent et leurs membres ne sont que très rarement touchés par les «maladies de civilisation» que sont les maladies cardiovasculaires, le diabète de type 2 et le cancer.

paléolithique, une augmentation notable de la température a provoqué l'exode de ces animaux, en particulier des caribous, qui représentaient l'essentiel des trophées de chasse des hommes peuplant l'Europe. Il est également possible que la somme considérable de connaissances acquises par les humains sur les plantes et les animaux présents dans leur environnement leur ait permis de mieux contrôler ces ressources de façon à s'assurer un apport en nourriture suffisant. Quoi qu'il en soit, cette transition vers l'agriculture semblait inévitable, car elle s'est produite de façon indépendante et presque simultanée dans au moins sept régions du monde (Figure 3), et elle s'est par la suite rapidement répandue dans la majorité

des territoires habités par les chasseurs-cueilleurs. Dans certaines régions (en Grande-Bretagne, par exemple), cette transition a été exceptionnellement rapide (moins de sept cents ans), ce qui indique que cette «révolution» agricole correspondait véritablement à un besoin ou encore à une inclination naturelle des humains pour ce mode de vie.

L'arrivée de l'agriculture a modifié en profondeur la vie humaine, au niveau tant alimentaire que culturel. D'une part, le contrôle de la reproduction des plantes et des animaux rendait la nourriture accessible et permettait ainsi de réduire les incertitudes inhérentes à la cueillette et à la chasse. Cet apport soutenu en nourriture a été grandement facilité par l'identification et la culture d'aliments riches en calories, notamment les céréales (voir encadré, p. 39) et certains tubercules, qui ont permis pour la première fois de l'histoire d'accumuler des surplus pour faire face aux moments de disette.

D'autre part, les nombreux croisements et sélections réalisés au fil des générations ont permis de produire une panoplie de nouvelles variétés de végétaux, des «organismes génétiquement modifiés» avant l'heure, dont l'apparence, le goût ainsi que le contenu en calories étaient pour le moins améliorés (Figure 4)! Par exemple, le maïs tel qu'on le connaît aujourd'hui provient de la domestication du téosinte, une graminée qui pousse à l'état sauvage dans le sud du Mexique et dont l'aspect ne pouvait en rien laisser présager la capacité d'une telle métamorphose: alors qu'un épi de téosinte contient un maximum de 12 grains, celui du maïs moderne en contient 500 ou plus! Si l'intervention humaine a provoqué de multiples changements spectaculaires dans la morphologie et les propriétés des plantes et des animaux que nous avons domestiqués, l'inverse

(suite p. 41)

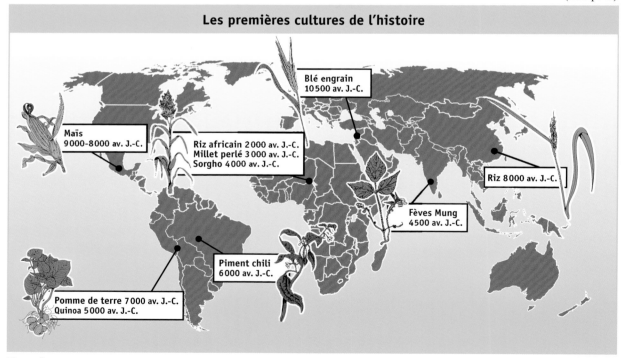

Les premières cultures de l'histoire

Blé engrain
10 500 av. J.-C.

Maïs
9000-8000 av. J.-C.

Riz africain 2000 av. J.-C.
Millet perlé 3000 av. J.-C.
Sorgho 4000 av. J.-C.

Riz 8000 av. J.-C.

Fèves Mung
4500 av. J.-C.

Piment chili
6000 av. J.-C.

Pomme de terre 7000 av. J.-C.
Quinoa 5000 av. J.-C.

Figure 3

Source: adapté de *Science* 2007; 316: 1830-1835

Les céréales fondatrices

Blé (*Triticum* spp)

Première céréale à être domestiquée par l'humain, le blé a fait son apparition il y a environ 10 000 ans dans le Croissant fertile (région en forme d'arc couvrant l'ancienne Égypte, le Moyen-Orient et la Mésopotamie), où l'on trouve les premières traces de culture de deux espèces sauvages, l'engrain ou petit épeautre (*Triticum monococcum*) et l'amidonnier (*Triticum turgidum dicoccoides*). Comme pour la plupart des espèces cultivées, l'émergence de variétés domestiques de ces plantes est probablement survenue à la suite de la sélection par les humains de plants aux grains plus gros, qui amélioraient le rendement des cultures. L'amidonnier domestique (*T. turgidum dicoccum*) est, comme son nom l'indique, très riche en amidon et a été particulièrement apprécié pendant plusieurs millénaires. C'est d'ailleurs à cette espèce que l'on doit le mot «farine», dérivé du terme *farina* utilisé par les Romains pour désigner la farine d'amidonnier.

L'amidonnier domestique est également à l'origine de deux blés extrêmement importants dans l'alimentation. Le blé dur (*T. turgidum durum*), très répandu dans le Bassin méditerranéen dès le Ve millénaire avant J.-C., est riche en gluten et sert à la fabrication des semoules (couscous, boulgour) ainsi que des pâtes alimentaires. Le blé tendre ou froment (*T. æstivum*), quant à lui, provient d'une combinaison du matériel génétique du blé dur cultivé et de *Aegilops tauschii* qui s'est produite il y a environ 9 000 à 12 000 ans et sert à la fabrication de la farine pour le pain. Ce blé – ainsi que son proche parent l'épeautre – possède la caractéristique de contenir 42 chromosomes, comparativement aux 14 chromosomes des formes anciennes de blé, ce qui témoigne encore une fois de l'énorme travail de sélection et d'hybridation réalisé depuis les origines de l'agriculture. La contribution de ces blés à l'alimentation est impressionnante, puisqu'ils jouent un rôle important dans la subsistance de 35 % de la population mondiale.

Riz (*Oryza sativa*)

Céréale qui procure 21 % du total des calories consommées actuellement par l'espèce humaine, sa culture a débuté en Chine sur les rives du fleuve Yangtze, il y a environ 8 000 ans. On croit que les pluies d'été abondantes ainsi que les inondations caractéristiques de cette région procuraient des conditions idéales pour la domestication de l'espèce sauvage du riz (probablement *Oryza rufipogon*) ; en effet, contrairement aux autres céréales, la plupart des variétés de riz possèdent comme caractéristique de croître dans les régions inondées, dont le niveau d'eau peut parfois atteindre 50 cm. Dans plusieurs langues asiatiques, les mots désignant le riz et la nourriture ou encore l'agriculture et la culture du riz sont identiques, indiquant que le riz constituait déjà la base de l'alimentation chinoise lors de l'élaboration de ces langues. Encore aujourd'hui, le riz demeure sans contredit l'âme de l'alimentation asiatique : en Birmanie, une personne consomme en moyenne près de 250 kg de riz par année !

Maïs (*Zea mays*)

L'ancêtre du maïs, le téosinte (*Zea mays* spp *parviglumis*), a été domestiqué il y a environ 9 000 ans aux abords de la rivière Balsas, dans le sud du Mexique. Même si cette « mère du dieu-maïs » est une graminée qui n'a que peu de ressemblances avec le maïs tel qu'on le connaît aujourd'hui (Figure 4), on croit qu'une mutation génétique spontanée a considérablement modifié son apparence et encouragé sa domestication. La culture du maïs s'est diffusée autant vers le sud (Amérique centrale) que vers le nord (jusqu'aux Grands Lacs) au cours des siècles suivants, et cet aliment est progressivement devenu un consti-

tuant essentiel du régime alimentaire de la majorité des peuples d'Amérique. L'importance du maïs était telle que les Mayas considéraient que leur corps était modelé par les dieux à partir de *masa*, une pâte de maïs ! Peu de plantes peuvent produire autant de matière organique, et donc de calories, que le maïs, et la culture intensive de cette plante peut permettre de nourrir de grandes populations. Cette plante n'aurait cependant jamais pu atteindre une telle importance si les Aztèques et les Mayas n'avaient pas procédé à un trempage préalable des grains en présence de substances alcalines comme la chaux ou encore des cendres avant de fabriquer les *tortillas*, *pozole*, *tamale* et autres plats qui constituaient leur quotidien. En effet, on sait aujourd'hui que ce procédé, appelé nixtamalisation, est essentiel à l'extraction de la niacine du maïs et permet donc d'éviter d'être touché par la pellagre, une maladie caractérisée par des dermatites, des diarrhées et de la démence et qui entraîne la mort à moyen terme (quatre à cinq ans). Les Européens qui ont exporté le maïs en Europe (Christophe Colomb, entre autres) n'ont malheureusement pas prêté une attention particulière à cette technique et la pellagre a touché de plein fouet plusieurs populations dont l'alimentation était principalement basée sur la consommation de cette céréale, en particulier dans certaines régions d'Italie et de France. Un bon exemple de l'importance de préserver les traditions culinaires élaborées au fil du temps !

est aussi vrai : certaines caractéristiques modernes, comme la consommation de lait à l'âge adulte, sont des conséquences directes de l'adoption de l'agriculture (voir encadré, p. 44).

Le passage des chasseurs-cueilleurs de la caverne à la ferme a donc représenté une modification fondamentale de la nature de l'alimentation humaine, provoquant la transition d'un mode d'alimentation essentiellement dicté par la disponibilité des ressources de l'environnement vers une subsistance basée sur la production à grande échelle d'aliments qui aident à stabiliser l'apport en calories.

L'essor des civilisations

Même si cette transition ne s'est pas faite sans heurts, l'abandon du mode de vie nomade a néanmoins complètement révolutionné l'existence humaine en facilitant une augmentation notable de la population et l'apparition des premières communautés socialement organisées, une étape clé dans le développement de la culture et l'émergence de civilisations complexes. Par exemple, l'accumulation de richesses que l'on peut compter par le stockage de céréales dans des amphores ou des greniers a mené à l'apparition du calcul et de l'écriture à Sumer, en Mésopotamie, ainsi qu'en Égypte il y a plus de 5 000 ans. Ces surplus alimentaires ont également permis à certaines catégories d'hommes de se consacrer à d'autres tâches, favorisant le développement de nouveaux métiers et l'apparition de classes sociales hiérarchisées soumises aux pouvoirs de rois, de prêtres ou de guerriers. Et malgré les guerres, les inégalités et les injustices qui découlent trop souvent de l'essor des civilisations, il ne faut pas oublier que c'est grâce à l'agriculture que les langues, l'écriture, les religions, les échanges commerciaux ou encore les différentes formes d'art, tout ce qui constitue l'essence même du monde dans lequel nous vivons actuellement, ont pu voir le jour.

La nécessité de puiser dans l'environnement la nourriture essentielle à la survie et à la propagation de l'espèce constitue la force motrice de l'évolution des espèces vivantes, et l'être humain ne

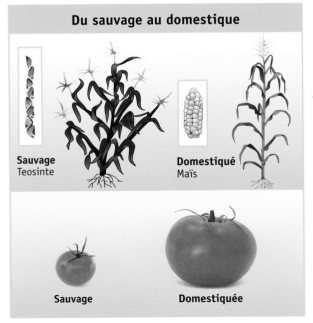

Du sauvage au domestique

Sauvage
Teosinte

Domestiqué
Maïs

Sauvage

Domestiquée

Figure 4

fait pas exception à cette règle. Notre évolution a nécessité une très longue période d'adaptation au cours de laquelle nous sommes progressivement passés des grands singes herbivores, qui tiraient l'essentiel de leur subsistance des végétaux, à des omnivores polyvalents et curieux, constamment à l'affût de nouvelles sources de nourriture susceptibles d'améliorer leur sort (Figure 5). Alors que les herbivores doivent consacrer beaucoup de temps à consommer de grandes quantités de nourriture pour compenser le faible contenu calorique des plantes et que les carnivores font constamment face au risque d'échec inhérent à toute chasse, la combinaison de ces deux modes

d'alimentation a permis aux humains d'obtenir une alimentation de grande qualité qui a joué un rôle central dans le développement phénoménal de notre cerveau. Et même si la rareté de nourriture est une réalité à laquelle doit faire face la majorité des espèces vivantes, l'intelligence et la créativité de l'être humain à acquérir la nourriture lui ont permis de résoudre efficacement cette difficulté et de consacrer le temps ainsi économisé à d'autres activités typiquement humaines, comme l'art et la culture.

Ce survol de l'histoire de notre alimentation permet de mieux comprendre les raisons pour lesquelles l'alimentation moderne peut provo-

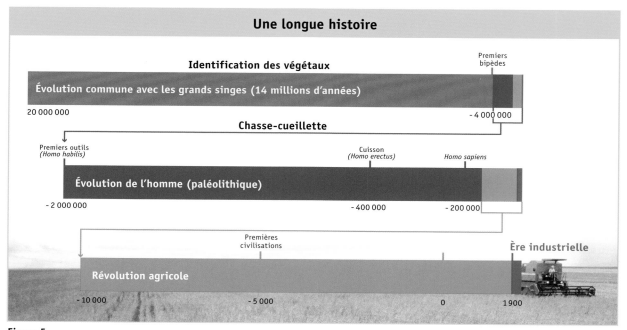

Figure 5

quer des effets aussi néfastes sur le développement de maladies chroniques. En effet, alors que notre métabolisme s'est adapté pendant 20 millions d'années à une alimentation principalement basée sur des végétaux, auxquels se sont ajoutées les viandes il y a 2 millions d'années, l'entrée en scène des aliments industriels transformés modernes, surchargés de sucre et de gras, ne date que de cent ans à peine, ce qui représente une infime fraction (0,0005 %) de notre passé évolutif (Figure 6). Il va de soi que ces bouleversements vont complètement à l'encontre du type d'alimentation auquel nous sommes adaptés. Si l'être humain est devenu au fil de son évolution l'espèce animale la plus intelligente, celle qui a accompli le plus de réalisations grâce au développement prodigieux de ses facultés d'apprentissage, de raisonnement et de compréhension, il est tout de même essentiel de réaliser que ce rayonnement de l'espèce humaine est essentiellement dû au développement de notre cerveau et non de notre biologie en général. Le corps de l'être humain, en particulier sa façon de métaboliser les aliments, n'a pas évolué au même rythme et est demeuré d'un âge préhistorique, soumis à des contraintes quant à la nature des aliments qui doivent être consommés pour participer à la santé et au bien-être. Et même si nous avons construit des pyramides, marché sur la Lune ou encore composé de grandes œuvres littéraires et musicales, nous ne devons pas oublier que la plupart de nos fonctions de base, notamment notre façon d'assimiler la nourriture, sont issues de notre passé d'hommes des cavernes et même, à bien des égards, de celui de grands singes.

Pour prévenir efficacement le développement des maladies, il faut donc devenir des « chasseurs-cueilleurs du xxiᵉ siècle », non pas en retournant en arrière et en sacrifiant les progrès phénoménaux réalisés par l'humanité, mais plutôt en renouant avec l'esprit même de ce qu'a toujours représenté la nourriture, c'est-à-dire en la considérant comme une source privilégiée d'éléments indispensables au fonctionnement du corps humain. En ce sens, il faut absolument profiter de l'immense privilège que nous avons d'avoir accès à une abondance extraordinaire d'aliments de qualité, le résultat concret de ces milliers d'années d'exploration réalisée par

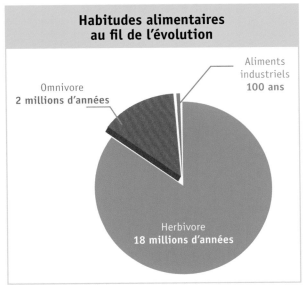

Figure 6

Boire du lait : une habitude récente !

Traire le lait d'animaux sauvages étant une entreprise pour le moins périlleuse (la femelle aurochs, ancêtre de la vache, pouvait atteindre presque 2 m à l'épaule et était jalousement protégée par un mâle qui avait la réputation d'être particulièrement féroce), ce n'est qu'après la domestication du mouton, de la chèvre et surtout de la vache il y a environ 9 000 ans que le lait est devenu accessible à des fins alimentaires. Les premiers éleveurs de bovins qui ont tenté d'exploiter cette nouvelle ressource ont cependant dû faire face à un obstacle majeur : les humains, tout comme la plupart des mammifères, perdent la capacité de digérer le lait une fois arrivés à l'âge adulte en raison de la disparition de l'enzyme qui dégrade le lactose, le sucre présent naturellement dans le lait. En l'absence de cette enzyme (la lactase), le lactose est fermenté par les bactéries intestinales, ce qui provoque des ballonnements et des flatulences et peut même parfois mener à des diarrhées et à la déshydratation. À une époque où trouver suffisamment de nourriture représentait un défi constant, l'aptitude à digérer le lait de façon à pouvoir profiter de ses calories, sans les effets secondaires qui lui sont associés, pouvait donc procurer un énorme avantage en terme de survie.

C'est exactement ce qui s'est produit : les peuples pastoraux se sont adaptés à la consommation de lait au cours du millénaire qui a suivi la domestication de la vache grâce à une mutation génétique qui permet une expression soutenue de la lactase, même à l'âge adulte. Cette mutation s'est répandue comme une traînée de poudre dans ces populations et, encore aujourd'hui, la plupart des adultes qui peuvent consommer du lait sont des descendants de peuples qui ont traditionnellement pratiqué l'élevage de bovins. Ainsi, la fréquence d'expression de la lactase à l'âge adulte est supérieure à 90 % dans les populations du nord de l'Europe (Suède, Danemark), diminue dans le sud de l'Europe et au Moyen-Orient (50 % en France, en Espagne et dans les pays arabes) et est pratiquement inexistante dans les pays qui n'ont pas côtoyé les bovins dans le passé (1 % en Chine et 5 % en Afrique occidentale). Globalement, environ 50 % de la population mondiale ne possède pas cette mutation et est donc incapable de digérer efficacement le lait à l'âge adulte.

Il est également intéressant de noter que d'autres populations pastorales vivant en Afrique de l'Est (les Tutsis et les Fulanis de Tanzanie, du Kenya et du Soudan) expriment également la lactase à l'âge adulte, ce phénomène étant cependant dû à une mutation génétique différente de celle trouvée chez les Européens. Cette évolution convergente, dans laquelle deux populations distinctes, vivant dans des régions différentes du monde, parviennent à acquérir la même capacité à digérer le lait à la suite de l'adoption d'un mode de vie pastoral, constitue donc une illustration éclatante de l'influence que peut avoir la culture sur nos gènes. Dans la même veine, les populations qui ont adopté une alimentation très riche en produits céréaliers, comme les Européens et les Japonais, expriment des quantités plus élevées d'une enzyme, l'amylase, dans leur salive. En améliorant la digestion de l'amidon contenu dans les céréales, cette augmentation d'amylase permet de maximiser l'absorption des calories à partir de ces aliments et représente donc un autre exemple d'évolution récente favorisée par l'adoption du mode de vie agricole.

l'humanité pour identifier de nouvelles sources alimentaires bénéfiques pour la santé. Et, plus important encore, profiter de ce qui constitue l'un des plus grands cadeaux légués par notre évolution : le plaisir de manger.

En résumé

- Les végétaux ont constitué l'essentiel de l'alimentation de l'espèce humaine tout au long de son évolution à partir des grands singes.

- Le développement phénoménal du cerveau humain a permis l'élaboration d'un régime alimentaire de grande qualité, combinant les éléments essentiels des végétaux à l'apport calorique important des viandes.

- L'alimentation industrielle moderne, basée en grande partie sur la consommation d'aliments transformés riches en sucre et en gras, est complètement à l'opposé de celle pour laquelle notre organisme s'est adapté, et ces différences contribuent au développement des maladies chroniques.

L'appetit vient en mangeant,
la soif s'en va en buvant.

François Rabelais, *Gargantua* (1542)

Chapitre 3

Avoir l'eau à la bouche

Le goût, tel que la nature nous l'a accordé, est encore celui de nos sens qui, tout bien considéré, nous procure le plus de jouissances :
1) Parce que le plaisir de manger est le seul qui, pris avec modération, ne soit pas suivi de fatigue ;
2) Parce qu'il est de tous les temps, de tous les âges et de toutes les conditions ;
3) Parce qu'il revient nécessairement au moins une fois par jour, et qu'il peut être répété, sans inconvénient, deux ou trois fois dans cet espace de temps ;
4) Parce qu'il peut se mêler à tous les autres et même nous consoler de leur absence ;
5) Parce que les impressions qu'il reçoit sont à la fois plus durables et plus dépendantes de notre volonté ;
6) Enfin, parce qu'en mangeant nous éprouvons un certain bien-être indéfinissable et particulier, qui vient de la conscience instinctive ; que par cela même que nous mangeons, nous réparons nos pertes et nous prolongeons notre existence.

Jean-Anthelme Brillat-Savarin, *Physiologie du goût* **(1826)**

Les nombreuses références historiques et les innombrables œuvres artistiques qui célèbrent le plaisir de manger sont sans doute la meilleure illustration de l'importance qu'occupe la nourriture dans notre vie quotidienne. Plus qu'un simple acte essentiel à la survie et à la reproduction, la quête constante de sensations nouvelles associées à la nourriture a joué un rôle de premier plan dans le développement de traditions culinaires très variées qui attachent autant d'importance au goût des aliments qu'à leurs bienfaits pour le corps humain. L'emphase accordée aux herbes, épices et condiments, le développement de toutes les techniques culinaires ou encore les trésors de raffinement déployés pour la fabrication de vaisselle délicate sont tous des témoignages éloquents de l'importance accordée au plaisir de manger et de la profonde influence que l'alimentation exerce sur notre existence. Nous mangeons pour vivre, bien sûr, mais nous vivons aussi pour manger, car si la nourriture demeure d'abord et avant tout un élément essentiel à notre subsistance, le plaisir qu'elle procure est progressivement devenu une caractéristique fondamentale de l'âme humaine.

Nez pour goûter

La langue et le nez sont bien entendu les principaux organes du goût, et toute personne ayant un bon rhume peut témoigner à quel point les odeurs libérées dans la bouche au cours de la mastication sont importantes pour apprécier la saveur de la nourriture (85 % de la perception du goût est due à l'odorat). Chez les humains, la détection des odeurs est circonscrite dans une toute petite région de la muqueuse nasale (d'une taille équivalente à celle d'un timbre-poste), mais qui contient tout de même plus de dix millions de terminaisons nerveuses capables de transmettre au cerveau les informations captées grâce à certains *récepteurs* à la surface des cellules, sortes d'antennes moléculaires spécialisées dans la détection spécifique des messages biochimiques présents

dans l'environnement (Figure 1). De même qu'une serrure qui ne peut être ouverte qu'à l'aide d'une clé particulière, chaque récepteur possède dans sa structure une région qui ne reconnaît qu'un message bien précis. Lorsqu'une molécule (la clé) qui correspond à cette serrure est présente, le récepteur est activé et déclenche une réponse qui permet à la cellule de réagir adéquatement à la présence de cette molécule en activant des cascades d'événements moléculaires très complexes, impliquant des centaines de molécules distinctes, qui mènent à la stimulation de régions bien précises du cerveau impliquées dans l'interprétation de ces

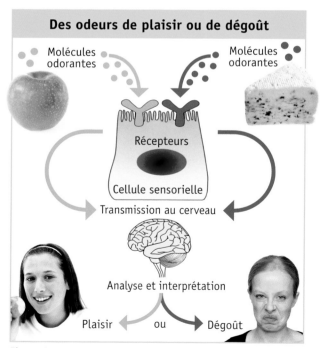

Figure 1

odeurs. L'importance de ces récepteurs est telle qu'on estime qu'environ 1 % de tous les gènes des mammifères servent à la production de récepteurs spécialisés dans la détection des odeurs, soit une quantité plus importante que ceux qui sont responsables de la production d'anticorps ! Même si au fil de l'évolution notre odorat est devenu moins sensible que celui d'autres espèces (les chiens sont capables de détecter certaines odeurs de façon un million de fois plus sensible que nous), nous avons tout de même conservé un répertoire olfactif constitué de plusieurs centaines de récepteurs capables de reconnaître environ trois mille odeurs distinctes, plaisantes comme dégoûtantes. Certains « spécialistes » de l'odorat, comme les parfumeurs ou les œnologues, sont même capables d'identifier précisément quelque dix mille odeurs différentes !

Cependant, la participation active du cerveau au processus d'olfaction fait de l'odorat un sens extrêmement mystérieux, fortement influencé par nos expériences, notre mémoire ainsi que par notre perception visuelle du milieu extérieur. Par exemple, le simple fait de fermer les yeux et de penser à votre plat préféré, ou encore à une sortie récente au restaurant où vous vous êtes régalé, suffit à augmenter la production de salive et à avoir littéralement l'eau à la bouche ! Le concours de la psychologie est à ce point déterminant dans la perception des odeurs que même le jugement des spécialistes n'échappe pas à ces influences extérieures, avec des conséquences qui peuvent être quelquefois pour le moins surprenantes (voir encadré, p. 51).

Si l'identification précise de certaines odeurs subtiles représente un défi, d'autres sont très facilement reconnaissables et peuvent rapidement nous informer de la qualité d'un aliment donné. Les mauvaises odeurs, par exemple, sont de puissants répulsifs car elles signalent très souvent la présence d'un aliment avarié, impropre à la consommation, ou encore de conditions d'insalubrité peu compatibles avec la santé. La reconnaissance de ces odeurs a été particulièrement utile lors de l'adoption d'un mode d'alimentation omnivore, car elle a permis d'identifier les carcasses de viande contaminée par des microorganismes et ainsi d'éviter la mort. D'ailleurs, on a longtemps cru que les mauvaises odeurs étaient la cause directe de maladies, comme en témoigne l'utilisation du verbe « empester » pour décrire une mauvaise odeur, un mot dérivé de « pestilence », qui désignait autrefois une épidémie de peste.

À l'inverse, les bonnes odeurs revêtent en général un caractère agréable et sont très souvent interprétées de façon positive par notre cerveau, autant pour le plaisir qu'elles apportent (les parfums, par exemple) que pour leur impact bénéfique potentiel sur la santé. D'ailleurs, il est très intéressant de constater que l'odeur associée à certains aliments peut provenir de molécules dérivées de substances indispensables au fonctionnement du corps humain. Par exemple, en mûrissant, la tomate fabrique des substances volatiles agréables à partir de molécules essentielles comme les acides gras ou encore les protéines, et la détection de ces odeurs par nos sens encourage la consommation du fruit, permettant du même coup l'absorption de ces molécules (Figure 2). Même si à première vue nous sortons grands gagnants de cette relation, tant pour le plaisir associé au goût de ce fruit que pour ses effets positifs sur la santé, il faut garder en tête que ce processus a également joué un rôle déterminant dans l'existence même de la tomate. En effet, la plupart des graines demeurent intactes en passant dans le tube digestif, de sorte qu'en favorisant la consommation du fruit par les animaux (surtout les oiseaux), ces odeurs ont permis au matériel génétique présent dans les graines de la tomate de se disperser sur de grandes distances et d'occuper de nouvelles niches écologiques.

Cependant, ce qui sent bon n'est pas toujours comestible : même si le parfum d'une fleur peut nous sembler irrésistible, cela n'en fait pas un aliment pour autant ! À l'inverse, les produits fermentés et certains fromages vieillis peuvent émettre une puissante odeur peu attirante au premier abord mais constituent très souvent des délices exquises. Donc, même si l'odorat est essentiel au goût (ainsi qu'au plaisir de manger), il existe des mécanismes supplémentaires qui nous permettent de décider de façon certaine si un aliment est comestible ou non.

Goûts et dégoûts

Le mot « goût » vient de l'indo-européen *geus*, qui signifie « éprouver », « goûter », « apprécier ». Effectivement, d'un point de vue strictement biologique, la principale fonction du goût est d'identifier les aliments qui contiennent les substances essentielles au bon fonctionnement de notre organisme tout en détectant la présence de

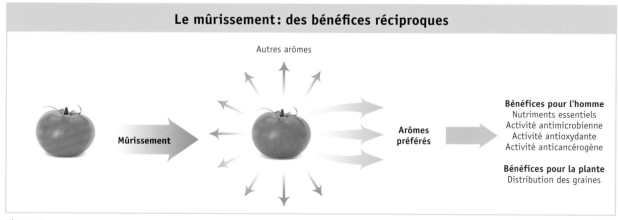

Le mûrissement : des bénéfices réciproques

Autres arômes

Mûrissement

Arômes préférés

Bénéfices pour l'homme
Nutriments essentiels
Activité antimicrobienne
Activité antioxydante
Activité anticancérogène

Bénéfices pour la plante
Distribution des graines

Figure 2

Source : *Science* 2006 ; 311 : 815-819

Trompe-nez

Si le goût et l'odorat sont d'abord et avant tout des sensations physiques, ils font néanmoins également intervenir un aspect cognitif (lié à la pensée) qui joue un rôle très important dans l'appréciation d'un aliment donné. L'étiquette (et le prix !) d'un vin est sans doute un des meilleurs exemples de l'influence de la pensée sur le goût, même pour les connaisseurs. Par exemple, des étudiants en œnologie ont été invités à goûter à quelques jours d'intervalle le même vin mais placé dans deux bouteilles différentes : une portant l'étiquette d'un grand cru classé renommé et une autre portant seulement la mention « vin de table ». La grande majorité des futurs œnologues (50/57) ont accordé une moins bonne note au vin provenant de la bouteille « vin de table », alors que le « grand cru classé » méritait plus d'égards, certains allant même jusqu'à lui assigner un goût boisé (alors que le vin en question n'avait jamais été mis en contact avec le bois).

Dans une autre expérience révélatrice, des chercheurs ont demandé aux étudiants de décrire le goût d'un vin blanc et d'un vin rouge, qui étaient en fait le même vin blanc coloré en rouge grâce à des colorants naturels, sans goût ni odeur. Les étudiants ont employé les qualificatifs olfactifs habituellement réservés au vin rouge (cassis, framboise) pour le faux vin rouge et ceux associés au vin blanc (abricot, miel) pour le vrai vin blanc. Ces conclusions n'ont certainement pas pour but de dénigrer les talents des œnologues professionnels, mais elles montrent à quel point la perception du vin (et des aliments en général) est en grande partie une construction de notre cerveau, un processus au cours duquel le signal chimique détecté par le nez interagit avec d'autres perceptions (vue, mémoire) pour former une « image ». Les œnologues professionnels peuvent, bien entendu, tenir compte de ces nuances, et leur très grande sensibilité olfactive les place généralement à l'abri de ces problèmes d'« environnement de dégustation ».

Cependant, pour la plupart des gens, la construction par la pensée d'une image positive ou négative d'un aliment donné joue un rôle déterminant dans notre attirance ou notre aversion pour cet aliment. En ce sens, il est troublant de constater que, chez les enfants d'aujourd'hui, la construction d'images positives se fait en majeure partie envers des aliments industriels transformés riches en sucre et en gras, des aliments « à la mode » et *cool* comparativement aux aliments « ennuyants » que sont les fruits et légumes ou encore les plats mijotés à la maison.

certains produits toxiques qui peuvent menacer l'intégrité du corps. Cette fonction de détection est cruciale, car en parvenant à sélectionner à partir du milieu extérieur uniquement les substances compatibles avec la santé, elle contribue à maintenir l'homéostasie du corps, c'est-à-dire l'équilibre du milieu intérieur permettant aux différents organes de fonctionner harmonieusement. Ce maintien de l'homéostasie est une caractéristique fondamentale commune à tous les êtres vivants ; même une bactérie, pourtant constituée d'une seule cellule, est capable de « goûter » son environnement et de se diriger, par chimiotactisme, vers une substance nutritive indispensable à sa croissance (le sucre, par exemple) ou, à l'inverse,

de fuir les substances qui menacent sa survie, tel un antibiotique.

Chez les animaux plus évolués comme l'être humain, la détection du goût des aliments fait appel à un système sophistiqué localisé au niveau de régions bien définies de la langue et organisées en structures dont la forme circumvallée (ou calciforme), fongiforme ou foliée optimise le contact des cellules gustatives avec les molécules des aliments relâchées par la mastication (Figure 3). Ces cellules gustatives sont assemblées sous forme de bourgeons, chacune d'entre elles possédant à la surface les récepteurs spécifiques à cinq grands types de saveurs distinctes, soit le sucré, le salé, le sur (acide), l'amer et l'umami (voir encadré, p. 53).

(suite p. 58)

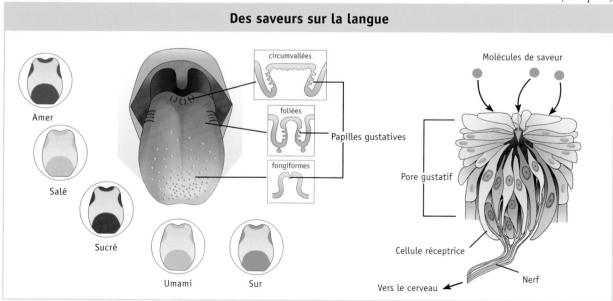

Des saveurs sur la langue

circumvallées

foliées

fongiformes

Amer

Salé

Sucré

Umami

Sur

Papilles gustatives

Molécules de saveur

Pore gustatif

Cellule réceptrice

Nerf

Vers le cerveau

Figure 3

Source : *Nature* 2006 ; 444 : 288-294

Une question de goût

En se mélangeant avec la salive, les aliments libèrent des molécules de saveur (sapides) qui se fixent sur les récepteurs présents à la surface des cellules des bourgeons du goût. Contrairement à la croyance populaire, la détection des saveurs ne varie pas selon la région de la langue (Figure 3) ; bien au contraire, on sait maintenant que chaque bourgeon exprime un large répertoire de récepteurs spécifiques qui reconnaissent chacune des saveurs suivantes : umami, sucré, salé, sur (acide), amer.

Umami

Identifiée en 1908 par le professeur Kikumore Ikeda, de l'université impériale de Tokyo, à partir du *dashi*, un bouillon d'algues kombu, la saveur *umami* (旨味) veut littéralement dire «goût délicieux» en japonais. Longtemps considéré comme la plus mystérieuse saveur captée par notre sens du goût, l'umami, on le sait maintenant, est dû au glutamate, un constituant abondant (10-25%) des protéines végétales et animales. L'umami peut donc être considéré comme un véritable «détecteur de protéines», un goût extrêmement important étant donné le rôle crucial de ces molécules dans le fonctionnement du

Quelques aliments possédant une saveur umami

Aliments	Acide glutamique (mg/100 g)
Fromages	
Parmesan :	1680
Roquefort :	1280
Algues (kombu) :	1608
Sauces	
Sauce de poisson : *(nuoc nam)*	1370
Sauce soja : *(shoyu)*	782
Légumes	
Tomate :	246
Pois vert :	106
Champignon : *(shiitake)*	71
Légumes verts : (chou, asperge, épinard)	50
Avocat :	18
Fruits de mer	
Pétoncle :	140
Crabe royal :	72
Viande	
Poulet :	22
Bœuf :	10

Figure 4

Source : *J. Nutr.* 2000 ; 130 : 921S-926S

corps humain. D'ailleurs, les récepteurs impliqués dans la détection de la saveur umami au niveau de la langue sont très semblables à ceux qui sont impliqués dans la reconnaissance du sucre, les deux systèmes partageant même un récepteur commun (T1R3). Cette similitude suggère que les mécanismes qui rendent les substances essentielles à la vie attrayantes au goût partagent une origine évolutive commune.

Le glutamate est relâché en grandes quantités lors de la cuisson prolongée des viandes ainsi qu'au cours des processus de fermentation, et c'est pour cette raison que les fromages vieillis, les sauces fermentées (soja, poisson) et les bouillons de viande sont parmi les principaux aliments possédant une saveur umami (Figure 4). Certains légumes comme les tomates contiennent également des quantités importantes de glutamate, une propriété depuis longtemps connue pour donner un bon goût à plusieurs plats, notamment les pizzas (surtout avec du parmesan !). Il est également possible de rehausser le goût des plats avec une saveur umami à l'aide de glutamate monosodique (GMS), un assaisonnement dont les Asiatiques sont particulièrement friands. Bien qu'on ait soupçonné au cours des années 1970 le GMS d'être la cause du « syndrome du restaurant chinois », on sait maintenant que ces malaises éprouvés par certaines personnes (maux de tête, engourdissements, douleurs à la poitrine) ne sont pas dus au GMS : des études réalisées à l'aveugle chez des personnes qui se disaient sensibles à cette substance ont montré que des quantités de GMS supérieures à celles qui sont présentes dans les repas de restaurants chinois ne provoquaient aucun effet ! Chose peu étonnante si l'on considère que, du point de vue moléculaire, il n'y a aucune différence entre le glutamate naturel et le GMS...

Sucré

La sensation de plaisir associée à la présence de sucre dans les aliments est sans doute un des meilleurs exemples du rôle crucial du goût dans la détection des substances essentielles à la vie (Figure 5). En effet, le sucre représente une source d'énergie privilégiée qui peut être rapidement utilisée par les cellules de notre corps, en particulier au niveau du cerveau, qui consomme à lui seul près de 80 % du sucre quotidien. Lorsqu'elles sont présentes en concentrations suffisamment élevées dans la salive, les molécules de sucre interagissent avec deux récepteurs localisés dans les bourgeons du goût, T1R2 et T1R3, provoquant l'activation d'un influx nerveux signalant au cerveau la présence d'un aliment qui possède une bonne valeur calorique. L'association de T1R2 et de T1R3 est absolument essentielle pour le goût du sucre ; par exemple, même si les chats possèdent le récepteur T1R3 au niveau de

leur langue, ils sont par contre dépourvus du récepteur T1R2, et ce déficit est responsable de la totale indifférence de ces animaux envers les aliments sucrés. La combinaison des récepteurs T1R2 et T1R3 ne permet cependant pas de déterminer exactement la substance responsable du goût sucré, et il est possible de «tromper» le cerveau en utilisant des molécules qui interagissent avec les récepteurs, tout en étant dépourvues d'énergie. Cette disposition physiologique particulière a mené au développement de l'aspartame et du sucralose (Splenda), deux édulcorants abondamment utilisés par l'industrie alimentaire pour imiter le goût sucré, sans pour autant entraîner l'absorption de calories. Cependant, il semble que la «promesse» non tenue d'un apport en sucre déçoive le cerveau et entraîne une stimulation de l'appétit pour compenser l'absence de calories des édulcorants: par exemple, plusieurs études suggèrent que les boissons gazeuses «diètes», donc sans calories, ne provoquent pas la réduction espérée du poids corporel et peuvent même, dans certains cas, provoquer une augmentation.

Salé

Du point de vue alimentaire, ce qu'on appelle «sel» est du chlorure de sodium (NaCl). Le goût du salé est important car le sodium est un atome absolument essentiel à la vie, et sa concentration se doit d'être finement contrôlée par les organismes vivants (même s'il n'a pas de valeur énergétique, le sodium est responsable – entre autres – de la transmission des influx nerveux). La saveur salée est produite par l'entrée massive de sodium dans certaines cellules des bourgeons gustatifs, déclenchant ainsi un influx nerveux qui informe le cerveau du contenu de l'aliment en sel. Même si les besoins réels en sodium sont relativement modestes (quelques grammes par jour suffisent à assurer le fonctionnement adéquat de l'organisme), il semble que le goût du sel plaise particulièrement au cerveau. Par exemple, dans les années 1950, des chercheurs ont offert des patates douces à un groupe de macaques du Japon en les déposant sur le sable d'une plage bordant la mer. Au lieu de simplement frotter la patate avec sa main pour enlever le sable, un des singes a eu l'idée de la laver dans l'eau de mer, une technique qui connut un vif succès auprès de ses congénères: à partir de ce moment, les singes prirent l'habitude de tremper tous leurs aliments dans l'eau salée et ont même transmis cette habitude à leurs descendants sur plusieurs générations. Le goût du sel semble donc être un goût culturel, fortement influencé par notre environnement. Cependant, une telle accoutumance peut entraîner à la longue un apport en sodium beaucoup trop élevé pour les besoins réels du corps, un excès qui favorise le développement de certaines pathologies cardiovasculaires.

Sur (acide)

La reconnaissance de la saveur sure joue un rôle important dans la détection du degré d'acidité des aliments, un caractère qui est souvent associé à une détérioration de l'aliment provoquée par la présence excessive de micro-organismes (bactéries, moisissures). Boire un verre de lait dont la date de péremption est passée depuis quelques jours suffit à vérifier l'efficacité de ce système ! Ce mécanisme de défense permet d'éviter les dommages que pourraient causer ces aliments aux différents tissus de notre corps ainsi qu'à l'équilibre acidobasique, c'est-à-dire le maintien d'un pH sanguin neutre. À doses plus faibles, cependant, les substances sures se marient merveilleusement bien avec le sucre ou le gras, une propriété depuis longtemps exploitée en gastronomie autant asiatique (aigre-sucré) qu'européenne (vinaigrettes, etc.).

Amer

Alors qu'un nouveau-né accepte avec joie le sucre, est neutre face au sel et grimace légèrement au contact du sur, il rejette complètement toute substance amère. Ce dégoût instinctif de l'amer est dû à la place prédominante occupée par les végétaux tout au long de notre évolution : en effet, les molécules toxiques présentes dans certains types de végétaux possèdent la caractéristique commune d'être très amères, et la détection de cette amertume a donc joué un rôle très important dans l'identification des espèces végétales comestibles, sans danger pour la survie de l'espèce humaine (Figure 6). L'importance de cet instinct est bien illustrée par le nombre important de récepteurs capables de détecter l'amertume et par leur très grande sensibilité à d'infimes quantités de molécules toxiques : ainsi, alors que la perception du sucre ne fait intervenir que deux récepteurs, au moins cinquante récepteurs distincts perçoivent l'amertume, et ce, de façon au moins mille fois plus sensible que le sucre !

Cependant, et c'est là un des grands paradoxes de l'alimentation humaine, plusieurs composés amers présents dans les végétaux possèdent de multiples effets positifs sur la santé et représentent même l'une des principales armes à notre disposition pour la prévention des maladies chroniques. Les polyphénols complexes de certains fruits comme la canneberge, les isothiocyanates des crucifères ou encore les composés soufrés des légumes de la famille de l'ail sont tous reconnus par les récepteurs de l'amertume, et cette propriété contribue à restreindre la consommation de ces aliments chez de nombreuses personnes. Ce peu d'enthousiasme envers les substances amères peut être d'autant plus accentué que des variations interindividuelles génétiques rendent certaines personnes encore plus sensibles à l'amertume; par exemple, on estime que 25 % des personnes possèdent une version modifiée de certains récepteurs de l'amertume (appelés TAS2R16) qui les rendent hypersensibles à cette saveur et les découragent de consommer des aliments amers.

Une passion pour le sucre

Plaisir sensoriel

- Fruits colorés, mûrs et goûteux
- Inné (lait maternel)

Sélection évolutive

- Combustible du cerveau
- Énergie rapidement utilisable

Figure 5

Le dégoût de l'amer

Sélection évolutive

- Identification des substances toxiques

- Sensibilité élevée envers ces substances

Figure 6

Un goût pour le gras

Plaisir sensoriel

- Rondeur des saveurs
- Richesse des textures
- Renforcement des saveurs

Sélection évolutive

- Meilleure source d'énergie
- Source d'acides gras essentiels
- Source de vitamines liposolubles

Figure 7

Pourtant, l'amer possède une réelle valeur gastronomique et peut apporter un contraste de saveurs extrêmement intéressant lorsqu'il est combiné avec d'autres saveurs, une harmonie de goûts complexes impossibles à atteindre en son absence. Apprivoiser l'amer représente donc une victoire sur nos instincts primitifs, une évolution culturelle qui nous permet de franchir un obstacle majeur dans la recherche de nouveaux goûts et de bénéfices pour la santé auparavant inaccessibles. Il n'est donc pas étonnant que toutes les traditions culinaires du monde ont su élaborer plusieurs mariages de saveurs pour profiter des bienfaits de cette amertume ; par exemple, la saveur umami est très souvent utilisée par les Asiatiques pour rehausser le goût des plats de légumes crucifères (sauce soya ou de poisson, algues, champignons shiitake).

En plus de la détection de ces cinq saveurs par la langue, plusieurs autres systèmes présents dans la cavité buccale participent activement au goût. Par exemple, les perceptions orosensorielles associées aux gras sont de puissants stimulateurs des zones cérébrales impliquées dans la sensation du plaisir, un effet lié à leur grande importance comme source d'énergie ou de gras essentiels que notre organisme est incapable de synthétiser par lui-même (Figure 7). La simple présence de gras dans la bouche suffit à provoquer l'activation de plusieurs enzymes métaboliques qui antici-pent l'apport calorique à venir ! La présence d'un récepteur spécifique aux gras, appelé CD36, au niveau de la langue joue probablement un rôle important dans notre attrait physiologique pour le gras. Il est également fascinant de constater que les épices et aromates, qui sont devenus des ingrédients indispensables pour rehausser le goût de nos aliments, possèdent tous la propriété de stimuler certaines terminaisons nerveuses spécialisées dans la détection de la douleur, de la chaleur ou du froid (voir encadré, p. 59).

Un sens complexe

Éprouver ou non du plaisir à manger un aliment donné est donc l'aboutissement d'un processus biologique extrêmement complexe qui fait intervenir autant nos sens physiques que notre mémoire. Les stimulations provoquées par l'aspect de l'aliment, son odeur, sa saveur captée par la langue, l'arôme libéré par la mastication ainsi que les sensations tactiles et thermiques produites dans la bouche sont tous décodés par nos sens et acheminés vers le cerveau qui, selon la nature de ces signaux et des expériences antérieures, est l'ultime arbitre qui détermine si cet aliment est source de plaisir ou devrait au contraire être évité. En d'autres mots, si les sens de chacun détectent à peu de chose près les mêmes saveurs, l'interprétation de ces saveurs et textures par notre cerveau peut provoquer des effets diamétralement opposés, allant d'un plaisir sans bornes

Quand manger peut donner chaud... ou froid

Le goût piquant associé à plusieurs épices et aromates utilisés en cuisine est dû au contenu élevé de ces plantes en molécules qui stimulent les systèmes de détection de la douleur, une propriété qui joue un rôle important dans la protection de ces plantes contre plusieurs prédateurs.

L'effet le mieux documenté des épices est sans doute l'activation du système de la douleur par la capsaicine, la molécule responsable du caractère piquant des piments forts. Cette sensation piquante est due à la liaison de la capsaicine avec le récepteur vanilloïde TRPV1, une protéine impliquée dans la détection de stimuli de désagrément comme des températures supérieures à 43 °C. En interagissant avec ce récepteur, la capsaicine mime donc une sensation de chaleur ou de brûlure, et c'est pour cette raison que certains plats particulièrement pimentés peuvent littéralement mettre la bouche en feu ! La « brûlure » des piments dépend donc de leur contenu en capsaicine, une propriété qui est souvent estimée en mesurant la dilution requise pour que la sensation piquante d'un piment ne soit plus détectable par la langue. Par exemple, alors qu'il faut diluer les piments jalapeños cinq mille fois pour ne plus ressentir leur goût piquant, la variété

Bhut Jolokia, qui est cultivée dans le nord-est de l'Inde, est encore détectable même diluée un million de fois, ce qui en fait le piment le plus fort du monde ! Le contenu en capsaicine de ces piments est tellement élevé que les habitants de cette région l'utilisent pour se protéger des ravages causés par les éléphants des environs en enduisant les clôtures avec l'huile extraite de ces piments !

Certaines personnes sont capables de manger des plats incroyablement épicés ; cette aptitude est rendue possible par la désensibilisation des nerfs touchés par la capsaicine qui se produit à la suite de la consommation régulière de repas pimentés. Pour les non-initiés, cependant, le meilleur moyen pour atténuer la brûlure occasionnée par un plat trop épicé est de consommer du lait ou un yogourt au lieu de l'eau ; en effet, alors que la capsaicine est insoluble dans l'eau et demeure donc liée à son récepteur, elle peut être séquestrée par la caséine du lait et ainsi permettre aux récepteurs de retrouver leur état normal. En Inde, d'ailleurs, le raïta, une sauce à base de yogourt, accompagne souvent les currys relevés...

La recherche des dernières années a démontré que des mécanismes similaires sont responsables de la sensation provoquée par la majorité des substances qui « mettent du piquant » dans notre quotidien alimentaire. Que ce soit la pipérine responsable du goût piquant du poivre noir, les isothiocyanates de la moutarde ou du raifort qui « montent au nez », les composés soufrés de l'ail, l'eugénol du clou de girofle, la cinnamaldéhyde de la cannelle, le gingérol du gingembre ou encore les molécules odorantes de plusieurs aromates (thym, origan), les sensations associées à ces molécules sont toutes dues à leur interaction avec des récepteurs sensibles à la chaleur. À l'inverse, il est intéressant de noter que le menthol présent dans la menthe interagit quant à lui avec un récepteur sensible au froid (TRPV8), une liaison qui est responsable de la sensation de fraîcheur si caractéristique de cet aromate.

La raison de l'attrait indéniable des humains envers ces substances qui stimulent les sens normalement affectés à détecter la douleur demeure encore incomprise mais pourrait être liée à la libération de molécules de plaisir (les endorphines). Quoi qu'il en soit, l'importance qu'occupent désormais ces molécules dans notre alimentation suggère que nous avons appris à dompter et à apprécier les faux « dangers » associés à la consommation des épices et aromates...

chez l'un à un profond dégoût chez l'autre. Par exemple, le *natto*, un mets de fèves de soja fermentées à l'odeur et à la consistance très prononcées, est considéré depuis des millénaires comme un délice au Japon mais va complètement à l'encontre des préférences alimentaires de la plupart des Occidentaux. Le goût est donc un sens très relatif, fortement influencé par la culture et l'époque, et qui en conséquence varie énormément selon les individus.

Points de contrôle

Si le goût et l'odorat jouent des rôles cruciaux dans le processus de sélection de la *qualité* des aliments, les mécanismes de contrôle de l'appétit et du poids corporel jouent quant à eux des rôles essentiels dans la détermination

de la *quantité* de nourriture nécessaire à nos besoins. Même si un aliment est délicieux au goût, il y a tout de même des limites à ce que l'on peut manger !

Le contrôle de l'appétit requiert l'étroite collaboration de plusieurs organes du corps, un processus qui est sous la supervision du cerveau, le « haut commandement » qui intègre les informations sur le niveau d'énergie transmises par ces organes et dicte les comportements à adopter pour maintenir l'équilibre de cette énergie. Ce poste de commande est situé dans l'hypothalamus, une minuscule région localisée à la base du cerveau et qui possède deux centres de contrôle, l'un de la faim, l'autre de la satiété, les deux constamment à l'écoute des informations sur le niveau d'énergie du corps. Par exemple, le taux de sucre sanguin (la glycémie) est mesuré en permanence par le centre de la faim, et une baisse, même légère, déclenche aussitôt l'alerte et la stimulation de l'appétit. Un signal de cette baisse d'énergie provient également de l'estomac, qui produit une hormone nommée ghréline (de l'indo-européen *ghre*, qui signifie « croissance »), un puissant stimulateur de l'appétit de par son action sur les cellules nerveuses du centre de la faim. Quand vous ressentez une baisse d'énergie, de l'irritation ou encore des gargouillements d'estomac, c'est que ces mécanismes sont à l'œuvre et vous signalent qu'il est grand temps de manger !

Si les signaux de la faim sont assez facilement reconnaissables, ceux qui commandent l'arrêt de l'ingestion d'aliments sont beaucoup plus complexes et peuvent quelquefois être plus difficiles à interpréter. Le premier point de contrôle est situé dans la paroi de l'estomac, où des fibres nerveuses détectent l'état de distension de l'organe induit par l'ingestion, ce qui permet au cerveau d'estimer le volume d'aliments apportés au corps. En conditions normales, ces fibres nerveuses sont activées bien avant que l'estomac soit rempli à pleine capacité, de façon à éviter les effets négatifs que peut provoquer une surcharge d'aliments sur le processus de digestion. Cependant, toute personne gourmande sait qu'il est possible de passer outre à ces signaux et de manger plus que la quantité « permise » par notre cerveau ! Si ces excès de table sont occasionnels, généralement restreints à certaines fêtes spéciales, avoir le « ventre plein » à répétition peut cependant habituer l'estomac à un niveau élevé de distension et perturber l'efficacité du signal qui indique la sensation de satiété.

Le Japonais Takeru « Tsunami » Kobayashi représente sans doute l'exemple extrême des « possibilités » offertes par cette désensibilisation à la satiété : grâce à un entraînement intensif de distension de son estomac, il a réussi en 2006 l'incroyable exploit d'ingurgiter 54 hot-dogs en douze minutes ! Lorsque l'on considère que ce triste record est maintenant de 66 hot-dogs (toujours en douze minutes), on ne peut qu'être étonnés non seulement de l'incroyable capacité d'adaptation du corps humain, mais surtout de la bêtise qui est parfois associée à l'utilisation de ces capacités...

Quand le cerveau dit : « C'est assez ! »

En plus des aspects « mécaniques » impliqués dans le phénomène de satiété, plusieurs mécanismes hormonaux jouent également un rôle extrêmement important pour signaler au cerveau que le processus d'assimilation de la nourriture est en cours et qu'il faut envisager de mettre un terme au repas pour éviter de surcharger le système. On l'oublie trop souvent, mais les organes de notre corps ne sont pas des compartiments isolés qui fonctionnent indépendamment les uns des autres ; bien au contraire, chacun d'entre eux envoie plusieurs messages qui informent ses partenaires de la situation qui prévaut dans les diverses régions de l'organisme et des mesures à prendre en cas de perturbations incompatibles avec l'équilibre des fonctions vitales. Dans le cas de la régulation de l'appétit, ces messages prennent la forme de différentes hormones de satiété qui sont produites à différents endroits de l'intestin ainsi que par le foie, le pancréas et même le tissu adipeux (Figure 8). Par exemple, lorsque la nourriture digérée par l'estomac atteint l'intestin, des cellules spécialisées sécrètent dans la circulation sanguine avoisinante une hormone appelée cholécystokinine (CCK), qui est acheminée vers le cervelet où elle active un centre de satiété. En parallèle, d'autres hormones comme la PYY (intestin), l'insuline (pancréas) ou encore des signaux envoyés par les détecteurs de nutriments présents au niveau du foie agissent au niveau des neurones de l'hypothalamus pour provoquer une diminution de l'appétit. Comme on peut le voir, alors que les stimulateurs de l'appétit sont peu nombreux (la ghréline sécrétée par l'estomac est la seule hormone oréxique identifiée jusqu'à présent), les mécanismes impliqués dans l'arrêt du repas sont multiples et témoignent de l'importance qu'attache le corps à éviter l'ingestion d'un surplus de nourriture.

D'autres mécanismes régulateurs sont également très importants pour le contrôle de l'appé-

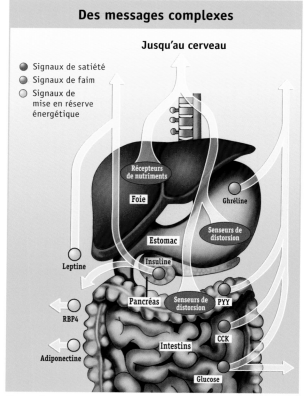

Figure 8

Source : adapté de *Sc. Am.* 2007 ; 297 : 72-81

tit. La leptine (du grec *leptos*, qui signifie « mince ») sécrétée par les cellules du tissu adipeux est particulièrement intéressante car cette hormone agit comme « adipostat », c'est-à-dire qu'elle indique au cerveau l'état des réserves d'énergie stockée sous forme de graisse. Puisque la production de cette hormone est proportionnelle à la masse graisseuse, une quantité importante de leptine dans le sang signale un surplus d'énergie, ce qui mène à une perte d'appétit et à une réduction de l'apport énergétique. Cette hormone est absolument essentielle au contrôle de l'appétit, car on remarque que des souris qui ne produisent pas de leptine (souris ob/ob) ingurgitent des quantités astronomiques de nourriture et deviennent énormes (Figure 9). Chez les humains, un tel déficit en leptine a également des conséquences dramatiques sur le poids corporel; certains cas cliniques rares sont connus, tel celui de cette jeune fille incapable de produire cette hormone à cause d'une mutation génétique et qui pesait déjà près de 90 kg à 9 ans, 57 % de son poids étant sous forme de graisse. Cependant, une telle perte de leptine est un phénomène très rare qui n'est responsable que d'une infime proportion des cas d'obésité. Chez la grande majorité des personnes obèses, les niveaux de leptine sont normaux (et même souvent très élevés), mais c'est la capacité du cerveau à gérer les signaux de cette hormone qui semble altérée. En effet, malgré le surplus d'énergie emmagasinée dans leurs tissus adipeux, ces personnes conservent leur appétit, rendant du même coup la perte de poids extrêmement difficile.

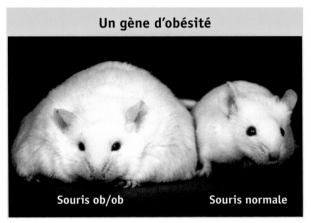

Figure 9   Source : Science Photo Library

Les yeux plus grands que le ventre

D'un point de vue biologique, le contrôle de l'appétit est donc un processus finement réglé dans lequel une baisse des réserves d'énergie entraîne automatiquement la faim et une prise de nourriture destinée à combler ces besoins (Figure 10). Dès que les niveaux d'énergie retournent à la normale, un éventail de mécanismes régulateurs entre en scène et permet d'éviter une surcharge énergétique. Ces mécanismes de contrôle de l'appétit et du maintien de l'homéostasie fonctionnent admirablement pour la plupart des animaux : dans la nature, l'excès de graisse est un phénomène pratiquement inexistant, si ce n'est pour la protection contre le froid ou encore pour subvenir à des périodes d'inactivité prolongée comme l'hibernation.

Malheureusement, l'épidémie d'obésité actuellement observée aux quatre coins du monde est une preuve flagrante que ces mécanismes régulateurs sont beaucoup moins performants chez les humains. Cette inefficacité est due à l'énorme influence qu'exercent l'environnement et nos émotions sur notre perception de la nourriture : grâce au développement de notre cortex cérébral, l'attrait envers la nourriture n'est pas seulement une question de besoins biologiques mais aussi de désirs (Figure 10). En conditions normales, cette anticipation du plaisir associé à la nourriture est absolument fantastique car elle permet de faire de l'alimentation une expérience unique, typiquement humaine, dans laquelle la complexité des saveurs et des textures peut procurer des sensations inouïes tout en demeurant en harmonie avec nos besoins physiologiques. Cependant, lorsqu'elles sont mal contrôlées, ces pulsions peuvent court-circuiter les mécanismes de contrôle de la faim et entraîner un apport alimentaire qui dépasse les besoins d'énergie de l'organisme (Figure 11).

Un autre facteur important dans la consommation excessive de nourriture est sans aucun doute l'attrait indéniable que représentent les aliments qui contiennent de grandes quantités de substances nécessaires à la vie, en particulier le sucre, le gras et le sel. Alors que le goût des épices et des mets raffinés fait appel à une dimension culturelle qui s'est développée relativement tard dans l'histoire de l'humanité, nous sommes biologiquement « programmés » pour aimer le sucre, le gras et le sel : il est donc tout à fait normal que nous ressentions une forte attirance pour ces substances de base. Il ne faut donc pas s'étonner si une grande quantité des aliments produits par l'industrie de malbouffe a justement comme caractéristique d'être extraordinairement riche en sucre, en gras ou en sel (et souvent les trois en même temps) : en correspondant à nos besoins primaires, ces produits deviennent extrêmement attrayants.

Cependant, cette attirance innée envers le sucre, le gras et le sel de même que l'intensité du plaisir associé à la consommation d'aliments qui contiennent ces substances sont tellement puissantes qu'elles peuvent perturber nos mécanismes de contrôle interne impliqués dans la régulation de l'appétit. Par exemple,

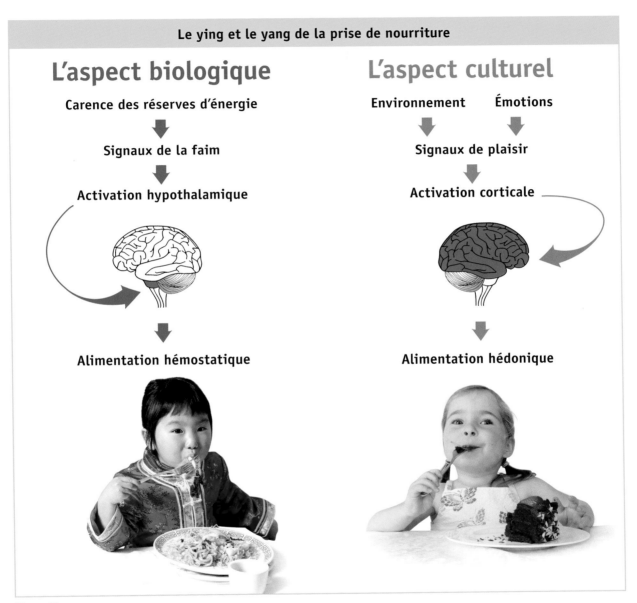

Le ying et le yang de la prise de nourriture

L'aspect biologique

Carence des réserves d'énergie

Signaux de la faim

Activation hypothalamique

Alimentation hémostatique

L'aspect culturel

Environnement Émotions

Signaux de plaisir

Activation corticale

Alimentation hédonique

Figure 10

Principaux facteurs qui encouragent la surconsommation de nourriture

Éléments déclencheurs

Conséquences

Sensations orosensorielles (gras, sucre) → Stimulation excessive des centres du plaisir

Grande accessibilité de la nourriture → Encourage la consommation de nourriture sans nécessairement avoir faim

Densité calorique des aliments → La grande quantité de calories dans un petit volume de nourriture prévient la distension de l'estomac et inhibe la satiété

Vitesse de consommation de nourriture → Contourne les signaux de satiété

Stress → Recherche du plaisir associé à la nourriture pour compenser l'anxiété

Compulsion → Addiction au plaisir associé à la nourriture

Figure 11

on sait maintenant que le sucre et le gras provoquent la relâche de messagers chimiques au niveau du cerveau, notamment la dopamine, qui activent des systèmes de récompense et du plaisir d'une façon similaire aux effets provoqués par des drogues comme la nicotine, l'alcool ou la cocaïne ! Comme pour toute forme d'addiction, il va de soi qu'une trop forte stimulation de ces centres du plaisir par les aliments surchargés en énergie peut générer une dépendance qui, à moyen et à plus long terme, provoque une surconsommation de nourriture et le stockage de cette énergie excédentaire sous forme de graisse. Malheureusement, rien n'encourage autant ces comportements alimentaires que l'environnement dans lequel nous vivons.

En résumé

- Le goût est un sens extrêmement complexe qui fait intervenir autant nos sens physiques et notre mémoire que notre culture.

- La participation active du cerveau au goût ajoute une dimension hédonique à l'acte de manger, une caractéristique essentielle de l'âme humaine.

- La stimulation excessive des centres du plaisir provoquée par les aliments riches en énergie perturbe les mécanismes de contrôle de l'appétit et cause un déséquilibre qui participe à l'accumulation de réserves caloriques sous forme de graisse.

Les excès tuent plus sûrement que les épées.

Proverbe chinois

Chapitre 4

Au pays de Gargantua

Selon l'Organisation mondiale de la santé, il existe actuellement plus de 1 milliard de personnes qui vivent avec un excédent de poids, auquel il faut ajouter 300 millions de personnes qui sont carrément obèses, dont au moins 20 millions d'enfants de moins de 5 ans. Cette épidémie de surpoids, observée autant dans les pays industrialisés que dans ceux qui sont en transition économique, contraste fortement avec la situation de pays en voie de développement dont les habitants souffrent d'une carence chronique en aliments de base, de la faim et de la malnutrition (Figure 1). En plus de mettre en évidence les iniquités du monde dans lequel nous vivons et l'immense travail qu'il reste à faire en matière de répartition des richesses, ces statistiques soulignent également la complexité de la relation des humains avec la nourriture et les extrêmes qu'elle peut engendrer.

Une masse critique

La façon de mesurer l'excès de poids n'est aucunement basée sur des considérations esthétiques;

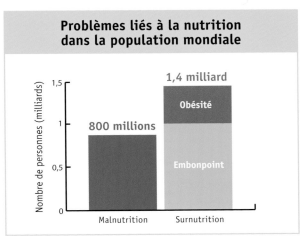

Figure 1   Source: Statistiques de l'OMS

Êtes-vous trop gros?
Trouvez l'indice...

C'est au statisticien belge Adolphe Quetelet que l'on doit l'observation selon laquelle, chez les adultes de 20 ans et plus, le poids corporel augmente de façon proportionnelle au carré de la taille. Cet indice de Quetelet, mieux connu maintenant sous l'appellation d'indice de masse corporelle (IMC), peut facilement être calculé selon la formule mathématique :

IMC = poids (en kg) / taille (en m)^2

Sans être parfait, cet indice est devenu au fil des années le standard pour déterminer si une personne présente un excès de poids. Selon les critères établis par l'Organisation mondiale de la santé, un IMC entre 19 et 24 est considéré comme représentant un poids normal, les personnes qui ont un indice situé entre 25 et 29 souffrent d'embonpoint, et celles dont l'indice est supérieur à 30 sont obèses.

L'utilité de cet indice a été véritablement établie dans les années 1930 lorsque les compagnies d'assurance-vie américaines ont observé que, parmi tous les calculs qui mesurent l'excès de poids, un IMC supérieur à 30 était la meilleure indication du risque de décès de leurs assurés. Comme on peut le voir, les risques associés à l'obésité sont connus depuis longtemps !

Pour calculer son IMC, on peut utiliser la formule ci-dessus ou encore la grille illustrée ci-contre (Figure 2). Par exemple, dans le cas d'un homme de 1,75 m qui pèse 75 kg, son IMC est de : $75 \div (1,75 \times 1,75) = 24$.

Puisque notre taille ne change plus une fois que nous sommes parvenus à l'âge adulte, une augmentation du poids provoque toujours une hausse de l'IMC. Par exemple, l'IMC de cet homme serait de 27 s'il pesait 85 kg et de 32 s'il atteignait 100 kg. Donc si 75 kg est un poids santé pour cet homme, l'ajout de 10 kg entraîne de l'embonpoint et il devient carrément obèse s'il fait osciller la balance à 100 kg.

Il faut particulièrement se méfier des excès de graisse au niveau de l'abdomen. Par exemple, un tour de taille supérieur à 102 cm (40 pouces) chez les hommes et 88 cm (35 pouces) chez les femmes est généralement un signe de problèmes de santé liés au surpoids. Vous pouvez facilement mesurer votre tour de taille en utilisant un ruban de couturière placé entre le nombril et les côtes flottantes. Comme nous le verrons au chapitre 5, si votre indice de masse corporelle est près de 30 et que votre tour de taille est élevé, il faut réagir rapidement car, s'agissant des maladies cardiovasculaires graves, vous faites partie des personnes à très haut risque.

elle est établie selon des critères bien définis, validés par la communauté scientifique et médicale. Parmi toutes les mesures qui peuvent être utilisées pour estimer le surpoids, l'indice de masse corporelle (IMC) s'est imposé au cours des dernières années comme une façon simple et efficace de déterminer l'incidence de l'embonpoint et de l'obésité au sein des populations (voir encadré, p. 70).

En Amérique du Nord, tout comme dans plusieurs pays industrialisés, l'augmentation de la proportion de personnes obèses a véritablement pris son envol au début des années 1980 et n'a cessé de croître depuis. Par exemple, alors qu'en 1995 le pourcentage d'obèses se situait pour l'ensemble des États américains entre 10 et 20%, il s'est considérablement accru au cours des dix années suivantes dans l'ensemble du pays. Cette augmentation a été particulièrement phénoménale dans certains États du Sud, notamment en Louisiane et au Mississippi, où la proportion de la population obèse a maintenant franchi le cap des 30% (Figure 3). Cette hausse est à ce point fulgurante que, si ce rythme se maintenait, on estime que la quasi-totalité des adultes américains souffriraient de surpoids ou d'embonpoint en 2040!

Une tendance similaire est observée au Canada, en particulier chez les enfants. Alors qu'il y a vingt-cinq ans 3% des garçons canadiens âgés de 2 à 17 ans étaient obèses, ce pourcentage est passé à 9% en 2004, une augmentation qui fait du Canada un des leaders mondiaux de l'obésité infantile (Figure 4). Si l'on ajoute à ces statistiques les enfants souffrant

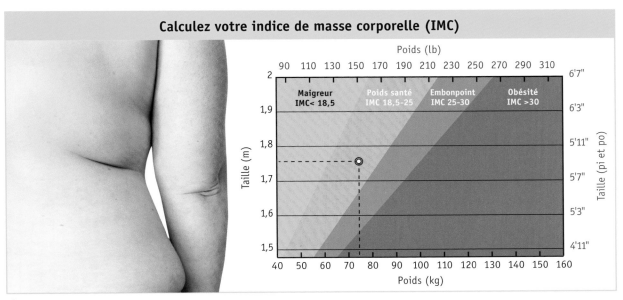

Calculez votre indice de masse corporelle (IMC)

Poids (lb)

Maigreur IMC< 18,5 Poids santé IMC 18,5-25 Embonpoint IMC 25-30 Obésité IMC >30

Taille (m) / Taille (pi et po)

Poids (kg)

Figure 2

Évolution de la prévalence de l'obésité adulte aux États-Unis

1995

2000

2005

- 10 %-14 %
- 15 %-19 %
- 20 %-24 %
- 25 %-29 %
- >30 %

Figure 3   Source : Centers for Disease Control and Prevention

d'embonpoint, c'est un peu plus du quart des jeunes qui sont actuellement en situation de surpoids, une situation extrêmement inquiétante si l'on considère que 70 % des adolescents obèses conserveront cet excès de poids une fois devenus adultes.

Comme nous l'avons mentionné plus tôt, le surpoids n'est plus un problème limité aux habitants des nations industrialisées ; il est devenu une véritable épidémie qui touche de plein fouet la plupart des régions du globe, y compris plusieurs pays économiquement moins développés (Figure 5). Autrefois extrêmement rare, sinon inexistante, l'obésité est devenue monnaie courante dans des pays aussi différents que la Jordanie, le Brésil ou l'Égypte, où elle coexiste trop souvent avec la malnutrition, imposant du même coup un fardeau supplémentaire aux systèmes de santé de ces pays. Au Brésil, par exemple, la forte consommation d'aliments industriels transformés surchargés de calories mais dépourvus d'éléments nutritifs essentiels cause de graves carences et des retards de croissance chez les enfants. En parallèle, la consommation de ces aliments par les adultes entraîne l'absorption d'un excès de calories et favorise l'obésité. La présence simultanée de ces deux extrêmes crée des conditions sociales extrêmement pénibles, inimaginables il y a encore quelques années : on estime que 10 % des foyers brésiliens sont composés d'enfants affectés par des carences nutritionnelles importantes, qui vivent sous le même toit que leur mère, qui présente un excédent de poids.

Faire pencher la balance

Ces hausses dramatiques de l'embonpoint et de l'obésité sont tout à fait exceptionnelles, car le surpoids a de tout temps été considéré comme pratiquement impossible à atteindre étant donné les limites de nourriture imposées par l'environnement. Malgré l'habileté et l'efficacité des chasseurs-cueilleurs, les hommes préhistoriques devaient déployer des efforts considérables pour obtenir la quantité de nourriture nécessaire à la survie, et l'embonpoint était absent dans ces populations. D'ailleurs, on croit que les statuettes de femmes corpulentes fabriquées par les humains de cette époque, comme la Vénus de Willendorf (photo), symbolisaient leur fascination pour un inaccessible monde d'abondance et de fertilité (paradoxalement, on sait maintenant que l'obésité est une cause importante d'infertilité). Plus tard, le développement des cités et de structures politiques, sociales et économiques complexes a permis d'améliorer la production de nourriture, mais le

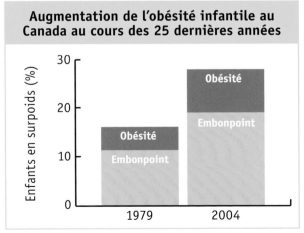

Augmentation de l'obésité infantile au Canada au cours des 25 dernières années

Figure 4 — Source : Statistique Canada

nombre grandissant de bouches à nourrir exerçait d'énormes pressions sur la disponibilité de ces ressources. Dans un tel contexte, l'excès de poids illustrait l'abondance associée à un grand pouvoir, au même titre que les vêtements luxueux ou les bijoux. Dans certaines cultures, l'obésité revêtait un caractère tellement exceptionnel qu'elle a joué un rôle central dans l'élaboration de rituels religieux complexes (voir encadré, p. 75).

Comment expliquer un tel renversement de situation ? Évidemment, puisque l'embonpoint et l'obésité sont par définition des problèmes associés à une accumulation excessive d'énergie sous forme de graisse, il va de soi qu'une hausse du poids corporel est nécessairement due à un déséquilibre entre l'apport et la dépense d'énergie. Lorsque l'apport en énergie par la nourriture est contrebalancé par une dépense d'énergie équivalente, le poids demeure stable. Par contre, lors d'une augmentation de l'apport calorique provoquée par une surconsommation de nourriture ou par une diminution des dépenses d'énergie consécutive à l'adoption d'un mode de vie plus sédentaire, le surplus d'énergie est stocké sous forme de gras (Figure 6).

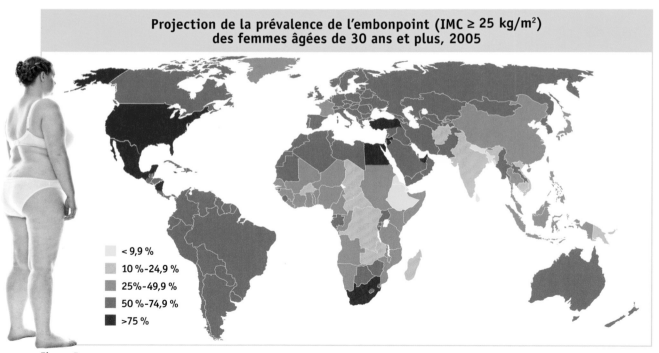

Projection de la prévalence de l'embonpoint (IMC ≥ 25 kg/m^2) des femmes âgées de 30 ans et plus, 2005

< 9,9 %
10 %-24,9 %
25 %-49,9 %
50 %-74,9 %
>75 %

Figure 5

Source : Statistiques de l'OMS

Un sport de masse!

Le sumo, terme dérivé de *sumai* (lutte), est une forme de lutte typiquement japonaise probablement inspirée du *kakuteigi* pratiqué en Chine au cours de la dynastie Han (202 av. J.-C.). Selon la mythologie décrite dans le *Kojiki* (*Récit des temps anciens*, 712), c'est au cours d'un combat de sumo que le *kami* (dieu) Takemikazuchi vainquit Takeminakata, permettant ainsi à son peuple de prendre possession des îles japonaises. L'origine du sumo se confond donc avec celle du Japon lui-même.

Outre le combat en tant que tel, l'aspect le plus spectaculaire du sumo réside sans doute dans la taille impressionnante des *rikishis*, qui marient un poids imposant (généralement aux environs de 150 kg) avec une grande souplesse et une grande agilité. Pour y arriver, les lutteurs suivent un entraînement intensif combinant le développement des aptitudes de combat avec une alimentation extraordinairement riche pour favoriser l'accumulation de poids. Le mets principal du *rikishi* est le *chanko-nabe*, un pot-au-feu très riche en protéines et en gras contenant (entre autres!) du poisson, du poulet, des crustacés, des œufs et des légumes, le tout lié par une sauce onctueuse. Ils consomment ce plat deux fois par jour, avec du riz et plusieurs plats d'accompagnement, chaque fois suivi d'une sieste pour favoriser le stockage sous forme de graisse, un «régime» contenant entre 5000 et 10000 calories. Konishiki, qui avec ses 285 kg fut le plus lourd lutteur sumo de l'histoire, pouvait manger dans un seul repas 10 portions de *chanko-nabe*, 8 bols de riz, 25 portions de bœuf grillé et 130 morceaux de sushi!

Idolâtrés par une société qui, paradoxalement, privilégie une alimentation saine et modérée, les lutteurs sumo représentent bien le caractère exceptionnel de l'obésité et l'aspect marginal que représente cet état, une marginalité bien illustrée par l'impact négatif de ce mode de vie sur la santé des lutteurs. L'excès de poids augmente considérablement le développement du diabète et des maladies cardiovasculaires, sans compter que le stress imposé par le poids sur les articulations peut favoriser l'apparition de l'arthrite. Les lutteurs ont une espérance de vie d'environ 65 ans, soit dix années de moins que la population mâle du Japon.

L'équilibre de cette balance peut cependant être extrêmement fragile : par exemple, on estime qu'un écart de seulement 10 % entre l'apport et la dépense d'énergie peut entraîner une variation de 14 kg en une seule année ! Dans la même veine, un simple surplus de 5 calories par jour, ce qui correspond à moins d'une cuillerée à soupe de

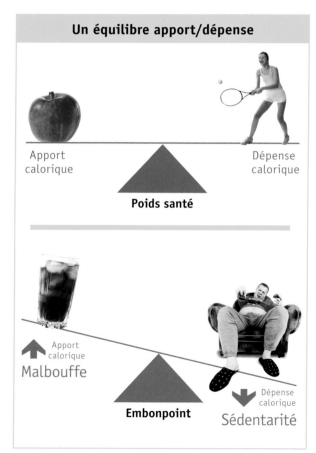

Figure 6

sucre, peut se traduire par une accumulation de 10 kg s'il est répété de façon continue pendant quarante ans...

Ces écarts sont d'autant plus susceptibles de se produire que nous vivons à une époque où la très grande majorité des habitants des pays industrialisés ont un accès facile et quasi illimité à une abondance de nourriture, et ce, sans avoir à déployer de véritables efforts pour pouvoir en profiter. Alors qu'un chasseur-cueilleur dépensait des sommes considérables d'énergie pour obtenir sa nourriture et que les premiers cultivateurs devaient travailler d'arrache-pied pour assurer le succès de leurs récoltes, à l'heure actuelle la seule dépense physique nécessaire à l'obtention de la nourriture se résume souvent à pousser le panier d'épicerie dans les allées du supermarché ! En conséquence, il est très facile de pencher vers un excédent d'énergie, avec les risques de surpoids que cette situation implique.

Cependant, aussi simple soit-elle en apparence, cette balance cache une réalité beaucoup plus complexe, que la plupart des gens qui cherchent à éliminer quelques kilos connaissent bien : il est beaucoup plus facile d'accumuler du poids que d'en perdre ! Cette réalité n'est pas due à une quelconque paresse ou à un manque de volonté, elle reflète plutôt une caractéristique fondamentale de notre métabolisme, qui cherche constamment à faire pencher la balance vers la mise en réserve de calories pour les périodes de carence. Héritée de notre longue évolution et profondément ancrée dans notre physiologie, cette propriété de notre métabolisme constitue sans aucun doute un facteur qui joue un rôle déterminant dans l'épidémie d'obésité actuelle.

Une évolution qui prédispose à l'obésité

Comme nous l'avons vu précédemment, la rareté de la nourriture et la menace de famine qui lui est inévitablement associée ont représenté tout au long de l'histoire le principal défi auquel les humains ont dû faire face pour survivre. En plus des périodes de disette temporaires qui ont toujours fait partie du quotidien de l'humanité, les famines engendrées par l'absence quasi complète de nourriture ont quant à elles représenté des épreuves épouvantables dont on a peine à imaginer les conséquences tragiques (voir encadré p. 80). L'impact de ces famines a été dévastateur: des données récentes indiquent qu'il y a 70 000 ans, soit juste avant la migration des premiers *Homo sapiens* d'Afrique vers l'Europe, l'humanité a frôlé l'extinction à la suite d'une grande période de sécheresse qui a affamé la population à un point tel qu'on estime que notre espèce ne comptait plus qu'environ deux mille individus. Si nous avons heureusement surmonté cette épreuve, il reste que les famines ont dévasté de nombreuses populations au fil des millénaires suivants et constitué une grave menace pour leur survie (Figure 7). Malheureusement, ce combat perpétuel afin d'obtenir la nourriture essentielle à la vie est encore d'actualité

Famines historiques (en pourcentage ou en nombre de morts)		
Rome	(400-800)	90 % de la population
Russie	(1601-1603)	33 % de la population
Inde	(1630)	2 000 000
France	(1693-1694)	2 000 000
Prusse	(1708-1711)	41 % de la population
Bengale	(1770)	10 000 000
Cap Vert	(1830)	50 % de la population
Irlande	(1845-1849)	1 000 000
Chine	(1876-1879)	13 000 000
Inde	(1876-1879)	5 250 000
Éthiopie	(1888-1892)	33 % de la population
Perse	(1917-1921)	25 % de la population
Russie	(1921)	5 000 000
Chine	(1959-1961)	20 000 000
Ouganda	(1980)	21 % de la population
Corée du Nord	(1996-1999)	600 000

Figure 7   Source : Wikipédia

aujourd'hui : près de 1 milliard d'individus font quotidiennement face à une carence chronique en aliments de base et 100 000 meurent, chaque jour, de faim ou d'une maladie liée à la malnutrition. On ne peut qu'être révoltés par le contraste qui existe entre la vie de ces personnes et les excès associés au mode de vie des sociétés industrialisées.

Ce combat perpétuel des êtres humains contre la rareté de nourriture et la famine a eu une profonde influence autant sur notre attirance envers la nourriture que sur la façon d'assimiler l'énergie contenue dans les aliments. En effet, dans des conditions où la disponibilité des aliments était limitée, les individus dont le métabolisme était capable de s'adapter à ces carences avaient une chance accrue de survivre et ont par le fait même transmis cette caractéristique à leurs descendants. Par exemple, si un de nos ancêtres (appelons-le Igor) possède des gènes qui facilitent la mise en réserve de l'énergie contenue dans la nourriture, lui et ses descendants auront plus de chances de survivre à des famines répétées. À l'inverse, une autre personne (Jurg) qui ne possède pas de tels gènes sera beaucoup plus démunie face à de telles épreuves et ses chances de pouvoir faire face à des carences prolongées en nourriture seront beaucoup plus minces (Figure 8). Puisque la grande majorité des peuples ont souffert de la faim au cours de leur histoire, les gènes « performants », capables de stocker le maximum d'énergie, se sont donc répandus à grande échelle et font désormais partie intégrante du patrimoine génétique de la race humaine.

Des gènes mésadaptés à l'abondance

Le corps humain peut stocker seulement 900 kcal sous forme de sucre (glycogène), une quantité à peine suffisante pour subvenir aux besoins énergétiques d'une journée.

À l'inverse, le tissu adipeux peut accumuler plus de 120 000 kcal d'énergie, et cette propriété a joué un rôle crucial dans la survie aux périodes de disette. Cependant, ce mécanisme devient paradoxalement beaucoup trop performant dans un environnement où abonde la nourriture et dans lequel les dépenses d'énergie sont souvent réduites au minimum. Dans de telles conditions d'abondance, le niveau d'excellence atteint par nos gènes de mise en réserve peut se retourner contre nous : l'attrait irrésistible exercé par l'omniprésence de la nourriture combiné à une efficacité hors pair à extraire et à stocker sous forme de graisse le maximum d'énergie contenue dans les aliments mène très souvent à une surconsommation de nourriture et à l'accumulation excessive de gras (Figure 8).

Plus d'une centaine de gènes ont été associés à l'obésité, dont vingt-deux semblent plus dominants. Ils sont liés à des traits biologiques ou comportementaux spécifiques : réserve calorique accrue sous forme de graisse ; mauvaise régulation de l'appétit ; comportement sédentaire ; métabolisme altéré des graisses ; métabolisme ralenti et thermogenèse inadéquate.

L'importance de ces facteurs génétiques dans l'accumulation des kilos en trop est bien illustrée par nombre d'études qui montrent que l'indice de

(suite p. 82)

Les affres de la faim

L'histoire contient d'innombrables témoignages des conséquences tragiques provoquées par les famines auxquelles les humains ont dû faire face au cours de l'histoire. Ainsi, en 585, « presque toute la Gaule fut accablée de la famine [...] il y en eut même beaucoup qui, n'ayant pas de farine, cueillaient différentes herbes, et après les avoir mangées, mouraient enflés ; plusieurs moururent consumés par la faim » (Grégoire de Tours, *Histoire des Francs*, Livre VII). Quelques siècles plus tard, en 1033, « les conditions atmosphériques allaient à ce point contre le cours normal des saisons que le temps n'était jamais propice aux semailles et que, surtout, à cause des inondations, il n'était jamais favorable aux moissons [...]. Alors l'étreinte de la disette se resserra sur la population tout entière : riches et gens aisés pâtissaient de faim tout comme les pauvres [...]. Cependant, quand on eut mangé bêtes et oiseaux, poussés par une faim terrible, les gens en arrivèrent à se disputer des charognes et autres choses innommables [...]. Enragés par les privations, les hommes furent à cette occasion acculés à recourir à la chair humaine. Des voyageurs étaient enlevés par de plus robustes qu'eux, leurs membres décomposés, cuits au feu et dévorés. Bien des gens qui se rendaient d'un lieu à l'autre pour fuir la famine, et avaient trouvé en chemin l'hospitalité, furent pendant la nuit égorgés, et servirent de nourriture à ceux qui les avaient accueillis. Beaucoup, en montrant un fruit ou un œuf à des enfants, les attiraient dans des lieux écartés, les massacraient et les dévoraient. Les corps des morts furent en bien des endroits arrachés à la terre et servirent également à apaiser la faim » (Raoul Glaber, *Histoires, 1030-1047*).

Loin d'être restreinte à l'Europe, une telle détresse engendrée par la famine a frappé toutes les régions du monde, et notamment la Chine où, pendant le siège de la forteresse de Song par l'armée Chu en 594 av. J.-C., les habitants eurent recours au *yizi er shi*, c'est-à-dire « s'échangeaient leurs enfants pour les manger » (Sima Qian, *Mémoires historiques*, 91 av. J.-C.).

Même à une époque plus récente (1693), la France « fut affligée par la famine la plus grande et la plus universelle dont on ait encore entendu parler

[...]. On n'entendait que des cris lugubres des pauvres enfants abandonnés par leurs parents, qui criaient jour et nuit qu'on leur donnât du pain... Les familles étaient si pauvres, abandonnées et dans une si grande misère qu'il s'en est retrouvé de réduites à brouter de l'herbe comme des bêtes et à se nourrir des choses dont les animaux immondes n'auraient pas voulu user» (Louis XIV, *Mémoires et divers écrits*). Et un siècle plus tard, en janvier 1789, lorsque Mirabeau écrivait à son retour d'un voyage à Aix (Provence) qu'«on dirait que l'Ange extermina-teur a frappé l'espèce humaine d'une extrémité du royaume à l'autre. Tous les fléaux sont déchaînés ; j'ai trouvé partout des hommes morts de froid et de faim», il décrivait une situation intenable dans laquelle les privations extrêmes de nourriture, notamment de pain, allaient provoquer quelques mois plus tard une des plus grandes révolutions politiques de l'histoire.

Ces épreuves épouvantables illustrent à quel point l'instinct de survie et la nécessité de manger sont profondément ancrés dans notre biologie.

Sélection des gènes de survie prédisposant à l'obésité

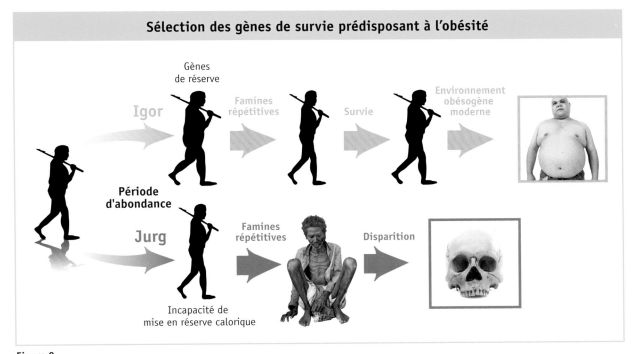

Figure 8

masse corporelle représente un des traits les plus étroitement associés à l'hérédité ; par exemple, les enfants adoptés ont des niveaux d'obésité semblables à leurs parents biologiques et non à ceux de leur famille d'accueil. Dans la même veine, on sait que les taux simultanés d'obésité de jumeaux identiques, autant filles que garçons, sont beaucoup plus élevés que chez les jumeaux non identiques, ce qui confirme la présence d'une forte composante génétique, transmise par l'hérédité. En d'autres mots, il y a un obèse qui sommeille en nous ! Cependant, à de très rares exceptions près, aucun de ces facteurs n'est capable par lui-même d'engendrer le surpoids ; cette vulnérabilité requiert un environnement qui favorise l'action de ces gènes en leur permettant d'exprimer leur plein potentiel d'accumulation d'énergie.

L'embonpoint et l'obésité sont donc un problème extrêmement complexe qui résulte de l'interaction d'un large éventail de facteurs, autant génétiques qu'environnementaux et culturels. Il ne faut surtout pas sous-estimer l'influence de notre environnement social et culturel : par exemple, on sait que les gens ont un risque plus élevé de devenir obèses si les personnes de leur entourage, plus particulièrement leurs amis et les membres de leur famille, affichent un excédent de poids. L'impact du réseau social est impressionnant : une amitié étroite avec des personnes obèses augmente de près de 200 % le risque de devenir obèse à son tour (Figure 9) ! Il semble donc que la présence de personnes obèses dans notre environnement immédiat rende l'excès de poids « contagieux » : il est possible

en effet que cela modifie notre perception de ce que représente un poids normal tout en nous rassurant d'être entourés de gens à la corpulence excessive.

Cependant, indépendamment du rôle important de l'environnement social, l'obésité demeure d'abord et avant tout un problème alimentaire. La fulgurance de l'augmentation de personnes obèses dans le monde signifie que des changements majeurs se sont produits dans l'alimentation et que ces changements ont des conséquences dramatiques sur l'accumulation de surplus d'énergie sous forme de graisse. Et parmi ces facteurs, rien ne joue un rôle aussi important que la présence d'aliments supercaloriques fabriqués et distribués à grande échelle par l'industrie alimentaire de la malbouffe.

Raffiner sans raffinement

Emporté par le tourbillon incessant des innovations technologiques qui font maintenant partie intégrante de notre vie, on oublie que notre confort ainsi que la plupart des objets qui nous entourent étaient inimaginables il y a à peine trois générations. Cependant, nos téléphones, ordinateurs ou téléviseurs ne sont pas les seules conséquences de ces progrès : une grande proportion de notre nourriture est aussi devenue au cours des dernières années une « invention » moderne, grâce à laquelle les repas traditionnels cuisinés à la maison sont de plus en plus souvent remplacés par une panoplie impressionnante d'aliments transformés.

Les aliments transformés ont comme caractéristique commune de contenir des quantités impressionnantes d'au moins un des quatre « piliers » de l'alimentation à la sauce industrielle, soit le sucre, le gras, les farines raffinées et le sel. L'utilisation systématique et intensive de ces ingrédients par l'industrie alimentaire a pro-

voqué une transformation radicale des aliments de notre quotidien en favorisant la production de produits prêts à être consommés rapidement et dans lesquels le contenu en calories prime sur la valeur nutritionnelle. Bonbons, croustilles, céréales, collations, desserts ou repas surgelés, tous ces aliments qui occupent une place de plus

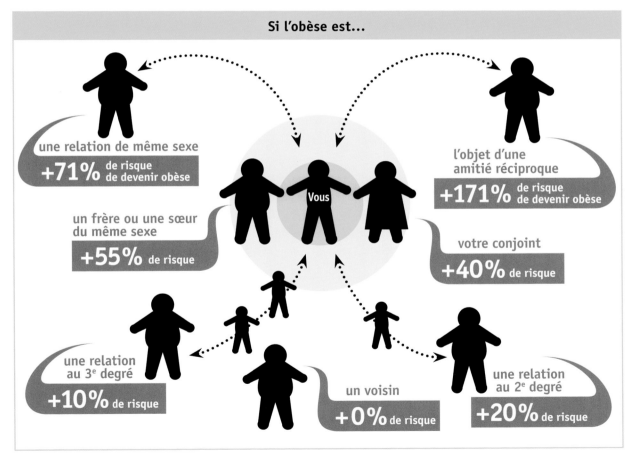

Figure 9

Source: *NEJM* 2007; 357; 370-379

en plus importante sur les rayons de nos super-marchés sont une conséquence directe de cette nouvelle « philosophie » de l'alimentation qui a complètement modifié la composition du panier d'épicerie de la majorité des gens.

Buts divergents

Chaque année, environ 10 000 nouveaux produits alimentaires tentent de se tailler une place sur un marché qui en compte déjà quelque 300 000 (Figure 10). Cette profusion illustre le dynamisme et la grande capacité d'innovation de l'industrie alimentaire moderne, qui, comme toute industrie, demeure constamment à l'affût de nouvelles ten-

L'embarras du choix...

• **300 000** produits alimentaires sont disponibles aux États-Unis avec une moyenne de 35 000 produits par épicerie

• Chaque année, l'industrie alimentaire introduit **10 000** nouveaux produits en épicerie, dont:

3 000 bonbons

3 000 grignotines

2 000 boissons gazeuses et autres

1 000 produits de boulangerie

Figure 10

dances et de techniques de production qui pourraient lui permettre d'occuper une plus grande part de marché et ainsi de générer des bénéfices additionnels. Si certains de ces produits sont d'excellente qualité et nous permettent d'avoir accès à un large éventail d'aliments provenant des quatre coins du monde, une grande quantité d'entre eux sont malheureusement des aliments trop transformés, composés d'une impressionnante liste d'ingrédients dont les noms sont souvent incompréhensibles à quiconque n'a pas suivi une formation avancée en chimie.

Les facteurs qui ont favorisé l'apparition de ces aliments transformés à l'excès sont essentiellement économiques. En effet, l'industrie alimentaire évolue dans un secteur financier relativement fermé et dont la croissance est en grande partie limitée par la quantité de nourriture que les individus peuvent consommer. Ainsi, dans un tel contexte, l'augmentation des profits se fait généralement en réduisant les coûts de production, ce qui implique l'utilisation de produits peu onéreux et de moindre qualité ainsi que le développement de procédés de fabrication qui améliorent la durée de conservation des aliments, de façon à diminuer les pertes. Malheureusement, une telle stratégie se fait souvent au détriment de la santé du consommateur: par exemple, alors que des études récentes indiquent qu'il faut favoriser la consommation de gras oméga-3, aux multiples effets bénéfiques sur la santé, une des façons les plus commodes de prolonger la durée d'un produit alimentaire est de détruire ces gras

(suite p. 87)

Sucre

Alors que la consommation de sucres raffinés était à peu près inexistante avant l'ère industrielle – elle était limitée à des sources comme le miel ou le sirop d'érable –, le développement des procédés d'extraction de la canne à sucre puis de la betterave a entraîné une utilisation de plus en plus répandue de cette substance dans l'alimentation. Ainsi, alors qu'en 1815 un habitant des pays industrialisés consommait en moyenne 6 kg de sucre raffiné par an, cet apport peut maintenant atteindre près de 70 kg dans certains pays comme les États-Unis. Les boissons gazeuses représentent une des principales sources de sucre ajouté, une seule canette de ces boissons pouvant en contenir 42 g, soit l'équivalent de 9 cuillerées à thé de sucre! Puisqu'en moyenne un Canadien boit près de 120 litres de ces boissons gazeuses chaque année (soit à peu près l'équivalent d'une canette de 355 ml par jour), c'est donc dire qu'il consomme 15 kg de sucre seulement à partir de ces « bonbons liquides », ce qui peut se traduire par un gain de poids de 7 kg en une seule année s'il n'est pas compensé par une hausse de l'activité physique!

Gras

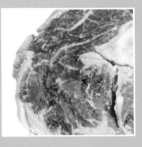

L'industrialisation de la nourriture a également complètement modifié la nature des matières grasses de l'alimentation. Par exemple, la viande telle que nous la connaissons aujourd'hui n'a que peu de choses en commun avec celle qui était consommée avant l'ère industrielle. Alors que traditionnellement les bovins se nourrissaient d'herbe et n'atteignaient une taille suffisante pour l'abattage qu'après quatre ou cinq années, l'immense majorité de la viande actuelle provient d'animaux gavés de céréales (en particulier du maïs) qui peuvent être abattus après seulement quatorze mois d'élevage. Cette amélioration du rendement n'est cependant pas sans conséquences sur la composition de la viande : les animaux élevés de façon « moderne » peuvent contenir jusqu'à 30 % de gras, la majorité de ces gras étant saturés, alors que l'élevage traditionnel produisait une viande plus maigre, contenant moins de gras saturés et plus de gras polyinsaturés (incluant les gras oméga-3 bénéfiques pour la santé). Le contraste entre la viande actuelle et la viande sauvage consommée par nos ancêtres préhistoriques est encore plus grand, le gibier contenant trois fois plus de gras insaturés et cinq fois moins de gras saturés.

Farines raffinées

Avant la révolution industrielle, la farine obtenue par le concassage des céréales avec des meules de pierre était « complète », c'est-à-dire qu'en plus de l'amidon elle contenait toutes les composantes des grains de départ (fibres, vitamines, son). La composition de ces farines a été drastiquement modifiée avec l'invention des moulins de métal à la fin du XIXe siècle et la mécanisation des procédés. En effet, en moulant plus finement les grains, la farine devenait beaucoup plus sensible au rancissement, et ce n'est qu'en éliminant les composantes associées à la surface des grains que ces farines raffinées ont pu être conservées de longues périodes. Malheureusement, ce procédé élimine toutes les composantes bénéfiques des céréales de départ ! Les farines raffinées constituent donc un bon exemple des problèmes qui peuvent découler d'une transformation excessive des aliments.

Sel

L'industrie alimentaire raffole du sel car ce condiment, peu coûteux, permet de donner un peu de goût à des aliments qui n'en auraient pas autrement, tout en augmentant leur durée de conservation (Figure 11). On estime que 90 % du sel consommé par la population provient de produits fabriqués industriellement, ce qui donne une idée de l'importance du sel pour l'industrie ! Cette omniprésence fait en sorte que nous consommons des quantités beaucoup trop élevées de sel, en moyenne 3 000 mg par jour, soit une quantité qui excède considérablement nos besoins (environ 1 500 mg). Comme nous l'avons mentionné auparavant, cette utilisation systématique du sel par l'industrie alimentaire a de très lourdes répercussions sur le développement de maladies cardiovasculaires.

à l'aide du procédé d'hydrogénation, car ils ont la propriété de rancir vite et de causer une détérioration rapide des produits qui en contiennent. Cependant, non seulement cette réaction d'hydrogénation élimine ces gras bénéfiques, mais elle provoque aussi l'apparition de gras « trans », des substances qui sont maintenant reconnues pour jouer un rôle très négatif dans le développement des maladies cardiovasculaires (voir chapitre 5).

Cette marge de manœuvre réduite pour réaliser des profits a également pour effet de privilégier la production d'aliments qui correspondent aux goûts du plus grand nombre de personnes, de façon à occuper la plus grande part de marché possible. L'addition d'importantes quantités de sucres et de gras aux aliments transformés constitue sans aucun doute la meilleure façon d'atteindre ces objectifs, d'abord parce que ces substances proviennent de plantes dont la culture est fortement subventionnée (maïs pour le sucre et soja pour le gras) et sont donc disponibles à prix modique, mais surtout parce qu'elles plaisent à tous, ce qui encourage la consommation répétée des aliments qui en contiennent.

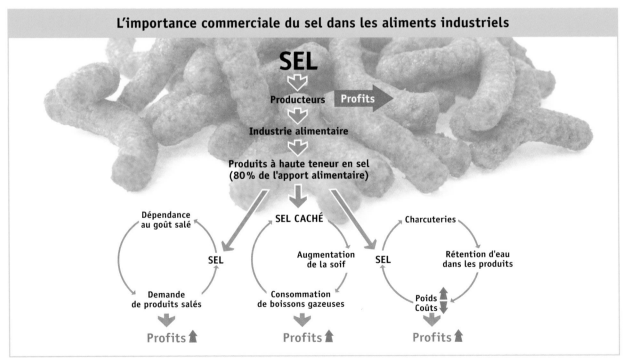

L'importance commerciale du sel dans les aliments industriels

Figure 11

Source : *Int. J. Epidemiol.* 2002 ; 31:320-327

En conséquence, même si l'objectif de l'industrie de la malbouffe n'est pas de rendre les gens malades, il faut néanmoins se rappeler que les aliments transformés riches en sucre et en gras qui nous sont proposés obéissent d'abord et avant tout à une logique économique dans laquelle l'impact sur la santé est complètement ignoré. Et comme nous le verrons, si elle est profitable pour l'industrie, la croissance soutenue des profits basée sur la vente de ces produits hautement transformés n'est pas compatible avec la santé des consommateurs.

David contre Goliath

Une des conséquences les plus évidentes de l'industrialisation à outrance de la nourriture est la place grandissante que ces produits occupent dans notre environnement. En effet, en plus de la visite hebdomadaire au supermarché, il est maintenant possible d'avoir accès à un large éventail de produits alimentaires industriels à peu près n'importe où, que ce soit dans les stations-service, les arrêts routiers, à la pharmacie, dans les grandes surfaces et même à l'hôpital. Dans certains endroits, parvenir à circuler parmi les étalages surchargés de croustilles, biscuits, boissons gazeuses et autres friandises peut même constituer un véritable exploit ! Nous sommes donc constamment sollicités par ces produits alimentaires, souvent vendus à prix modiques, et il peut devenir tentant de succomber à la tentation surtout si le budget consacré à l'alimentation est limité.

L'attrait de ces produits est d'autant plus grand que leur vente est soutenue à grand renfort de publicité. Par exemple, aux États-Unis, les restaurants de restauration rapide ont dépensé en 2004 plus de 2 milliards de dollars en publicités diverses, auxquels on peut ajouter les quelque 500 millions destinés à la promotion des principales marques de boissons gazeuses (Figure 12). Ces publicités sont souvent destinées à un très jeune public dans l'espoir de lui inculquer l'habitude de consommer ce type de nourriture le plus tôt possible et de fidéliser ainsi la clientèle pour plusieurs années. À l'opposé, les efforts de valorisation des bienfaits associés à la consommation de fruits et de légumes, pourtant un aspect essentiel d'une bonne santé, n'ont été soutenus que par 5 millions de dollars, soit 500 fois moins que l'argent investi par l'industrie. En pratique, cette différence signifie que si un enfant est exposé chaque jour à une publicité vantant les « mérites » d'un produit de la malbouffe, il lui faudra attendre l'équivalent d'une année et demie avant d'entendre le message des impacts positifs associés à la consommation régulière de fruits et de légumes. Il s'agit donc véritablement d'un combat de David contre Goliath. La différence est d'autant plus accentuée que le message véhiculé par ces publicités est en général très attrayant, mettant souvent en vedette des jeunes actifs et en bonne santé, capables d'accomplir des exploits sportifs « extrêmes » au sein d'un groupe d'amis sympathiques au look branché.

Il ne faut surtout pas sous-estimer l'impact majeur de ces publicités sur les habitudes alimentaires, en particulier chez les enfants, qui sont vulnérables aux influences extérieures. Plusieurs études ont montré que le marketing agressif de l'industrie de la malbouffe destiné aux enfants fait en sorte que ceux-ci sont capables de reconnaître les logos des principales compagnies dès l'âge de 2 ans, ce qui a évidemment des répercussions importantes sur l'attirance des enfants envers ces produits.

L'énorme influence de l'industrie de la malbouffe sur le comportement alimentaire des enfants est bien illustrée par les modifications extraordinaires dans la nature des aliments consommés par les jeunes (Figure 13). En vingt-cinq ans, la consommation de friandises, grignotines et autres produits industriels par les enfants de 6 à 11 ans a augmenté de façon spectaculaire, des

modifications d'autant plus inquiétantes qu'elles sont accompagnées d'une baisse importante de l'apport en aliments essentiels au maintien d'une bonne santé, comme les fruits et légumes.

Un phénomène similaire est observé aux quatre coins du monde, même dans des sociétés qui sont considérées comme des références en matière de qualité de l'alimentation. Par exemple, malgré l'incroyable richesse de l'alimentation japonaise, l'arrivée massive des principales chaînes de restauration rapide est en train de provoquer des bouleversements majeurs dans les habitudes alimentaires de ce pays, de sorte qu'à l'heure actuelle les aliments préférés des enfants japonais ne sont plus les plats traditionnels comme les sushis ou les produits à base de soja, mais plutôt les hamburgers et les frites.

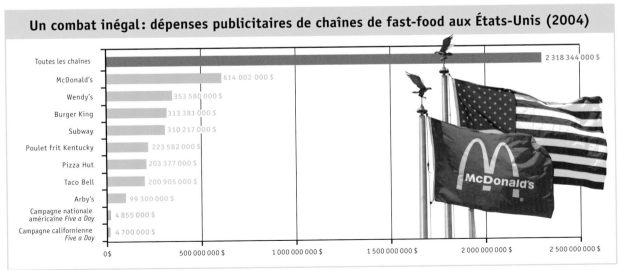

Un combat inégal : dépenses publicitaires de chaînes de fast-food aux États-Unis (2004)

Toutes les chaînes	2 318 344 000 $
McDonald's	614 002 000 $
Wendy's	353 580 000 $
Burger King	313 381 000 $
Subway	310 217 000 $
Poulet frit Kentucky	223 582 000 $
Pizza Hut	203 377 000 $
Taco Bell	200 905 000 $
Arby's	99 300 000 $
Campagne nationale américaine *Five a Day*	4 855 000 $
Campagne californienne *Five a Day*	4 700 000 $

Figure 12

Source : www.consumersunion.org

Environnement obésogène

En abaissant les aliments à de simples produits de consommation, l'industrie a réussi à créer un environnement qui banalise l'acte de manger (ou de boire) des aliments très pauvres en nutriments essentiels et dont le seul attribut est d'être surchargés en énergie. Des comportements inimaginables il y a quelques décennies seulement, comme de voir un enfant qui commence à peine à marcher se nourrir de frites et de boissons gazeuses, sont maintenant devenus tellement « normaux » qu'ils passent inaperçus. Alors que la préparation et le partage de la nourriture ont de tout temps représenté le ciment essentiel à la cohésion des familles et de la société en général,

la consommation accrue de repas déjà préparés ou issus de la restauration rapide a complètement marginalisé ces pratiques et provoqué l'apparition de comportements asociaux tels que manger dans la voiture, devant le téléviseur ou même en marchant seul dans la rue. Loin d'être des exceptions, ces types de comportement sont de plus en plus répandus : on estime qu'aux États-Unis 17 % des repas sont consommés dans une voiture...

Aussi rentables soient-elles pour l'industrie alimentaire, ces modifications fondamentales du mode de vie entraînent cependant des coûts énormes pour la société en favorisant la surconsommation de ces aliments et l'obésité qui lui est inévitablement associée.

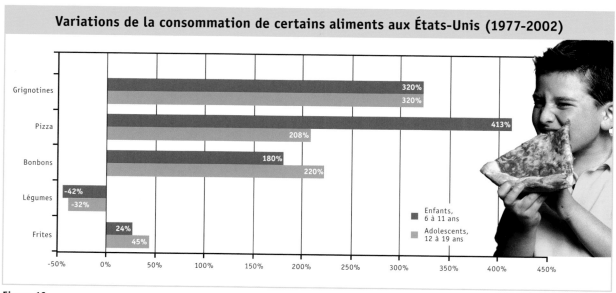

Variations de la consommation de certains aliments aux États-Unis (1977-2002)

Grignotines — Enfants, 6 à 11 ans : 320% ; Adolescents, 12 à 19 ans : 320%
Pizza — Enfants, 6 à 11 ans : 413% ; Adolescents, 12 à 19 ans : 208%
Bonbons — Enfants, 6 à 11 ans : 180% ; Adolescents, 12 à 19 ans : 220%
Légumes — Enfants, 6 à 11 ans : -42% ; Adolescents, 12 à 19 ans : -32%
Frites — Enfants, 6 à 11 ans : 24% ; Adolescents, 12 à 19 ans : 45%

Figure 13

Source : www.consumersunion.org

Effet domino

L'embonpoint et l'obésité sont encore trop souvent considérés comme un problème d'ordre esthétique, dont les conséquences sont d'abord et avant tout psychologiques plutôt que physiques. Cette perception est absolument fausse, car l'obésité représente au contraire une condition médicale sérieuse qui augmente de façon dramatique le risque d'être touché par un grand nombre de maladies chroniques graves. Comme nous le verrons plus en détail dans les chapitres suivants, le diabète de type 2, les maladies cardiovasculaires, plusieurs types de cancers et même certaines maladies neurodégénératives sont très souvent des conséquences de l'obésité, les résultats visibles des profonds déséquilibres provoqués par l'excès de poids. Plus que le reflet de l'accumulation de kilos, le fait de devenir obèse doit être vu comme l'équivalent de la greffe d'un organe supplémentaire, un réservoir de molécules extrêmement puissantes qui perturbent les fonctions normales de plusieurs organes et créent des conditions inflammatoires chroniques favorables au développement des maladies. Et si l'accumulation de surplus de gras est un phénomène relativement lent, qui requiert en général plusieurs années, les conséquences de cet excédent de gras peuvent quant à elles s'enchaîner à un rythme élevé et, par un effet domino, provoquer l'apparition de pathologies très graves.

En somme, on peut voir que l'industrialisation de l'alimentation a complètement redéfini la relation entre les humains et la nourriture en créant un environnement de surconsommation exclusivement basé sur l'apport élevé en aliments riches en calories, sans égard pour leur contenu en éléments essentiels à la santé. Optimisé pendant des millions d'années pour maximiser l'accumulation d'énergie dans un contexte de rareté de nourriture, notre bagage génétique est aujourd'hui inadapté à un tel environnement, ce qui ne peut que favoriser le développement de l'obésité dans une grande partie de la population. Notre grande vulnérabilité doit donc nous conduire à remettre en question notre relation avec cet environnement pour échapper aux pièges qui nous poussent, souvent bien inconsciemment, à consommer toujours plus de nourriture. Car de telles habitudes alimentaires peuvent avoir des conséquences extrêmement négatives sur la santé.

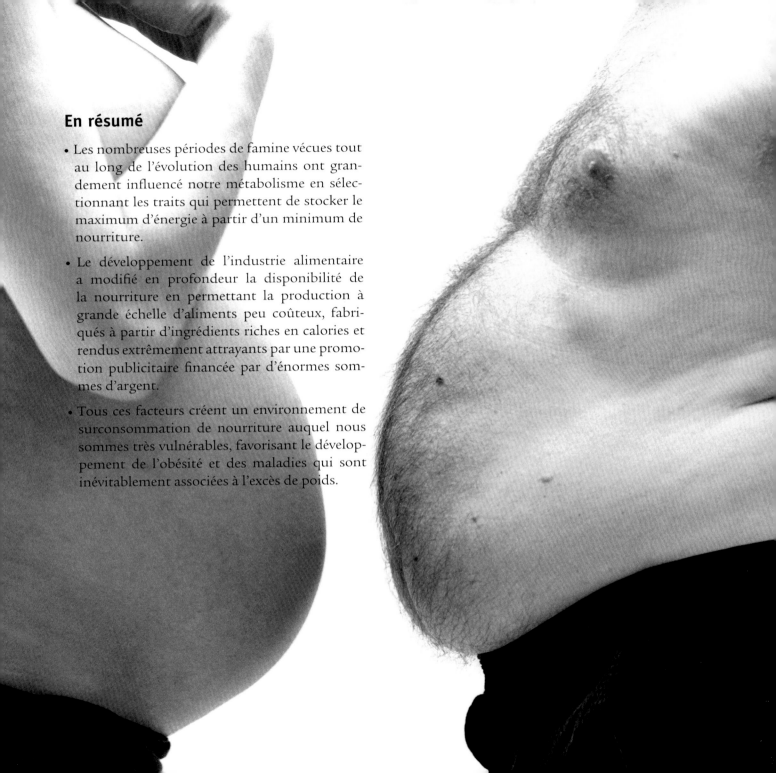

En résumé

- Les nombreuses périodes de famine vécues tout au long de l'évolution des humains ont grandement influencé notre métabolisme en sélectionnant les traits qui permettent de stocker le maximum d'énergie à partir d'un minimum de nourriture.

- Le développement de l'industrie alimentaire a modifié en profondeur la disponibilité de la nourriture en permettant la production à grande échelle d'aliments peu coûteux, fabriqués à partir d'ingrédients riches en calories et rendus extrêmement attrayants par une promotion publicitaire financée par d'énormes sommes d'argent.

- Tous ces facteurs créent un environnement de surconsommation de nourriture auquel nous sommes très vulnérables, favorisant le développement de l'obésité et des maladies qui sont inévitablement associées à l'excès de poids.

Le cœur a ses raisons
que la raison ne connaît point.

Blaise Pascal, *Pensées* (1670)

Chapitre 5

Au cœur du problème : les maladies cardiovasculaires

Aussi loin que l'on remonte dans le passé, le cœur a toujours été perçu comme un organe unique, doté de propriétés exceptionnelles qui confèrent un statut particulier à l'existence humaine. Déjà considéré comme le grand responsable des émotions et des sentiments en Inde il y a plus de 4000 ans, et comme le siège de l'intelligence dans la Chine et la Grèce anciennes, le cœur est sans contredit le symbole par excellence de la vie, autant pour sa fonction physiologique capitale que pour le lien étroit que nous lui prêtons avec nos émotions. Pour les Égyptiens, le cœur représentait l'essence même de la conscience humaine et, selon *Le Livre des morts* de l'Égypte ancienne, il était le seul organe qui devait absolument être laissé en place par les embaumeurs pour assurer la vie éternelle après la momification. Cette symbolique rattachée au cœur demeure encore omniprésente dans nos vies quotidiennes, comme en témoigne le grand nombre d'expressions populaires qui contribuent à perpétuer sa fonction essentielle dans l'amour (gagner le cœur d'une personne), le courage (avoir du cœur au ventre) et même dans l'intelligence et la mémoire (apprendre par cœur).

Coups de cœur

D'un point de vue plus pragmatique, la fonction du cœur est de battre à un rythme régulier de façon à permettre au sang de circuler dans tout l'organisme et d'acheminer ainsi aux cellules l'oxygène et les nutriments essentiels à leur bon fonctionnement. Merveille d'adaptation et de régularité, le cœur est capable de s'ajuster parfaitement aux besoins de l'organisme ; ainsi peut-il battre à un rythme très lent chez les gros mammifères comme la baleine bleue ou, au contraire, à un rythme élevé chez certains oiseaux comme le colibri (Figure 1). Chez l'humain, le cœur bat en moyenne 70 fois par minute, soit environ 100 000 battements par jour, une activité qui permet de pomper quotidiennement quelque 7 500 litres de sang. À l'échelle d'une vie de soixante-dix ans, cette activité incessante représente plus de 2,5 milliards de battements et le pompage de 200 millions de litres de sang, soit l'équivalent de trois superpétroliers remplis à pleine capacité !

On sait depuis les travaux de William Harvey en 1628 que les vaisseaux sanguins jouent également un rôle capital dans la circulation du sang, formant un réseau extraordinairement complexe qui permet sa distribution à proximité de toutes les cellules du corps : si tous les vaisseaux sanguins de notre corps étaient mis bout à bout, la distance couverte représenterait à peu près 100 000 km, soit environ deux fois et demie la circonférence de la Terre ! Il est cependant difficile de visualiser l'ampleur de cette masse de vaisseaux sanguins car plus de 80 % d'entre eux sont des capillaires, des vaisseaux si minuscules que 50 capillaires sont nécessaires pour atteindre le diamètre d'un seul cheveu. La fonction de ces capillaires est cependant essentielle et leur présence dans toutes les régions du corps (quelque 2 000 capillaires sanguins sont présents dans une circonférence équivalente à la tête d'une épingle) permet d'acheminer le sang à toutes les cellules.

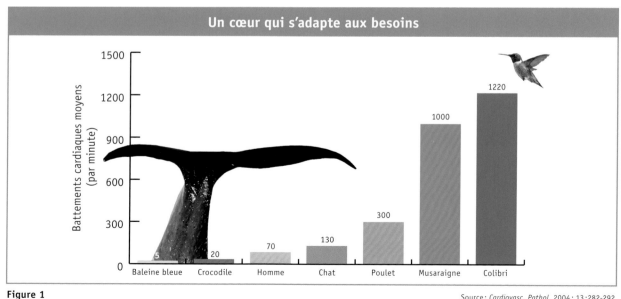

Figure 1

Source : *Cardiovasc. Pathol.* 2004 ; 13:282-292

Maux de cœur

Étant donné le rôle essentiel du cœur et des vaisseaux sanguins dans le fonctionnement du corps humain, il n'est pas étonnant que les maladies qui touchent le cœur et les vaisseaux sanguins soient extrêmement graves et entraînent des conséquences désastreuses. Malheureusement, ces maladies sont très répandues et provoquent des ravages d'une ampleur stupéfiante : on estime qu'en 2005 seulement près de 20 millions de personnes sont décédées dans le monde des suites d'une maladie cardiovasculaire (voir encadré, p. 98). Depuis le début du XXe siècle, les maladies du cœur ont été chaque année la principale cause de mortalité dans le monde, à l'exception notable de l'année 1918, marquée par une épidémie de grippe espagnole. Et même si le traitement des maladies cardiovasculaires a fait des progrès gigantesques au cours des dernières années, tant par le développement de techniques chirurgicales très sophistiquées (dilatation des artères, pontages coronariens, endoprothèses vasculaires [stents]) que par la découverte d'un grand nombre de médicaments, l'impact catastrophique de ces maladies demeure préoccupant, parce qu'elle provoque le décès d'une personne toutes les trente secondes dans certains pays occidentaux comme les États-Unis. Même lorsque les miracles réalisés par la médecine moderne parviennent à sauver des vies, les conséquences associées à certaines de ces maladies, notamment les accidents vasculaires cérébraux, peuvent être débilitantes et entraîner une détérioration grave de la qualité de vie (Figure 2).

(suite p. 102)

Des accidents vasculaires cérébraux aux graves conséquences	
Pourcentage des personnes touchées	**Diminution de la qualité de vie**
50 %	Paralysie d'au moins un côté du corps
35 %	État dépressif
30 %	Incapacité de marcher sans assistance
26 %	Incapacité d'effectuer des tâches quotidiennes (ménage, manger seul, lavage corporel...)
26 %	Placement en institution
19 %	Aphasie (difficulté de parler ou de comprendre les autres)

Figure 2
Source : National Heart, Lung, and Blood Institute's Framingham Heart Study

Que sont les maladies cardiovasculaires?

Les maladies cardiovasculaires peuvent être définies comme l'ensemble des troubles affectant le cœur et les vaisseaux sanguins, incluant:

1) les maladies coronariennes, qui affectent les vaisseaux sanguins qui irriguent le cœur;
2) les accidents vasculaires cérébraux (AVC), qui affectent les vaisseaux sanguins qui irriguent le cerveau;
3) les cardiopathies rhumatismales, qui affectent le muscle cardiaque et qui sont causées par certaines bactéries de la famille des streptocoques;
4) les thromboses profondes des veines de la jambe et les embolies pulmonaires qui leur sont associées (le caillot sanguin formé dans les veines peut migrer vers les poumons);
5) les maladies des artères périphériques, irriguant les bras et les jambes;
6) les malformations cardiaques congénitales.

En Occident, les principaux problèmes cardiovasculaires sont les maladies coronariennes (1) et vasculaires cérébrales (2), responsables à elles seules d'environ 75% de la mortalité associée aux maladies du cœur et des vaisseaux. L'aspect le plus terrifiant de ces maladies est sans doute leur immense potentiel destructeur, même en l'absence de symptômes apparents: on estime que chez près du tiers des patients, la première manifestation d'une maladie cardiovasculaire est la mort subite. Malgré son aspect foudroyant, l'apparition d'une maladie cardiovasculaire représente néanmoins l'aboutissement d'un long processus au cours duquel les fonctions du cœur et des vaisseaux sanguins se sont progressivement détériorées à la suite de l'accumulation de dommages faits à la structure de leurs tissus.

Un des principaux responsables de ces dommages est la présence de plaques d'athéromes, des amas de matières graisseuses qui tapissent l'intérieur des vaisseaux sanguins. Initialement décrites comme des «tumeurs graisseuses» qui contiennent «une humeur semblable à la bouillie qu'on fait manger aux petits enfants» (Ambroise Paré, *Œuvres complètes*, 1575), ces plaques dans les vaisseaux provoquent graduellement leur durcissement et leur obstruction, un phénomène appelé athérosclérose, du grec *athêrê*, «bouillie», et *sklêros*, «dur». Dans certains cas, les vaisseaux sclérosés sont tellement rigides que l'Anglais Caleb Hillier Parry, l'un des premiers médecins à décrire ce phénomène en 1799, croyait que l'artère coronaire qu'il examinait contenait un morceau de plâtre tombé du plafond – plutôt vétuste – de la salle d'autopsie!

L'athérosclérose – L'athérosclérose est un processus très complexe au cours duquel les plaques d'athéromes qui se forment dans la paroi des vaisseaux sanguins accumulent peu à peu des gras, des sucres, des cellules sanguines (plaquettes) ainsi que certains minéraux, formant des dépôts de plus en plus gros qui provoquent un rétrécissement marqué du diamètre du vaisseau et réduisent la circulation du sang (Figure 3). En général, c'est la rupture de ces plaques qui est responsable des principaux dégâts associés à l'athérosclérose ; en effet, en se fissurant, les cellules présentes dans la plaque entrent en contact avec les protéines du sang, provoquant l'activation de la réaction de coagulation et la formation de caillots qui peuvent bloquer complètement la circulation. Lorsque la rupture de ces plaques d'athérome se produit au niveau des vaisseaux qui irriguent le cœur (les artères coronaires), il y a thrombose et arrêt immédiat de l'apport sanguin dans la région irriguée par ces vaisseaux, ce qui mène à un infarctus. De la même façon, lorsque ces thromboses se produisent à l'intérieur des vaisseaux qui acheminent le sang au cerveau, il y a accident vasculaire cérébral, ce qui peut entraîner des dommages considérables au cerveau en privant les neurones d'oxygène (Figure 4).

Le cholestérol – On sait depuis les travaux du pathologiste russe Nikolai Nikolaievich Anitchkov (1885-1964) que le cholestérol joue un rôle important dans le développement de l'athérosclérose.

Substance absolument essentielle au fonctionnement des cellules, le cholestérol est principalement fabriqué au niveau du foie et transporté dans la circulation sanguine par des lipoprotéines, une classe de protéines qui assurent sa distribution à l'ensemble des cellules de l'organisme. En conditions normales, ce mécanisme est finement régulé de façon à ce que la quantité de cholestérol dans le sang n'excède pas les besoins physiologiques grâce à l'action concertée de deux principaux types de lipoprotéines, les LDL (lipoprotéines de faible densité), appelées « mauvais cholestérol », et les HDL (lipoprotéines de haute densité), le « bon cholestérol ». L'équilibre entre ces deux types de protéines est très important car un surplus de cholestérol-LDL est séquestré dans la paroi des vaisseaux sanguins, où il subit diverses modifications chimiques et enzymatiques qui provoquent l'activation du système immunitaire. La présence accrue de certains composants du système immunitaire, notamment les macrophages, provoque la relâche de nombreux messagers qui favorisent la création de conditions inflammatoires au niveau de la paroi du vaisseau, ce qui accélère la formation des plaques d'athéromes et, ultimement, leur rupture puis l'occlusion (thrombose) du vaisseau sanguin. L'athérosclérose peut donc être considérée comme une maladie inflammatoire chronique, comme en témoigne la présence de niveaux élevés de certains marqueurs de l'inflammation, notamment la protéine C réactive dans le sang des individus présentant des troubles cardiovasculaires.

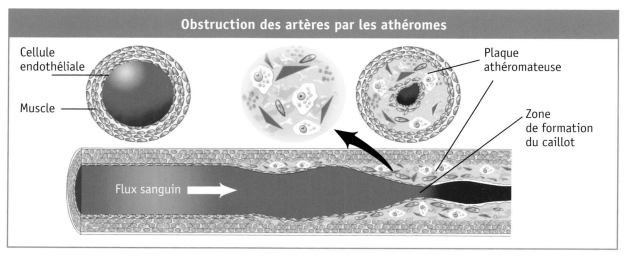

Figure 3

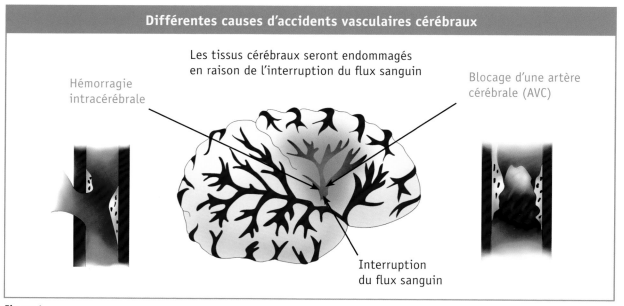

Figure 4

Source : OMS

La pression sanguine – En plus de l'obstruction des vaisseaux sanguins, l'augmentation de la pression exercée par le sang sur la paroi de ces vaisseaux joue un rôle extrêmement important dans l'apparition des maladies cardiovasculaires. Cette hypertension est dangereuse car elle soumet les vaisseaux à un stress qui, lorsqu'il se produit pendant une période prolongée, fragilise la paroi et augmente considérablement les risques de rupture des plaques d'athéromes et, par conséquent, de thromboses. Ce lien entre hypertension et thrombose est particulièrement bien documenté dans le cas des accidents vasculaires cérébraux où une tension artérielle élevée est associée à une augmentation de quatre à six fois du risque d'être terrassé par de tels événements.

Plusieurs personnes seront étonnées d'apprendre que c'est le rein, et non le cœur, qui est le principal organe impliqué dans la régulation de la tension artérielle ; en effet, en contrôlant finement l'excrétion d'eau par l'urine, le système rénal permet d'ajuster le volume sanguin de façon à ce que la pression exercée sur les parois des vaisseaux demeure dans des limites normales. C'est d'ailleurs pour cette raison qu'une alimentation riche en sodium favorise le développement de l'hypertension : en présence de fortes quantités de sel, le rein doit diminuer l'excrétion d'eau afin de garder la concentration de sodium dans des proportions normales, provoquant du même coup une augmentation du volume sanguin et une augmentation de la pression. Cependant, l'hypertension est un état complexe qui fait intervenir plusieurs processus dont certains demeurent encore aujourd'hui très mal compris.

Outre les systèmes de contrôle localisés au niveau rénal, une curiosité associée à l'hypertension est le rôle important joué par un gaz, l'oxyde nitrique (NO). Même si cette molécule est très instable et ne survit que quelques secondes, elle entraîne la détente des vaisseaux sanguins et permet ainsi d'améliorer la circulation du sang, tout en réduisant la pression exercée sur la paroi des vaisseaux. L'importance de cette action du NO est bien illustrée par la récente observation que les populations vivant à de hautes altitudes, les Tibétains par exemple (altitude moyenne du pays : 4 200 m), ont des niveaux jusqu'à dix fois plus élevés de NO dans le sang, ce qui leur permet d'augmenter l'apport en oxygène dans les tissus et ainsi de compenser la plus faible quantité d'oxygène dans l'atmosphère. Du point de vue thérapeutique, l'impact du NO est bien illustré par l'effet de la nitroglycérine, dont l'utilité pour dilater les vaisseaux lors de crises d'angine de poitrine dépend de sa transformation en NO. La dilatation des vaisseaux sanguins induite par le NO a acquis une grande popularité à la suite de la mise en marché du citrate de sildénafil, mieux connu sous le nom de Viagra. En effet, en augmentant l'effet du NO relâché dans le corps caverneux du pénis, cette molécule permet d'augmenter l'afflux de sang dans le tissu et stimule par conséquent l'érection.

Peines de cœur

La forte incidence des différentes maladies cardiovasculaires est troublante, car à l'exception de certains rares désordres cardiaques congénitaux, souvent responsables du décès dans les premières années de vie, on sait maintenant que la grande majorité de ces maladies ne sont pas une conséquence inévitable du vieillissement mais peuvent au contraire être prévenues. Un nombre impressionnant d'études réalisées au cours des dernières décennies, notamment celle de Framingham (voir encadré, p. 104), ont permis d'établir que des maladies aussi graves que l'infarctus du myocarde (le muscle cardiaque) ou encore les accidents vasculaires cérébraux sont très souvent le résultat d'une interaction étroite entre le bagage génétique des individus et certaines facettes du mode de vie (Figure 5). Par exemple, si certains gènes peuvent nous prédisposer à avoir un taux de cholestérol élevé, une tension artérielle supérieure à la normale ou encore à développer du diabète, l'impact négatif de ces facteurs héréditaires sur le risque de maladies cardiovasculaires peut être grandement aggravé par l'influence de certains facteurs associés au mode de vie. En plus du tabagisme, véritable arme de destruction massive pour ses effets catastrophiques autant sur le cœur que sur le développement

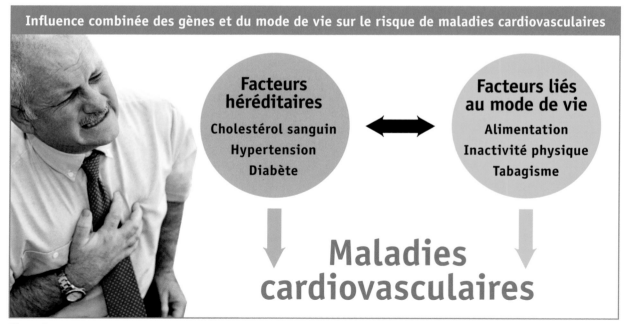

Influence combinée des gènes et du mode de vie sur le risque de maladies cardiovasculaires

Facteurs héréditaires
Cholestérol sanguin
Hypertension
Diabète

Facteurs liés au mode de vie
Alimentation
Inactivité physique
Tabagisme

Maladies cardiovasculaires

Figure 5

du cancer, ces études ont démontré sans équivoque que les principaux facteurs impliqués dans le développement de l'une ou l'autre des maladies cardiovasculaires sont l'alimentation et l'inactivité physique.

La nature de l'alimentation joue un rôle capital dans le développement des maladies cardiovasculaires car ce que nous mangeons exerce une influence déterminante sur une panoplie de facteurs qui peuvent tous, à des degrés divers, provoquer une augmentation considérable du risque d'être touché par ces maladies (Figure 6). Que ce soit les niveaux de lipides sanguins (triglycérides) et de cholestérol, l'hypertension ou encore la présence de conditions d'inflammation chronique, tous ces facteurs sont directement modulés par la composition de l'alimentation et peuvent interagir de façon synergique pour accélérer le développement de l'athérosclérose ou la formation de caillots sanguins, et ainsi favoriser l'apparition de désordres cardiovasculaires. Une modification des comportements alimentaires de façon à réduire l'influence de certains aliments sur les facteurs qui aggravent le risque de maladies cardiovasculaires, tout en augmentant l'apport en aliments qui contrecarrent l'impact négatif de ces facteurs, peut donc avoir des répercussions extraordinaires sur la prévention de ces maladies.

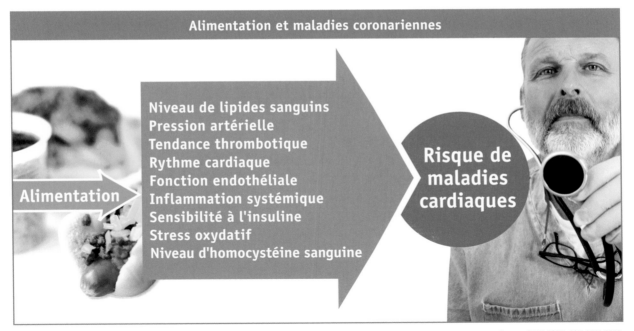

Alimentation et maladies coronariennes

Alimentation →
Niveau de lipides sanguins
Pression artérielle
Tendance thrombotique
Rythme cardiaque
Fonction endothéliale
Inflammation systémique
Sensibilité à l'insuline
Stress oxydatif
Niveau d'homocystéine sanguine
→ Risque de maladies cardiaques

Figure 6

Source : *JAMA* 2002 ; 288:2569-2578

Une communauté qui prend sa santé à cœur

C'est aux habitants de la petite ville de Framingham (Massachusetts), située tout près de Boston, que l'on doit l'identification des principaux facteurs qui augmentent le risque de maladies cardiovasculaires. Ayant fait preuve d'une grande coopération au cours d'une étude portant sur la tuberculose au début du siècle, Framingham fut choisie en 1948 par l'Institut national de la santé américain pour étudier les causes responsables de la forte incidence des maladies cardiovasculaires observée au cours de la première moitié du XXᵉ siècle. Ainsi, 5 209 volontaires âgés de 30 à 60 ans ont été recrutés au départ de l'étude, auxquels s'est ajoutée en 1971 une deuxième génération de sujets. Fait unique dans l'histoire de l'épidémiologie, l'étude continue encore aujourd'hui grâce au recrutement (en 2005) d'une troisième génération de participants ! Parmi les découvertes réalisées grâce à la participation exceptionnelle de cette communauté, notons l'augmentation du risque de maladies cardiovasculaires associées au tabagisme (1960), au niveau élevé de cholestérol (1961) et à l'hypertension (1970), ainsi que la réduction de ces risques par l'activité physique (1967) de même que par des niveaux élevés de cholestérol-HDL (1988).

Les facteurs aggravants

La nature des matières grasses de l'alimentation

Étant donné le rôle important des graisses, et plus particulièrement du cholestérol, dans la formation des plaques d'athérome (voir encadré, p. 99), il va de soi que les aliments riches en gras ont été les premiers à être montrés du doigt pour expliquer la forte incidence de maladies cardiovasculaires qui prévaut en Occident. Cette « culpabilité par association » a cependant eu comme effet de diaboliser l'ensemble des matières grasses de l'alimentation, même des aliments aussi sains et délicieux que les œufs, les noix ou encore les avocats. On sait maintenant que ce n'est pas la quantité de matières grasses de l'alimentation qui influence le risque de maladies cardiovasculaires mais la qualité de ces gras. Tous les gras ne sont pas égaux ! (voir encadré, p. 107) Par exemple, des comparaisons réalisées à l'échelle internationale montrent que les personnes qui consommaient de grandes quantités de gras saturés, comme en Finlande, étaient fortement touchées par les maladies cardiovasculaires, alors que les habitants de l'île de Crète, au sud de la Grèce, grands consommateurs de gras mono-insaturés sous forme d'huile d'olive, étaient au contraire quasiment épargnés par ces maladies (Figure 7).

Ce paradoxe s'explique en partie par les effets très différents que peuvent avoir les divers types de gras sur les niveaux de mauvais (LDL) et de bon (HDL) cholestérol (Figure 8). Comme cela a été mentionné précédemment, on sait maintenant que le cholestérol-LDL représente un important facteur de risque de maladies cardiovasculaires, une observation qui a mené à la découverte des statines, sans doute l'une des classes de médicaments ayant eu le plus d'impact sur la santé publique au cours des dernières décennies (voir encadré, p. 111). Lorsqu'elles sont présentes en quantités trop élevées, les LDL ont tendance à s'accumuler

dans la paroi des vaisseaux sanguins et peuvent ainsi favoriser la formation de plaques d'athéromes qui augmentent le risque de maladies cardiovasculaires ; à l'inverse, des niveaux élevés de HDL réduisent ces risques en séquestrant les surplus de cholestérol présents dans ces vaisseaux sanguins. En conséquence, les matières grasses qui augmentent les LDL ou encore celles qui diminuent les HDL sont plus susceptibles d'encourager le développement de l'athérosclérose et les maladies cardiovasculaires qui en découlent.

Comme on peut le voir dans la figure 8, les gras trans sont sans aucun doute les pires matières grasses de l'alimentation, non seulement parce qu'ils augmentent le mauvais cholestérol-LDL, mais aussi parce qu'ils diminuent en parallèle le bon cholestérol-HDL. L'impact de ces modifications est catastrophique : on estime qu'à eux seuls les gras trans sont directement responsables de près de 100 000 décès chaque année aux États-Unis seulement ! Dans la même veine, les graisses saturées, contenues en grande quantité dans les produits laitiers ainsi que dans les viandes, ont également un impact néfaste sur les niveaux de LDL, une hausse en partie contrebalancée par une augmentation des HDL. Cependant, plusieurs études ayant montré que les personnes qui consomment une grande quantité de graisses saturées ont un taux de cholestérol plus élevé et un risque accru de maladies cardiovasculaires, il est probable que cette hausse des HDL ne parvienne pas complètement à neutraliser les effets négatifs associés à l'augmentation des LDL. À l'opposé, la substitution des graisses

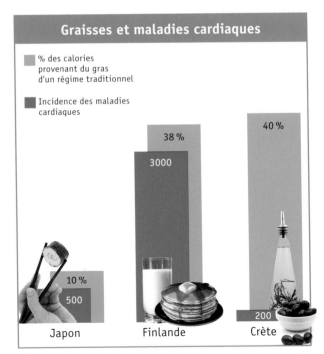

Figure 7   Source : *Sc. Am.* 2003 ; 288 : 64-71

(suite p. 108)

Des gras aux effets très différents !

Type de gras	Sources principales	Mauvais cholestérol	Bon cholestérol	Bilan
Gras trans :	Aliments industriels, shortening, huiles partiellement hydrogénées	LDL ⇧	HDL ⇩	☹ ☹
Gras saturés :	Beurre, crème, viande, huile de coco, huile de palme et saindoux	LDL ⇧	HDL ⇧	☹
Polyinsaturés : (oméga-3)	Huiles végétales (canola), graines de lin, graines de chia, poissons gras	LDL ⇩	HDL ⇧	☺
Mono-insaturés :	Huile d'olive, noix	LDL ⇩	HDL ⇧	☺

Figure 8

Les bons et les mauvais gras

Cholestérol, gras hydrogénés, «trans», saturés, mono-insaturés, polyinsaturés, oméga-6, oméga-3... Décidément, il n'est pas facile de s'y retrouver dans le monde des matières grasses! Il s'agit pourtant d'un sujet qui mérite une attention particulière car ces différents gras ont tous une très grande influence, positive ou négative, sur le fonctionnement de notre organisme. Apprendre à distinguer les bons des mauvais gras peut donc avoir des répercussions extraordinaires sur notre santé.

Les bons...

Les mono-insaturés – Les acides gras mono-insaturés, trouvés principalement dans l'huile d'olive, les noix et certains fruits comme l'avocat, sont des gras aux effets extrêmement positifs sur la santé car ils diminuent le mauvais cholestérol, ce qui réduit les risques de maladies cardiovasculaires. Ces effets positifs sont bien illustrés par l'observation selon laquelle les habitants des îles de Crète et de Sardaigne, qui utilisent l'huile d'olive comme corps gras principal, sont très peu affectés par ces maladies et ont une espérance de vie supérieure à la moyenne mondiale.

Les polyinsaturés – Les gras polyinsaturés peuvent être divisés en deux grandes classes, nommées oméga-3 et oméga-6. Ces deux types de gras sont ce qu'on appelle des acides gras essentiels, c'est-à-dire qu'ils sont indispensables pour le bon fonctionnement de notre corps, mais comme nous sommes incapables de les fabriquer par nous-mêmes, ils doivent absolument être obtenus par l'alimentation. C'est chose facile pour les acides gras oméga-6, qui se trouvent dans plusieurs aliments (viandes, œufs, etc.) et surtout dans certaines huiles végétales (maïs et tournesol, par exemple). Par contre, les acides gras oméga-3 sont beaucoup plus rares, provenant surtout de certaines sources végétales comme les graines de lin et de chia ainsi que de certains poissons gras, comme le saumon et les sardines. Il faut tenir compte de ces différences de distribution, car notre corps est adapté pour fonctionner avec une alimentation équilibrée en acides gras polyinsaturés, donc avec autant d'oméga-3 que d'oméga-6. Malheureusement, avec les changements importants introduits par l'industrialisation de la nourriture, notamment l'utilisation excessive d'huiles végétales riches en oméga-6, cet équilibre n'existe plus aujourd'hui et la plupart d'entre nous consommons environ vingt-cinq fois plus d'oméga-6 que d'oméga-3. Les conséquences de ce déséquilibre sont dramatiques pour la santé car, lorsqu'ils sont en excès, les oméga-6 favorisent l'inflammation et empêchent la fabrication de certains dérivés d'oméga-3 essentiels à plusieurs processus physiologiques. Donc, si les oméga-6 doivent être de prime abord considérés comme de bons gras, ils peuvent devenir mauvais si leur quantité excède trop largement celle des oméga-3.

Les mauvais...

Les gras saturés, présents surtout dans la viande rouge ainsi que dans certains produits laitiers, augmentent le cholestérol sanguin et multiplient les risques de maladies cardiovasculaires et de certains cancers, notamment celui de la prostate. La consommation de ces gras doit donc être étroitement surveillée afin de diminuer le risque de développer ces maladies graves. C'est dans cette optique que, pendant plusieurs années, la margarine fut proposée comme une alternative valable au beurre puisqu'elle est fabriquée à partir de gras polyinsaturés oméga-6. Cependant, lors de sa fabrication, ces gras sont modifiés pour leur donner une consistance solide, ce qui provoque la formation de gras trans, des gras très néfastes qui favorisent le développement de maladies coronariennes. En plus de la margarine, les gras trans sont également présents dans divers aliments (pâtisseries, biscuits, croustilles, collations), et il va de soi qu'il faut faire preuve d'une extrême modération envers ces produits industriels. L'élimination complète de ces gras nocifs, amorcée récemment, ne pourra donc qu'être positive, à condition évidemment de ne pas les remplacer par des gras qui ont eux aussi un impact négatif sur la santé !

En résumé, une augmentation de l'apport en gras mono-insaturés et en polyinsaturés oméga-3, combinée à une réduction de gras saturés et de gras trans, est une façon très simple d'améliorer la qualité des matières grasses apportées à l'organisme et ainsi de contribuer à la prévention des maladies cardiovasculaires.

saturées par les huiles végétales a un impact très intéressant sur les niveaux des deux types de cholestérol : elle diminue les LDL tout en augmentant les HDL. Comme on peut le voir, la contribution des matières grasses à l'augmentation du risque de maladies cardiovasculaires est fort complexe : si certains gras, comme les gras trans ou les gras saturés, sont véritablement néfastes pour la santé, d'autres types de gras, notamment les mono-insaturés et les polyinsaturés, peuvent au contraire être une aide précieuse pour la prévention de ces maladies.

L'obésité : avoir le cœur gros

Malgré son implication dans le développement des maladies cardiovasculaires et les succès spectaculaires des médicaments qui abaissent le cholestérol pour réduire la mortalité associée à ces maladies, il faut cependant éviter de voir le cholestérol comme l'unique responsable de l'apparition des troubles cardiovasculaires. L'excès de poids, et surtout l'obésité, constitue également un facteur de risque très important de ces maladies.

Comme il est illustré à la figure 9, la hausse de l'indice de masse corporelle induit une augmentation parallèle de l'incidence de l'hypertension ainsi que des troubles cardiovasculaires, cet effet étant particulièrement prononcé pour les personnes obèses (IMC au-delà de 30). L'impact de l'IMC sur l'hypertension est particulièrement préoccupant compte tenu de son rôle important dans la genèse des désordres cardiaques et vasculaires cérébraux ; ainsi, dans l'étude de Framingham, près de 80 % des cas d'hypertension étaient associés à l'obésité. Il est aussi à noter qu'un indice de masse corporelle élevé durant l'enfance est fortement associé à une augmentation du risque de maladies cardiovasculaires à l'âge adulte, surtout dans le cas des garçons. Étant donné la forte proportion d'enfants et d'adolescents qui présentent aujourd'hui un excès de poids, on estime que le nombre de personnes atteintes de maladies cardiovasculaires pourrait augmenter de près de 15 % d'ici à 2035, ce qui risque malheureusement de mettre un terme à la diminution de l'incidence de ces maladies observées depuis quelques décennies.

La distribution corporelle de l'excédent de graisse joue aussi un rôle important dans cette augmentation du risque (Figure 10). Plusieurs études ont montré que la présence accrue de graisse au niveau de l'abdomen (la forme « pomme », androïde) constitue un facteur de risque plus important de maladies cardiovasculaires que lorsque cet excès est localisé plus bas, par exemple au niveau des hanches (forme « poire », gynoïde).

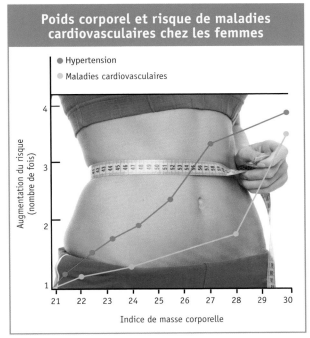

Poids corporel et risque de maladies cardiovasculaires chez les femmes

● Hypertension
● Maladies cardiovasculaires

Figure 9

Source : *Nature* 2000 ; 404 : 635-643

Ainsi, des femmes ayant un tour de taille de plus de 96 cm voient leur risque de maladies cardiovasculaires augmenter de 300 % ! Cette différence serait due au fait que les cellules adipeuses localisées au niveau de l'abdomen ont des fonctions métaboliques fort différentes, provoquant une augmentation du taux de cholestérol, favorisant la résistance à l'insuline (un précurseur du diabète) et la sécrétion de messagers chimiques qui contribuent au développement de conditions inflammatoires.

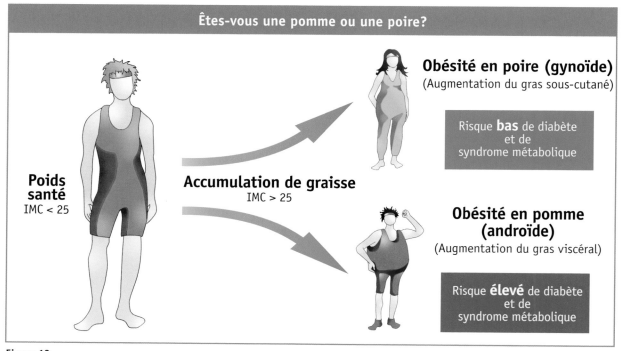

Figure 10

Source: *Cell* 2007 ; 131 : 242-256

Le niveau de sucre sanguin (diabète)

Comme nous le verrons plus en détail dans le chapitre suivant, l'augmentation du niveau de sucre sanguin associé au diabète provoque de multiples effets néfastes sur l'organisme. Du point de vue cardiovasculaire, ces niveaux de sucre élevés sont extrêmement dommageables car ils augmentent la production de dérivés d'oxygène très nocifs (les radicaux libres) qui peuvent attaquer la paroi des vaisseaux sanguins, provoquer l'inflammation et ainsi favoriser le développe-ment de l'athérosclérose. Les personnes diabétiques ont également une augmentation notable des graisses dans le sang, une hausse du mauvais cholestérol-LDL ainsi qu'une diminution du bon cholestérol-HDL. L'influence combinée de ces facteurs fait en sorte que les personnes diabétiques ont un risque plus élevé d'être touchées par les maladies cardiovasculaires. À la lumière de ces observations, on peut mieux comprendre à quel point les excès alimentaires typiques des sociétés industrialisées, notamment la consommation abondante de graisses saturées, de gras trans et de sucre, jouent un rôle important dans la forte incidence de maladies cardiovasculaires qui touchent ces populations. L'impact négatif de ce mode d'alimentation est d'autant plus prononcé que près des deux tiers de la population présentent actuellement un excès de poids, autre facteur qui contribue à augmenter le risque de maladies cardiovasculaires.

Le stress

Nous avons souvent tendance à interpréter les maladies qui nous touchent comme le résultat de l'influence de facteurs externes qui sont hors de notre contrôle, que ce soit l'environnement, la pollution ou encore des facteurs psychologiques ou émotifs. Ces croyances sont le reflet d'une détresse psychologique qui vient d'une incompréhension des causes responsables d'une maladie grave qui nous accable et d'une tentative d'explication rationnelle de ces catastrophes.

De tous ces facteurs psychologiques, le stress est sans contredit celui qui est le plus souvent invoqué comme une cause directe de maladies cardiovasculaires. Cette croyance vient du lien étroit qui existe entre le rythme cardiaque et les émotions : en effet, tout comme l'effort physique, le stress intense provoque la relâche d'adrénaline et d'autres hormones « de combat » qui entraînent une accélération des battements du cœur et une hausse de la pression sanguine. Chez une personne en bonne santé, ces effets du stress ne sont généralement pas suffisants pour provoquer

Les statines à la rescousse

L'hypercholestérolémie familiale constitue un exemple des plus tragiques des effets néfastes du cholestérol-LDL sur le risque de maladies cardiovasculaires. Fréquente dans les communautés formées d'un petit nombre d'individus, notamment les Québécois, cette maladie héréditaire est caractérisée par la présence de quantités astronomiques de cholestérol-LDL dans le sang qui provoquent l'apparition d'une maladie du cœur avant l'âge de 40 ans et même, dans certains cas encore plus graves, au cours des dix premières années de vie. On sait maintenant que ces niveaux élevés de cholestérol-LDL sont causés par une mutation génétique qui empêche l'élimination de cette forme de cholestérol et entraîne son accumulation dans le sang. L'élucidation du métabolisme du cholestérol a mené au développement des statines, une classe de médicaments qui interfèrent avec la fabrication du cholestérol au niveau du foie et provoquent une baisse marquée des LDL. L'impact des statines est remarquable : une baisse de 25 % des niveaux de cholestérol-LDL a pour résultat une baisse de 30 à 40 % de la mortalité associée aux maladies cardiovasculaires. Pour la très grande majorité des gens, cependant, l'adoption d'une alimentation dans laquelle les gras saturés sont remplacés par des gras mono-insaturés et polyinsaturés permet de réduire considérablement les niveaux de cholestérol sanguin et donc d'éviter la médication.

un infarctus ou un accident vasculaire cérébral ; cependant, chez une personne dont les artères contiennent des plaques d'athérosclérose, l'augmentation de l'effort cardiaque causée par le stress peut agir comme un catalyseur qui déclenche la rupture de ces plaques et la thrombose des artères menant à l'infarctus ou à l'accident cérébral. Le stress peut donc être responsable de maladies cardiovasculaires, surtout chez une personne prédisposée à ces maladies de par son mode de vie.

Cela dit, rappelons-nous que le stress peut nuire considérablement à la qualité de notre vie, sans compter qu'il mène très souvent à l'adoption de comportements qui augmentent considérablement le risque de maladies, en particulier le tabagisme et une mauvaise alimentation. En ce sens, apprendre à gérer le stress de la vie quotidienne doit être considéré comme un facteur important d'une vie en bonne santé physique et mentale.

Les façons de gérer adéquatement les tensions provoquées par le mode de vie moderne peuvent varier considérablement selon les goûts, les aptitudes ou la condition physique d'une personne. Aborder la vie sous un angle positif, en nous focalisant sur les plaisirs plutôt que sur les désagréments, en faisant preuve de respect et de courtoisie envers les personnes qui nous entourent ou encore en pratiquant régulièrement des activités qui nous plaisent, que ce soit au niveau physique ou intellectuel, sont toutes des façons qui permettent d'apporter une dimension apaisante à notre quotidien. En ce sens, l'activité physique régulière constitue sans doute l'un des moyens les mieux documentés pour gérer le stress, sans compter son impact très positif pour la santé en général.

Les solutions : la prévention des maladies cardiovasculaires

Pour certaines personnes réfractaires aux changements, les modifications des habitudes alimentaires requises pour prévenir le développement des maladies cardiovasculaires (et les maladies chroniques dans leur ensemble) sont souvent perçues comme une restriction, une sorte de punition incompatible avec la qualité de vie car, selon eux, « pour vivre centenaire, il faudrait abandonner toutes les choses qui donnent envie de vivre centenaire » (Woody Allen). Pourtant, rien n'est plus loin de la réalité ! En pratique, la prévention des maladies cardiovasculaires fait au contraire appel à une grande variété d'aliments délicieux qui permettent de diversifier nos expériences culinaires tout en apportant un plaisir gastronomique hors du commun.

Fruits et légumes – Les produits végétaux sont sans conteste les aliments qui possèdent le plus fort potentiel de prévention des maladies cardiovasculaires. Non seulement la consommation abondante des aliments d'origine végétale aide à réduire celle d'aliments riches en sucre, en gras saturés et en gras trans, mais elle permet en plus de profiter des multiples propriétés préventives associées aux nombreux constituants de ces aliments exceptionnels.

Un nombre impressionnant d'études a montré que la consommation abondante de végétaux est associée à une réduction du risque de troubles coronariens, cet effet étant particulièrement important pour les légumes verts, les crucifères (choux, brocoli, etc.) ainsi que ceux qui sont riches en vitamine C (les légumes verts en général). Concrètement, chaque portion quotidienne de fruits et légumes réduit d'environ 4 % le risque de ces maladies, ce qui, avouons-le, constitue une excellente raison de consommer le plus souvent possible ces aliments !

Les mécanismes impliqués dans l'effet protecteur des fruits et légumes demeurent encore partiellement incompris mais font probablement appel à plusieurs molécules contenues dans ces aliments. En effet, les végétaux présentent des niveaux exceptionnels de composés phytochimiques, notamment certains polyphénols appelés flavonoïdes, qui possèdent une très grande activité antioxydante. Ces propriétés sont importantes car elles permettraient de contrecarrer les effets néfastes associés à certains processus d'oxydation, notamment celle des LDL, un facteur clé dans la formation des plaques d'athéromes. Même si tous les végétaux exercent un impact positif sur le risque de maladies cardiovasculaires, certains semblent particulièrement se démarquer : par exemple, des études récentes suggèrent que la consommation de brocoli est associée à une réduction marquée du risque de maladies cardiaques, un résultat en accord avec les observations d'une étude pilote qui montre que la consommation de jeunes pousses de brocoli (100 g par jour, pendant une semaine) provoque une réduction du cholestérol-LDL (le mauvais cholestérol) et une hausse du cholestérol-HDL (le bon cholestérol). Plus récemment, une autre étude a démontré que ce rôle protecteur du brocoli serait également lié à sa capacité d'améliorer la fonction musculaire du cœur et de le protéger des dommages causés par les radicaux libres. Sans compter qu'une alimentation riche en légumes verts comme les crucifères permet aussi un apport élevé en acide folique, une vitamine (B9) extrêmement importante dans la prévention des maladies cardiovasculaires. La consommation régulière d'aliments riches en vitamine B9 permet d'abaisser la concentration d'homocystéine, un acide aminé dont les niveaux élevés sont souvent liés à un risque accru de maladies coronariennes causées par des dommages au niveau de la paroi des artères.

La compréhension des mécanismes par lesquels les fruits et légumes diminuent le risque de maladies cardiovasculaires n'en est qu'à ses débuts mais, indépendamment du mécanisme impliqué, il n'y a aucun doute que ces aliments constituent un mécanisme de défense de premier ordre contre le développement des maladies cardiovasculaires et doivent absolument faire partie de toute stratégie préventive visant à réduire l'impact de ces maladies.

Grains entiers – Qui pourrait croire qu'une modification du mode de vie aussi banale que de remplacer le pain blanc quotidien par du pain contenant des grains entiers peut réduire le risque de maladies coronariennes et les accidents vasculaires cérébraux de 40 % ? Pourtant, c'est bel et bien le cas ! Les grains entiers sont véritablement un des aliments dont l'impact extraordinaire sur la prévention des maladies chroniques est le plus sous-estimé. Nous sommes tellement habitués à l'omniprésence de farines raffinées dans la quasi-totalité de nos produits céréaliers que l'on oublie à quel point ce raffinage élimine la plupart des constituants bénéfiques des grains bruts. Les grains entiers contiennent une abondance d'antioxydants, de minéraux, de vitamines, de composés phytochimiques ainsi que des fibres présentes autant dans le son (enveloppe externe) que dans le germe (enveloppe interne), et il est de plus en plus clair que tous ces constituants agissent de façon synergique pour empêcher le développement des maladies cardiovasculaires. Sans compter que, comme nous le verrons dans le chapitre suivant, la consommation de grains entiers permet d'éviter de trop grandes variations dans les niveaux de sucre sanguin et réduit ainsi les risques de diabète.

Noix – Il faut absolument redécouvrir les noix, trop souvent considérées avec méfiance en raison de leur contenu élevé en gras. Ce sont en effet des sources exceptionnelles de gras mono-insaturés bénéfiques pour la santé du système cardiovasculaire. Certaines études ont montré que la consommation quotidienne d'une seule portion de noix provoque une réduction d'environ 30 % du risque des maladies coronariennes ! Cet effet sera d'autant plus accentué si ces noix permettent de remplacer des collations « industrielles » riches en sucre, en gras saturés ou en gras trans.

Oméga-3 – Le premier indice sur les bienfaits associés aux acides gras oméga-3 provient d'études réalisées chez les Inuits du Groenland qui, malgré une alimentation basée presque exclusivement sur la consommation de viandes d'animaux marins, étaient étonnamment épargnés par les maladies cardiovasculaires. Ces animaux, ainsi que la plupart des poissons gras comme le saumon, la sardine ou le maquereau, contiennent

Des poissons sans poisons

En dépit des effets positifs bien connus de la consommation de poisson sur la santé, on tente souvent de discréditer cette source alimentaire sous prétexte que les espèces aquatiques contiennent de trop grandes quantités de produits toxiques, notamment du mercure et des biphényles polychlorés (BPC). Le mercure est un métal lourd qui peut provenir de sources naturelles (comme les volcans) ainsi que de l'activité humaine (comme les centrales électriques au charbon). Lorsqu'il se retrouve dans l'eau, le mercure est transformé en méthylmercure, une forme qui lui permet de s'accumuler dans les espèces aquatiques. La concentration de méthylmercure dans les poissons est cependant très variable, car elle dépend non seulement de la contamination environnementale, mais également de la durée de vie du poisson et de sa position dans la chaîne alimentaire. En effet, les gros poissons prédateurs qui vivent longtemps, comme le requin et l'espadon, mangent au cours de leur vie beaucoup d'espèces aquatiques qui peuvent contenir du méthylmercure, ce qui peut entraîner une accumulation du toxique au fil des années. À l'inverse, des poissons qui ont une durée de vie plus courte, comme le saumon ou les sardines, n'ont pas le temps d'accumuler le toxique de façon significative et n'en contiennent que très peu. Le principal effet néfaste du mercure est sur le fœtus et on recommande donc aux femmes enceintes d'éviter de manger de l'espadon ou du requin, deux espèces qui sont de toute façon peu populaires en Amérique du Nord, et de les remplacer par des poissons peu contaminés, comme le saumon. De cette façon, les enfants en gestation pourront profiter des effets positifs des oméga-3 sur le développement du cerveau, surtout durant le dernier trimestre de la grossesse, sans avoir à subir les potentiels effets néfastes du mercure.

Bien que l'utilisation des BPC soit interdite depuis 1977, ceux-ci ont cependant une longue durée de vie et sont encore présents dans notre environnement. Il est important de savoir que les taux de BPC présents dans les différents poissons sont comparables à ceux que l'on trouve dans plusieurs autres aliments que nous mangeons quotidiennement. Par exemple, le saumon d'élevage contient environ 30 nanogrammes de BPC par gramme (30 ng/g), une quantité similaire à celle qui est présente dans le poulet (32 ng/g), le bœuf (22 ng/g), le beurre (70 ng/g), ou encore les œufs (19 ng/g). Ces quantités sont toutes bien en deçà de la limite imposée par les organismes de contrôle gouvernementaux, soit un apport maximal total de 2 000 ng/g par jour.

Avec une réduction aussi marquée de la mortalité due aux maladies coronariennes, les bénéfices associés à la consommation régulière de poisson sont de loin supérieurs aux effets négatifs possibles de leurs contaminants. Il est donc beaucoup plus dangereux de ne pas manger de poisson que d'en manger régulièrement!

de grandes quantités d'acide eicosapentaénoïque (EPA) et d'acide docosahexaénoïque (DHA), deux acides gras oméga-3 à longue chaîne qui jouent un rôle très important dans la prévention de certaines maladies cardiovasculaires : par exemple, les grands consommateurs de poissons comme les Japonais, qui absorbent en moyenne près de 1 g d'EPA et de DHA par jour, ont une mortalité causée par les maladies coronariennes près de 90 % plus faible que celle des habitants des régions où l'on mange peu de poisson, comme en Amérique du Nord. L'effet protecteur de ces gras peut même être observé à des quantités moins importantes : ainsi, une consommation modeste d'environ 250 à 500 mg d'EPA et de DHA par jour, ce qui équivaut à peine à une demi-portion (100 g) de saumon, réduit d'environ 40 % le risque de mortalité due aux maladies coronariennes. Et cet effet positif ne se fait pas attendre : certaines études ont montré que la consommation régulière de poissons gras provoque en quelques semaines des effets positifs sur le cœur en diminuant les épisodes d'arythmie, une pathologie qui est souvent responsable des morts subites.

Thé vert – Des études récentes indiquent que les personnes qui boivent au moins deux tasses de thé vert par jour (ce qui correspond à 500 ml) ont un taux de mortalité 16 % plus faible par rapport à celles qui en boivent moins. Cet effet est particulièrement prononcé pour les femmes : alors que la mortalité des grands buveurs de thé masculins est diminuée de 12 %, celle des femmes est 23 % plus faible, soit un effet protecteur deux fois plus important ! Cet effet protecteur semble principalement dû à une diminution importante de la mortalité liée aux maladies coronariennes (25 %) et surtout aux accidents vasculaires cérébraux (60 %).

Chocolat – De nombreuses études ont montré que la pâte de cacao contient des quantités très élevées de proanthocyanidines, une classe de polyphénols qui possèdent plusieurs propriétés bénéfiques pour la santé. Par exemple, les Indiens Kuna, qui vivent dans des îles au large de Panama, consomment de grandes quantités de cacao et ont une tension artérielle tout à fait normale malgré un régime alimentaire très riche en sel. Cela serait dû à l'impact positif des polyphénols du cacao sur la dilatation des artères, ainsi que sur la baisse d'agrégation des plaquettes sanguines, deux paramètres qui jouent un rôle important dans le développement de l'hypertension et des maladies cardiovasculaires. D'ailleurs, une étude récente indique que les personnes qui consomment du chocolat noir 70 % (environ 20 g par jour) montrent une amélioration marquée de la circulation sanguine alors qu'aucune amélioration n'est observée chez celles qui absorbent du chocolat « industriel », qui ne contient que peu de pâte de cacao. Il semble que cet effet

positif du chocolat noir soit lié à la propriété de ses polyphénols de provoquer la relâche d'un messager chimique, l'oxyde nitrique (voir page 101), qui augmente la dilatation des artères, améliorant ainsi la circulation sanguine et réduisant l'agrégation des plaquettes. Il est cependant important de noter que des études précédentes ont montré que le lait empêche l'absorption des polyphénols du chocolat noir, neutralisant du même coup ses effets bénéfiques. Car le lait contient des quantités très importantes de caséines, des protéines qui possèdent aussi la propriété d'interagir avec les polyphénols et de les empêcher d'être absorbés efficacement par l'intestin. Il est donc préférable de toujours consommer le chocolat noir sans boire de lait. D'ailleurs, un phénomène similaire est observé pour le thé : alors que la consommation de thé entraîne une amélioration notable de la capacité des artères à se dilater, ce qui confirme que les polyphénols contenus dans le thé ont un impact positif sur le système cardiovasculaire, l'ajout de lait renverse complètement cet impact et neutralise les effets positifs de cette boisson sur le système cardiovasculaire.

Vin rouge – Le vin rouge est un produit très complexe qui contient plusieurs milliers de composés chimiques, mais il est généralement admis que les effets positifs associés à la consommation modérée de vin sont principalement dus à une molécule nommée resvératrol. Cette molécule, qui n'est trouvée en quantités appréciables que dans le vin rouge, possède de multiples actions positives sur le système cardiovasculaire, dont celle de réduire la formation de caillots qui peuvent bloquer les vaisseaux sanguins et ainsi provoquer de graves problèmes. Cet effet protecteur du vin rouge contre les maladies cardiovasculaires est bien illustré par ce qu'on appelle maintenant le « paradoxe français » : les personnes qui boivent régulièrement du vin rouge ont un taux de mortalité lié aux maladies cardiaques assez faible, et ce, malgré la présence de plusieurs facteurs de risque de ces maladies comme le tabagisme, l'hypertension et un taux élevé de cholestérol sanguin.

Exercice physique – Les avancées technologiques du dernier siècle ont complètement modifié la place qu'occupe l'activité physique dans nos vies : les automobiles permettent de se déplacer sans effort, les machines ont beaucoup réduit le labeur des ouvriers, la nourriture est facilement accessible et la télévision ainsi que les ordinateurs sont maintenant des loisirs plus populaires auprès des enfants que les sports physiques. Même si ces innovations ont permis d'améliorer considérablement notre qualité de vie, il faut néanmoins admettre que la plupart d'entre nous sommes devenus beaucoup moins actifs physiquement que ne l'étaient nos grands-parents. Cette baisse d'activité provoque de nombreux effets négatifs sur la santé.

On ne saurait trop insister sur l'importance de l'activité physique régulière autant pour la prévention des maladies cardiovasculaires que pour le maintien d'une bonne santé en général. Un nombre impressionnant d'études a montré que le simple fait de marcher à un bon rythme deux heures et demie par semaine (soit 30 minutes par jour) – ce qui est loin de représenter un effort

Multiples effets bénéfiques de l'exercice	
Effets de l'exercice	**Conséquences**
⇧ de la capture du glucose par les tissus	Maintien d'une glycémie normale
⇧ de l'activité de la lipoprotéine lipase	Amélioration du profil de cholestérol sanguin (ratio HDL/LDL)
⇧ des contractions du muscle cardiaque	Amélioration des fonctions du cœur
⇩ du rythme cardiaque au repos	Baisse de la pression sanguine
⇩ de l'agrégation des plaquettes	Diminution de la formation de caillots sanguins

Figure 11

démesuré – réduit de 30 à 50 % le risque d'être touché par les maladies cardiovasculaires ! Cet effet bénéfique est dû aux multiples impacts positifs de l'exercice, autant sur la fonction cardiaque que sur le métabolisme en général (Figure 11). En pratique, l'activité physique régulière représente l'un des principaux facteurs du mode de vie associé à l'augmentation de la qualité et de l'espérance de vie. Par exemple, on sait depuis longtemps que les personnes sédentaires sont plus susceptibles d'être prématurément touchées par l'une ou l'autre des maladies chroniques, en particulier les maladies cardiovasculaires, une conséquence qui est aggravée si cette inactivité est combinée avec un excès de poids (Figure 12). Par contre, les personnes qui adoptent un mode de vie faisant place à l'activité physique régulière peuvent retarder significativement l'apparition de ces maladies chroniques, et cet effet peut être d'autant plus prononcé que cette activité physique est intense. L'exercice n'est

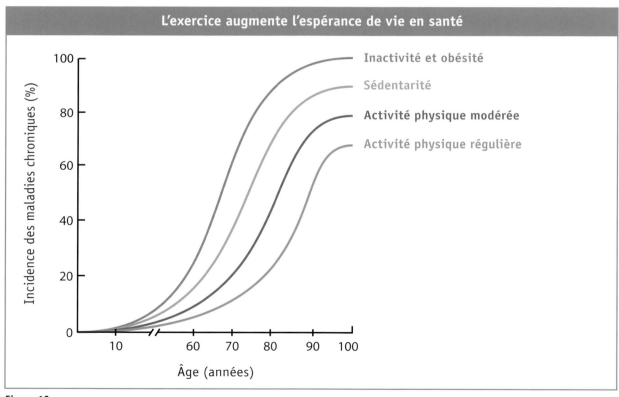

L'exercice augmente l'espérance de vie en santé

Inactivité et obésité
Sédentarité
Activité physique modérée
Activité physique régulière

Incidence des maladies chroniques (%)

Âge (années)

Figure 12

Source : adapté de *Nature* 2008 ; 454 : 463-469

donc pas seulement une excellente façon de maintenir les fonctions musculaires, c'est, plus important encore, un véritable « médicament » préventif, capable de retarder l'apparition des maladies cardiovasculaires et l'ensemble des maladies chroniques.

L'union fait la force

Rappelons-nous que c'est la combinaison des aliments cités plus haut qui est en mesure de véritablement réduire le développement des maladies cardiovasculaires. La complexité de ces maladies ainsi que la panoplie des facteurs qui participent à leur apparition font en sorte que ce n'est qu'en modifiant en profondeur nos habitudes alimentaires de façon à y intégrer le maximum d'éléments bénéfiques, tout en réduisant l'apport des mauvais aliments, qu'il est possible de prévenir efficacement ces maladies.

L'exemple le plus spectaculaire de l'impact extraordinaire que peut provoquer une combinaison de ces modifications alimentaires provient d'une étude française réalisée dans la région de Lyon à la fin des années 1980 sur les bienfaits associés à une alimentation typique du Bassin méditerranéen. Bien qu'il existe autant de versions de l'alimentation méditerranéenne que de pays situés dans cette magnifique région du globe, les régimes alimentaires de ces pays partagent néanmoins un certain nombre de critères communs, notamment une abondance de végétaux comme les fruits, les légumes et les produits céréaliers, l'utilisation systématique de l'huile d'olive comme source de matières grasses, conjuguée à un faible apport en viandes rouges ainsi qu'en produits laitiers riches en gras saturés, comme le beurre et la crème. Il s'agit d'une alimentation exemplaire, riche en composés phytochimiques, vitamines et minéraux, en gras mono-insaturés et polyinsaturés oméga-3, dans laquelle les sucres complexes des fibres et des céréales sont les sources principales de glucides et où les protéines viennent principalement des poissons et des légumineuses au lieu des viandes rouges. Et, ce qui ne gâche rien, la cuisine méditerranéenne est une des meilleures au monde !

L'étude en question visait à déterminer l'impact de ce type d'alimentation sur le risque de récidive de personnes ayant survécu à un infarctus comparativement à une alimentation faible en gras, qui était à cette époque prescrite dans de telles situations. Les résultats de l'étude sont spectaculaires : le simple fait d'augmenter l'apport en végétaux (fruits, légumes et légumineuses) ainsi qu'en gras mono-insaturés et polyinsaturés oméga-3 a provoqué une baisse rapide et significative de la récidive d'infarctus et de la mortalité des participants de l'étude (Figure 13). En pratique, les bénéfices associés à l'alimentation de type méditerranéen étaient tellement extraordinaires que l'étude a dû être arrêtée avant la date de conclusion prévue pour ne pas pénaliser plus longtemps les patients soumis au régime faible en gras !

Loin de constituer un cas isolé, les effets bénéfiques de l'alimentation méditerranéenne ont été récemment confirmés par une étude de très grande envergure réalisée aux États-Unis auprès de 214 284 hommes et de 166 012 femmes. Les personnes qui se conformaient le plus au régime méditerranéen voyaient le risque de mortalité liée aux maladies cardiovasculaires diminuer de 20 % par rapport aux personnes qui n'adoptaient pas ce mode d'alimentation.

Ces résultats illustrent à quel point il est possible de combattre efficacement l'énorme fardeau imposé par les maladies cardiovasculaires en modifiant nos habitudes alimentaires de façon à augmenter l'apport en produits végétaux, comme les fruits et légumes et les grains entiers, ainsi qu'en certains aliments comme le thé, le vin rouge et le chocolat noir, tout en réduisant la consommation de malbouffe riche en gras trans, en gras saturés et en sucre. Combiner la diversité et les qualités gastronomiques de ce type d'alimentation à la prévention des maladies chroniques constitue sans doute la meilleure illustration des immenses possibilités offertes par une approche préventive basée sur la recherche du plaisir de bien manger.

En résumé

- Une alimentation riche en produits végétaux comme les fruits, les légumes et les grains entiers combinée avec une réduction des gras saturés au profit de matières grasses insaturées et polyinsaturées permet de réduire considérablement les risques de maladies cardiovasculaires.

- Cet effet protecteur sera d'autant plus accentué s'il est accompagné du maintien d'un poids corporel normal, d'une activité physique régulière et de l'absence de tabagisme, trois facteurs importants dans la prévention de ces maladies.

- Étant donné le nombre élevé de décès causés par les maladies cardiovasculaires, l'adoption de ces habitudes pourrait avoir des répercussions extraordinaires tant sur la qualité que sur l'espérance de vie de la population.

Réduction des maladies cardiovasculaires par une alimentation méditerranéenne

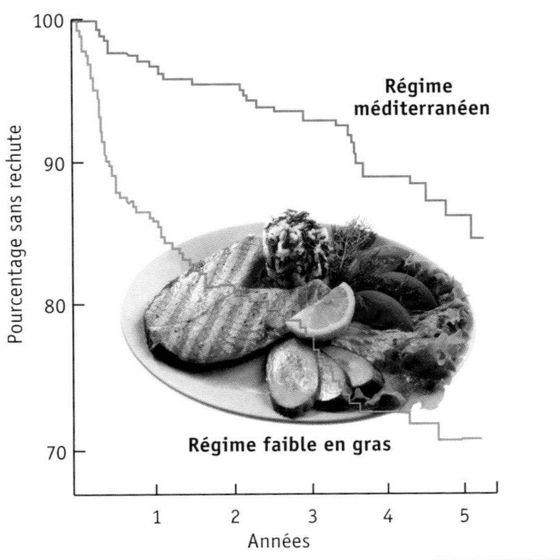

Figure 13   Source : adapté de Willett (2001)

**Trop de colle ne colle plus,
trop de sucre n'adoucit plus.**

Proverbe chinois

Chapitre 6

Un surplus de sucre qui laisse un arrière-goût amer : le diabète de type 2

De toutes les maladies chroniques étudiées dans le cadre de cet ouvrage, le diabète de type 2 est sans doute celle dont les conséquences négatives sur la santé sont les plus sous-estimées par la population. Alors que nous avons peur d'être terrassés par un infarctus ou un accident vasculaire cérébral, de mourir à petit feu d'un cancer ou encore d'imposer un fardeau insoutenable à nos proches en raison de neurodégénérescences comme la maladie d'Alzheimer, la plupart d'entre nous considèrent le diabète comme une maladie « mineure », qui n'affecte pas outre mesure la qualité de vie. Cette perception est complètement erronée, car il s'agit au contraire d'une maladie extrêmement grave, aux conséquences catastrophiques sur la santé : on estime que les personnes atteintes de diabète ont une espérance de vie réduite en moyenne de douze ans, soit autant que par le tabagisme ! Sans compter que les coûts de santé associés à cette maladie sont vertigineux ; ainsi, aux États-Unis, on estime que le coût des dépenses de santé annuelles liées au diabète est de 175 milliards de dollars. Prévenir le diabète représente donc un objectif incontournable pour améliorer autant la qualité que la durée de l'existence, ainsi que pour réduire les énormes pressions qu'exerce cette maladie sur nos systèmes de santé.

De l'Antiquité à la découverte de l'insuline

La description des symptômes et des conséquences dramatiques associés au diabète figure parmi les plus anciennes observations de l'histoire de la médecine. Le *Codex Ebers* – un traité médical égyptien qui date de trois mille cinq cents ans – la mentionne déjà comme une maladie qui provoque « des urines très abondantes ». Mais c'est au médecin grec Arétée de Cappadoce que l'on doit la première étude détaillée de cette « maladie très rare et extrêmement surprenante. Les malades éprouvent une soif intolérable, la boisson abondante qu'ils prennent ne répond pas à la quantité de leurs urines, car ils en laissent passer une quantité prodigieuse [...] et tout en sort comme par un siphon. Lorsque la maladie est parvenue à ce degré, les malades peuvent encore vivre mais c'est pour peu de temps » (*Traité des signes, des causes et de la cure des maladies aiguës et chroniques*, env. 1er siècle). Ces observations, ainsi que celles effectuées par d'autres médecins de l'Antiquité comme Galien et Celse, sont d'ailleurs à l'origine du mot « diabète », du grec *diabaino*, qui signifie littéralement « siphon » ou « passer au travers ».

Une des caractéristiques particulières de l'urine des personnes diabétiques, outre son abondance, est son contenu élevé en sucre. Quelques siècles plus tôt, le médecin indien Charaka, en remarquant que les fourmis étaient attirées par l'urine des patients diabétiques comme si elle contenait du sucre ou du miel, avait mentionné ce caractère sucré. Pour décrire cette maladie, il proposa le terme *madhumeha* (de *madhu*, qui signifie « sucré », et *meha*, « urine abondante »). Près de deux mille ans plus tard, l'Anglais Thomas Willis confirma (courageusement) la présence du sucre en goûtant directement l'urine des patients et découvrit qu'elle « était merveilleusement sucrée,

comme si elle était imprégnée de miel ou de sucre » (*Pharmaceutice rationalis*, 1674). Il proposa l'appellation de diabète *mellitus* (du latin *mel*, qui signifie « miel ») pour décrire la maladie, terme encore utilisé aujourd'hui dans la littérature médicale.

Cependant, en dépit des connaissances accumulées au fil des siècles sur les symptômes associés au diabète, ce n'est qu'au début du XXe siècle que la compréhension des mécanismes sous-jacents à cette maladie a permis d'envisager un traitement pour sauver les patients atteints. L'exploit en revient aux chercheurs canadiens Frederick Banting et Charles Best qui, en 1921, observèrent que l'administration d'un extrait de pancréas à des chiens diabétiques provoquait une chute marquée du glucose sanguin, un effet associé à la présence dans l'extrait d'une hormone appelée insuline (voir encadré, p. 127). L'injection d'une préparation

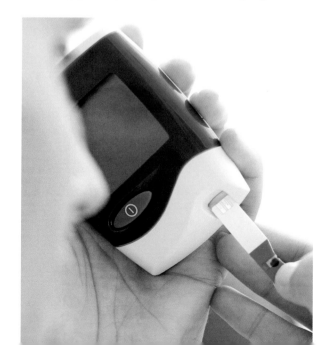

L'insuline,
chef d'orchestre de la glycémie

Hormone sécrétée par un groupe de cellules du pancréas regroupées en amas semblables à des îlots, l'insuline (du latin *insula*, « île ») joue un rôle absolument indispensable dans le contrôle du taux de glucose sanguin ainsi que du métabolisme en général. La fonction de l'insuline est capitale, car le glucose permet d'apporter aux cellules l'énergie nécessaire à leurs fonctions, et sa concentration doit être maintenue à un niveau stable, aux environs de 1 g par litre. Au cours d'un repas, l'absorption des glucides de l'alimentation (sucres ou amidons) provoque une augmentation de la glycémie, ce qui déclenche la relâche d'insuline par le pancréas. Cette augmentation de la production d'insuline a trois principaux effets, tous destinés à tirer profit au maximum de l'énergie associée au sucre :

• favoriser le transport du glucose dans les cellules, particulièrement au niveau des muscles ;
• stocker le glucose dans le foie et dans les muscles sous forme de glycogène pour utilisation future ;
• aider la conversion du glucose excédentaire en graisse.

Les symptômes associés au diabète et l'aspect incurable que revêtait cette maladie avant la découverte de l'insuline sont intimement liés à une perturbation de ces fonctions. En effet, en l'absence d'insuline, les personnes diabétiques sont incapables d'absorber efficacement le sucre, ce qui provoque du même coup l'apparition d'une quantité anormalement élevée de glucose dans le sang (hyperglycémie). Les reins, incapables de retenir la totalité de ce sucre, en éliminent une grande partie dans l'urine, un phénomène qui s'accompagne inévitablement (par osmose) d'une excrétion massive d'eau. C'est pour cette raison que la présence d'urines abondantes et sucrées est un signe précurseur d'une hyperglycémie causée par le diabète. Cette impossibilité d'utiliser le glucose comme carburant a cependant des effets à long terme encore plus graves : en effet, privées de glucose, les cellules doivent se tourner vers d'autres types de substances énergétiques (les graisses et les protéines) pour subvenir à leurs besoins, ce qui entraîne l'épuisement des réserves du corps et un amaigrissement marqué. L'utilisation excessive de ces sources énergétiques provoque également la production accrue de corps cétoniques, des composés qui modifient le pH sanguin et entraînent une acidose métabolique aux conséquences désastreuses. La fonction essentielle de l'insuline est donc un exemple éclatant non seulement de l'immense complexité du métabolisme humain, mais surtout des dangers associés à toute perturbation de l'équilibre de ce système.

d'insuline à Leonard Thompson, un jeune patient diabétique de 14 ans agonisant, provoqua une amélioration spectaculaire de son état de santé et, répétée quotidiennement, lui permit même de vivre de nombreuses années supplémentaires (il mourut treize ans plus tard dans un accident de voiture). Récompensée dès l'année suivante par le prix Nobel de médecine, la découverte de l'insuline représente sans aucun doute l'une des plus grandes réalisations de l'histoire de la médecine, un exploit qui a permis de sauver de nombreuses vies humaines. D'ailleurs, on estime qu'environ 15 millions de personnes aujourd'hui en vie seraient décédées à un âge précoce sans l'administration quotidienne d'insuline.

Le diabète de type 2 : un tueur silencieux

La hausse du taux de sucre sanguin associée au diabète peut être causée par deux formes très différentes de la maladie que l'on désigne sous les appellations de diabète de type 1 (insulino-dépendant) et de type 2 (non insulino-dépendant). Cette classification reflète les grandes différences qui existent dans les mécanismes impliqués dans l'hyperglycémie ainsi que dans la nature des facteurs qui favorisent l'apparition de ces deux maladies (voir encadré, p. 132).

Le diabète de type 2, responsable à lui seul de plus de 80 % des cas de diabète, est devenu au cours des dernières années une des principales maladies chroniques touchant l'ensemble de la population mondiale. L'ampleur du fardeau associé à cette maladie est stupéfiante : en vingt-cinq ans à peine, soit de 1985 à nos jours, le nombre de personnes atteintes de diabète dans le monde est passé d'environ 30 millions à un peu plus de 200 millions, presque sept fois plus (Figure 1) !

Cette tendance est très inquiétante car le diabète augmente considérablement le risque de complications provoquées par l'hyperglycémie sur la fonction des vaisseaux sanguins (Figure 2). En effet, l'hyperglycémie chronique causée par le diabète de type 2 est un état qui aggrave le risque

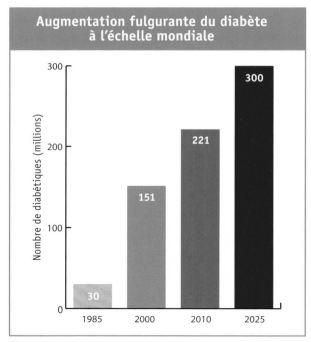

Figure 1

Source : *Ann. Rev. Nutr.* 2003 ; 23 : 345-377

Maladies associées au diabète

Pathologies vasculaires associées au diabète	Faits saillants
Maladies cardiovasculaires	Augmentent de 3 à 4 fois le risque d'infarctus et d'accidents vasculaires cérébraux
Insuffisance rénale	Les néphropathies diabétiques sont la principale cause de dialyse en Occident
Rétinopathies	Touchent le tiers des personnes diabétiques et représentent l'une des principales causes de cécité
Angiopathies (artérites)	Causent la nécrose et l'amputation des membres inférieurs
Dysfonction érectile	Touche de 35 à 45 % des hommes diabétiques
Démence (ex. Alzheimer)	Les diabétiques ont un risque 50 % plus grand de déclin cognitif

Figure 2

de maladies cardiovasculaires comme l'infarctus et les accidents vasculaires cérébraux (de trois à quatre fois plus) ainsi que diverses pathologies comme l'insuffisance rénale (perte progressive des fonctions du rein), les rétinopathies (importantes maladies de l'œil causant la cécité) ou encore les problèmes de circulation dans les membres inférieurs (artérites). Dans ce dernier cas, les troubles peuvent mener à l'apparition de ce que l'on appelle le « pied diabétique » (voir photo), c'est-à-dire le développement d'une nécrose qui nécessite l'amputation du membre, seul moyen de sauver la vie de la personne atteinte. On estime que toutes les trente secondes une personne dans le monde est amputée d'un membre en raison des complications vasculaires causées par le diabète.

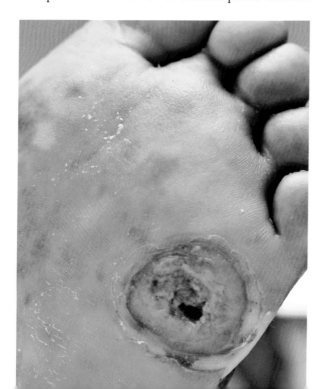

Le sucre : une substance à manipuler avec précaution !

Malgré toute l'affection et la passion que nous pouvons éprouver pour le goût sucré, les dégâts associés au surplus de glucose dans le sang viennent nous rappeler que cette substance est loin d'être aussi inoffensive qu'on peut le croire. Ces effets n'ont cependant rien d'étonnant : le sucre, comme toutes les formes d'énergie, doit être manipulé avec beaucoup de précaution pour éviter l'apparition d'effets secondaires graves. Par exemple, même si l'essence est indispensable au fonctionnement d'une voiture, elle peut devenir véritablement dangereuse si sa combustion n'est pas soigneusement contrôlée par le moteur du véhicule. C'est la même chose pour le sucre : même si notre corps (et en particulier notre cerveau) a constamment besoin de glucose pour fonctionner, il a tout de même développé en parallèle un système de contrôle très sophistiqué pour maintenir la concentration de cette molécule à des niveaux tout juste suffisants pour subvenir aux besoins de l'organisme. Et ces niveaux sont beaucoup plus faibles qu'on le pense : en moyenne, le sang d'un individu en bonne santé contient au maximum 4 à 5 g de sucre, soit à peine l'équivalent d'une cuillerée à thé ! Le sucre constitue donc une source d'énergie précieuse mais qui est néanmoins utilisée avec une infinie prudence par notre organisme.

D'un point de vue alimentaire, ce qu'on appelle sucre est en fait du sucrose, une substance formée par la combinaison du glucose et du fructose. En terme d'énergie, le glucose est cependant le combustible préféré de nos cellules, sa concentration dans le sang étant environ mille fois plus élevée que celle du fructose.

L'importance qu'attache notre corps à maintenir un niveau optimal de glucose dans le sang est bien illustrée par la complexité des mécanismes qui sont responsables du contrôle de la glycémie. Même si nous ne mangeons que trois fois par jour, le niveau de sucre demeure constant grâce à l'action concertée de plusieurs organes, constamment à l'affût des moindres variations de la glycémie (Figure 3). La principale source de sucre est bien entendu la nourriture mais, entre les repas, les niveaux de glucose demeurent constants grâce au foie, véritable «entrepôt» de sucre dont la fonction est de relâcher les quantités nécessaires de glucose pour maintenir la glycémie à un niveau normal en réponse aux ordres dictés par le cerveau. Au cours d'un repas, le

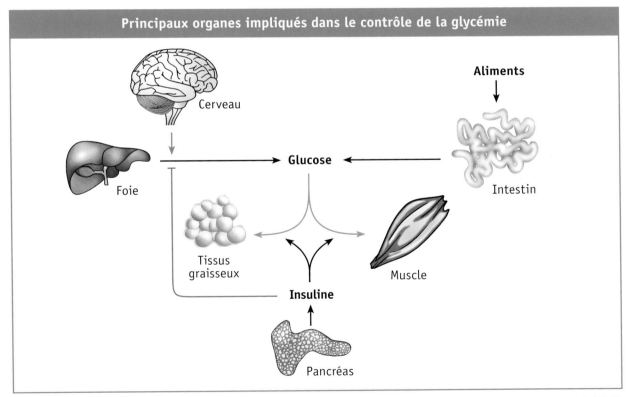

Principaux organes impliqués dans le contrôle de la glycémie

Figure 3

Source: *Nature* 2006 ; 444 : 847-853

Qu'est-ce que le diabète ?

On définit le diabète comme un état d'hyperglycémie chronique dû à une perte de production d'insuline ou encore à une incapacité des organes à capter le sucre en réponse à l'insuline. Selon les mécanismes en cause, deux grands types de diabète peuvent être distingués.

Diabète de type 1 – L'hyperglycémie associée à cette maladie est due à la destruction des cellules du pancréas responsables de la production d'insuline. On sait depuis longtemps que ce type de diabète se déclare en général au cours de l'enfance. Cependant, les facteurs extrêmement complexes responsables de la maladie (facteur génétique et mode de vie) demeurent encore aujourd'hui mal compris.

Diabète de type 2 – Responsable de plus de 80 % des cas de diabète, le diabète de type 2 est devenu au cours des dernières années une des principales maladies chroniques touchant la population mondiale. Ce type de diabète est caractérisé par le phénomène de « résistance à l'insuline », c'est-à-dire une condition dans laquelle les organes du corps (foie, muscles, tissus adipeux) perdent progressivement la capacité de capter le sucre en réponse au signal de l'insuline. En interférant avec la captation de sucre, cette résistance entraîne une « surchauffe » métabolique du pancréas qui augmente la production d'insuline dans l'espoir de faire entrer à tout prix le sucre dans les cellules. Et, lorsqu'elle se produit sur des périodes prolongées, cette résistance à l'insuline peut provoquer un épuisement du pancréas, menant au final à une incapacité à sécréter efficacement cette hormone.

La résistance à l'insuline est souvent associée à une panoplie d'autres désordres physiologiques tels l'hypertriglycéridémie (hausse des gras sanguins), l'hypertension, une baisse du bon cholestérol-HDL ainsi que l'obésité, en particulier au niveau abdominal. L'ensemble de ces symptômes, appelé syndrome métabolique, représente un facteur de risque important de maladies cardiovasculaires et de diabète de type 2.

Comme nous le verrons tout au long de ce chapitre, la contribution du mode de vie occidental au développement du diabète de type 2 ne laisse aucun doute. Le meilleur exemple est sans doute l'augmentation alarmante du diabète de type 2 au sein de certaines populations autochtones, génétiquement prédisposées à cette maladie. Par exemple, les tribus d'Indiens Pima vivant dans le désert de l'Arizona ont une des fréquences les plus élevées au monde d'obésité et de diabète de type 2, une situation directement liée à l'adoption d'une alimentation de type occidental, riche en produits transformés. À l'opposé, les mêmes Indiens vivant au Mexique et ayant conservé une alimentation traditionnelle sont largement épargnés par ces maladies et sont en excellente santé.

sucre contenu dans les aliments est rapidement absorbé par l'intestin et acheminé dans le sang, provoquant du même coup une hausse marquée de la glycémie. Pour répondre à cette augmentation soudaine, le pancréas sécrète de l'insuline, qui permet aux muscles et aux cellules adipeuses de capter l'excédent de sucre et de le stocker pour un usage futur, tout en indiquant au foie qu'il faut cesser de produire du glucose étant donné que la quantité de sucre dans le sang est suffisante. L'équilibre de ces processus fait donc en sorte de maintenir la glycémie à un niveau constant, parfaitement adapté aux besoins des cellules de l'organisme.

Comme nous le verrons plus loin, certains facteurs du mode de vie perturbent le bon fonctionnement de ces mécanismes régulateurs et empêchent les muscles et les cellules adipeuses de répondre adéquatement au message de l'insuline. Dans de telles conditions, les niveaux de sucre sanguin demeurent beaucoup plus élevés que les concentrations auxquelles notre organisme est adapté, et cette hyperglycémie est responsable des multiples complications associées au diabète de type 2.

Une question d'« AGE »

La présence de quantités élevées de sucre dans le sang est néfaste car cette molécule possède la capacité de réagir avec plusieurs composantes présentes autant à l'intérieur qu'à l'extérieur des cellules. Grâce aux travaux du chimiste français Louis-Camille Maillard (1878-1936), on sait que le sucre possède la propriété de se lier chimiquement aux protéines, une réaction qui est d'ailleurs à la base du processus de caramélisation (dégradation de Strecker) si essentiel en cuisine : soumis à des températures élevées, le glucose interagit avec les protéines pour former un complexe coloré, responsable (entre autres) de la couleur dorée si caractéristique de la croûte des tartes ou encore du brunissement des viandes. À la température du corps humain, la réaction de Maillard est évidemment plus lente, mais lorsque les niveaux de sucre sanguin sont élevés pendant de longues périodes, comme c'est souvent le cas dans les étapes qui précèdent l'apparition du diabète de type 2, elle peut néanmoins se produire et entraîner plusieurs effets néfastes sur la santé.

Au cours de cette réaction chimique, appelée glycation, les molécules de glucose se fixent sur la structure de certaines protéines, formant progressivement des produits terminaux de glycation, mieux connus sous l'appellation de AGE (*advanced glycation end products*). L'exemple le mieux caractérisé est la modification de l'hémoglobine (la protéine qui transporte l'oxygène dans le sang), la forme « sucrée » de cette protéine (HbA1c) servant même de marqueur pour mesurer l'hyperglycémie et l'évolution du diabète.

Outre l'hémoglobine, cependant, les produits AGE sont très dangereux pour la fonction des vaisseaux sanguins car ils modifient les fonctions normales de certaines protéines présentes au niveau des parois vasculaires (Figure 4). Par exemple, l'interaction du sucre avec les fibres de collagène présentes dans la paroi des artères provoque l'épaississement des vaisseaux, ce qui augmente le risque de thrombose (formation de caillots). En parallèle, la glycation modifie la structure du cholestérol-LDL et favorise sa rétention dans la paroi du vaisseau; ce facteur augmente considérablement le risque d'athérosclérose (voir chapitre 5). Ce risque est d'autant plus accru que la

modification de plusieurs protéines par le glucose entraîne le développement de conditions inflammatoires ainsi qu'une perte d'élasticité des vaisseaux. C'est pour toutes ces raisons que l'hyperglycémie favorise le développement des maladies cardiovasculaires : en altérant chimiquement les composantes des vaisseaux sanguins, l'excès prolongé de glucose dans le sang fait vieillir ces vaisseaux de manière prématurée, provoquant une « caramélisation » pathologique aux conséquences dramatiques.

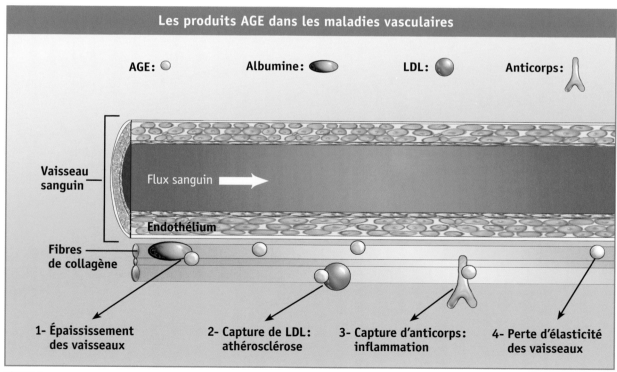

Figure 4

Source : http://209.209.34.25/webdocs/glycation

L'obésité, principale cause du diabète

Les profonds déséquilibres du métabolisme causés par l'obésité jouent sans contredit un rôle prédominant dans l'augmentation récente du nombre de diabètes de type 2. Près de 80 % des personnes diabétiques sont obèses. Cette situation s'explique par la très forte augmentation du risque de diabète de type 2 associée à une hausse de l'indice de masse corporelle (Figure 5). Même pour les IMC considérés comme normaux, c'est-à-dire en deçà de 25, le risque d'être touché par le diabète est déjà près de trois fois plus élevé que chez les personnes minces (IMC inférieur à 23, ce qui correspond en gros pour une personne de 1,65 m à un poids de 60 kg) et devient près de huit fois plus élevé pour les personnes qui souffrent d'embonpoint (IMC = 25 à 30). Il va de soi que pour les personnes obèses (IMC = 30) et obèses morbides (IMC = 40), cette augmentation du risque atteint des proportions « gigantesques », de l'ordre de vingt à quarante fois. Cette relation indique donc que le diabète de type 2 représente l'un des principaux dommages collatéraux

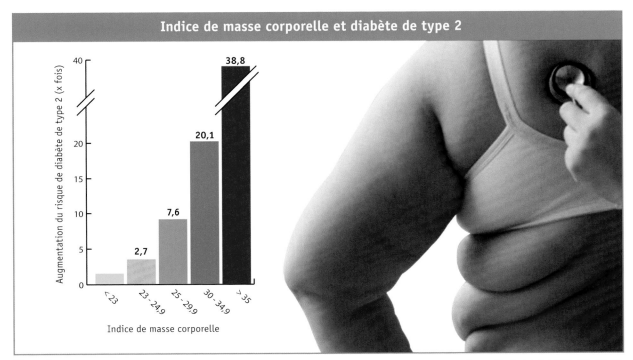

Figure 5

Source : *New Engl. J. Med.* 2001 ; 345 : 790-797

associés à l'épidémie d'obésité observée à l'heure actuelle à l'échelle mondiale. En pratique, ce lien entre obésité et diabète est tellement étroit que l'on utilise souvent le terme de « diabésité » pour illustrer cette relation.

Les mécanismes par lesquels l'obésité favorise l'apparition du diabète de type 2 sont extrêmement complexes et constituent sans doute la meilleure illustration des effets négatifs associés aux énormes dérèglements métaboliques qui sont causés par l'excès de poids. Répétons-le encore une fois, l'obésité n'est pas une simple accumulation d'un excès de gras, elle représente au contraire un état pathologique causé par une hypertrophie des adipocytes, les cellules qui composent le tissu graisseux, qui modifie en profondeur la fonction primordiale jouée par ces cellules dans l'équilibre du métabolisme. Ce surplus de gras est toxique pour l'organisme car il participe activement à provoquer une résistance à l'insuline, un état très grave qui mène en dernier ressort au développement du diabète. La surcharge en gras dans les adipocytes provoque une fuite en trop grande quantité de ces gras dans le sang, amenant les cellules à préférer cette source d'énergie au glucose. Le résultat est un arrêt de l'importation du glucose à partir du sang et, par conséquent, une hausse de la glycémie.

L'augmentation du taux des acides gras sanguins modifie complètement le code d'accès qui permet en principe à l'insuline de favoriser l'entrée de glucose dans les tissus cibles comme les muscles ou les adipocytes. Ces tissus sont incapables de répondre adéquatement au message transmis par l'insuline et ne peuvent donc assimiler efficacement le sucre sanguin.

Le surplus de gras dans les adipocytes est perçu comme une atteinte à l'intégrité de l'organisme, une menace qui entraîne l'activation du système immunitaire responsable de l'inflammation. La libération de molécules possédant une très forte activité inflammatoire interfère à son tour avec la capacité de réponse à l'insuline et contribue ainsi à l'acquisition de la résistance à cette hormone.

Il est clair que l'excès de poids augmente gravement le risque de diabète : en rendant les organes du corps moins sensibles au message de l'insuline, l'obésité entraîne une surproduction de cette hormone de façon à compenser cette résistance, ce qui mène peu à peu à un épuisement du pancréas et à une diminution progressive de la sécrétion de l'insuline. Arrivé à ce stade, le développement du diabète s'accélère de manière considérable car la chute du taux d'insuline non seulement a un impact direct sur la capacité des organes comme les muscles et le foie à capter le glucose sanguin, mais elle a également de multiples conséquences qui accentuent le déséquilibre du métabolisme (Figure 6). D'une part, la réduction d'insuline provoque une relâche accrue de gras à partir des tissus graisseux, ce qui amplifie la résistance à cette hormone et accélère la destruction des cellules du pancréas impliquées dans sa production. D'autre part, puisque l'insuline joue un rôle important dans le contrôle de l'appétit, sa diminution est associée à une augmentation de l'apport alimentaire qui favorise le stockage de ce surplus d'énergie sous forme de graisse. Il s'agit

donc d'un cercle vicieux dont l'issue ne peut laisser aucun doute : l'apparition du diabète.

Les solutions : comment prévenir le diabète de type 2

Étant donné la gravité des effets associés à la résistance à l'insuline ainsi qu'au diabète de type 2, la prévention de cette maladie constitue certainement la meilleure arme mise à notre disposition pour réduire les dommages causés par le surplus de sucre sanguin. Fort heureusement

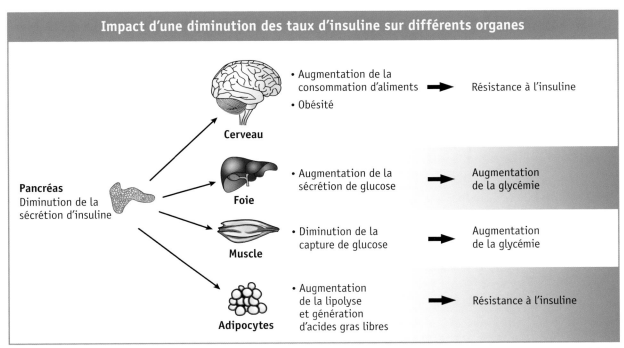

Figure 6

Source : *Nature* 2006 ; 444 : 840-846

137

pour nous, ce potentiel de prévention est extraordinaire : on estime que l'adoption d'un mode de vie sain pourrait permettre de prévenir jusqu'à 90 % des cas de diabète de type 2 ! Pour réduire le risque de diabète, passons en revue quelques aspects du mode de vie.

Le contrôle du poids corporel – Compte tenu du rôle central de l'embonpoint et de l'obésité dans le développement du diabète de type 2, il va de soi que le maintien d'un poids corporel normal constitue une facette primordiale de toute approche préventive de cette maladie. L'illustration la plus spectaculaire de l'influence de la perte de poids sur le risque de diabète est sans doute l'effet de la chirurgie bariatrique (réduction du volume de l'estomac) des personnes souffrant d'obésité morbide : en réduisant drastiquement le volume de l'estomac, cette intervention provoque une baisse rapide de l'obésité qui s'accompagne d'une disparition quasi complète du diabète de type 2 !

Il n'est cependant pas nécessaire (ni souhaitable !) de subir ce type d'intervention pour profiter des bienfaits associés à la perte de poids : une réduction de seulement 5 kg, même si elle s'échelonne sur plusieurs années, peut provoquer une diminution de 50 % du risque de diabète ! À une époque où l'embonpoint est devenu la norme plutôt que l'exception, le diabète de type 2 est sans doute la meilleure illustration des dangers associés à cet excès de poids et de la nécessité de demeurer aussi mince que possible pour prévenir adéquatement le développement de cette maladie. Et comme nous le verrons en conclusion de ce livre, le maintien d'un poids santé passe nécessairement par une modification en profondeur de nos habitudes alimentaires.

Le contrôle de la glycémie – Il est également possible de réduire de façon significative le risque de diabète en prêtant une attention particulière à la quantité et surtout à la nature des glucides, c'est-à-dire les sucres présents dans l'alimentation. Il faut reconnaître les trois grands types de glucides.

Les sucres simples, comme ceux des fruits, des produits laitiers, du sirop d'érable ou du miel, et les sucres ajoutés à différents produits vendus en épicerie. Le sucre ajouté est loin d'être négligeable : en 2001, il représentait plus de 10 % des calories consommées par les Canadiens, soit l'équivalent de 60 g (12 cuillerées à thé) de sucre par jour ! Ce surplus est quelquefois difficile à identifier car l'industrie utilise plusieurs sources de sucre pour la confection de ses produits alimentaires. Mais il ne faut pas s'y tromper : si l'étiquette d'un produit indique des termes comme sucrose, dextrose, sirop de maïs enrichi en fructose, glucose-fructose, sirop de malt, etc., cela ne signifie qu'une seule chose : du sucre a été ajouté dans le produit ! Et plus ces termes arrivent tôt dans la liste d'ingrédients, plus le produit en contient...

Les amidons,
formés par l'assemblage de plusieurs molécules de sucre. L'amidon se trouve dans les céréales, les pommes de terre ainsi que certains légumes et légumineuses. Généralement, le sucre présent dans un aliment sous forme d'amidon est digéré plus lentement que les sucres simples. Par contre, tous les amidons ne sont pas digérés à la même vitesse : par exemple, l'amidon des pommes de terre possède une structure qui rend sa dégradation en sucre très rapide, alors que l'amidon des légumineuses, par exemple, est beaucoup plus résistant.

Les fibres alimentaires, qui se trouvent uniquement dans les produits végétaux comme les légumes, les fruits et les grains entiers. Ces fibres sont tellement complexes que notre estomac est incapable de les digérer et ce n'est que grâce aux bactéries présentes dans l'intestin que nous arrivons à extraire une petite quantité de leur contenu en sucre.

La principale différence entre les divers types de glucides réside dans la rapidité avec laquelle ils sont absorbés par l'intestin et acheminés dans la circulation sanguine. Dans le cas des sucres simples, leur assimilation rapide force le pancréas à sécréter en réaction une grande quantité d'insuline. Par contre, dans le cas des fibres alimentaires ou des amidons complexes, l'intestin dégrade ces sucres beaucoup plus lentement, ce qui provoque l'apparition graduelle de sucre dans le sang et la production plus faible d'insuline. Pour différencier les effets des glucides sur le glucose sanguin, on utilise les concepts d'index et de charge glycémique (voir encadré, p. 141).

L'ingestion d'un aliment contenant une charge glycémique élevée, des flocons de maïs par exemple, provoque une augmentation rapide du taux de glucose dans le sang, cette hausse étant accompagnée par une sécrétion massive d'insuline destinée à absorber tout ce sucre (Figure 8). Cependant, il arrive que la quantité d'insuline produite par le pancréas en réponse à un tel niveau de sucre soit trop importante, ce qui peut entraîner une absorption excessive du glucose et, paradoxalement, un état d'hypoglycémie quelques heures après le repas. Une telle situation est peu souhaitable, car le manque de glucose dans le sang exerce une forte stimulation sur les centres impliqués dans le contrôle de l'appétit, provoquant une « petite fringale » destinée à relever le niveau de glucose. Répétées à outrance, ces fluctuations peuvent non seulement provoquer l'épuisement du pancréas mais également

Index et charge glycémiques

L'index glycémique (IG) est calculé en comparant la hausse de sucre sanguin produite par l'absorption d'un aliment donné à celle du glucose pur. Par exemple, un aliment qui a un indice glycémique de 50 produit une glycémie moitié moins importante que le glucose (qui, lui, a un index glycémique de 100). En règle générale, on considère que des valeurs inférieures à 50 correspondent à un IG faible alors que celles qui sont supérieures à 70 sont élevées. Malgré son utilité théorique, cet index est cependant de moins en moins utilisé car il ne tient pas compte de la quantité de glucides présents dans les aliments, ce qui peut engendrer une mauvaise estimation de leur impact réel sur la glycémie.

Le concept de charge glycémique, dans lequel l'IG est multiplié par la quantité de glucides, permet de pallier ce problème (Figure 7). Par exemple, même si les carottes et les céréales du petit déjeuner possèdent des IG élevés (85), le faible contenu en glucides des carottes (6 g pour 100 g) équivaut à une charge glycémique de 5 alors que les 85 g de glucides présents dans ce type de céréales entraînent une charge de 72, soit quatorze fois plus ! Les carottes ne constituent donc en aucun cas une « menace » pour le contrôle du glucose sanguin... De la même façon, les IG du melon d'eau (IG = 72) et d'un gâteau au chocolat (IG = 38) pourraient laisser croire que le melon provoque une glycémie plus élevée ; en réalité, les 58 g de sucre du gâteau font en sorte que sa charge glycémique est beaucoup plus élevée que celle du melon (soit respectivement 22 et 4). Eh oui, le melon est un aliment plus « santé » que le gâteau au chocolat...

encourager l'obésité. En effet, l'insuline favorise la conversion des sucres en graisses, de même que leur stockage dans les tissus adipeux.

À l'inverse, la consommation d'aliments contenant des glucides complexes (et donc à faible charge glycémique, comme les produits à grains entiers et les légumineuses) provoque l'apparition d'une quantité beaucoup plus faible de glucose et d'insuline dans le sang. Dans de telles conditions, la glycémie est stabilisée sur une plus grande période, sans épisodes d'hypoglycémie. En évitant les fluctuations du glucose sanguin, ce type de glucides permet donc d'économiser la production d'insuline et évite de surcharger le travail du pancréas. Outre son rôle essentiel pour les personnes diabétiques ou prédiabétiques, pour lesquelles le maintien d'une glycémie stable est essentiel, la consommation des glucides complexes à charge glycémique faible constitue certainement une des modifications alimentaires qui peut avoir le plus d'impact sur la prévention du diabète dans la population en général (voir encadré, p. 144).

Charge glycémique de quelques aliments

Aliments	Contenu en glucides (g/portion)	Index glycémique	Charge glycémique
Charge élevée			
Corn Flakes	85	85	72
Pain blanc	58	85	59
Céréales sucrées	80	70	56
Croustilles	49	80	39
Friandises chocolatées	60	70	42
Charge moyenne			
Pain intégral	47	50	24
Banane	20	65	13
Riz basmati	23	50	12
Pomme	20	38	6
Pomme de terre bouillie	14	65	9
Charge faible			
Lentilles	17	22	4
Carottes	6	85	5
Noix	5	15	1
Haricots verts	3	30	1
Légumes verts, champignons, tomates, etc.	5	10	1

Figure 7

Source: Am. J. Clin. Nutr. 2002; 76 : 5-56

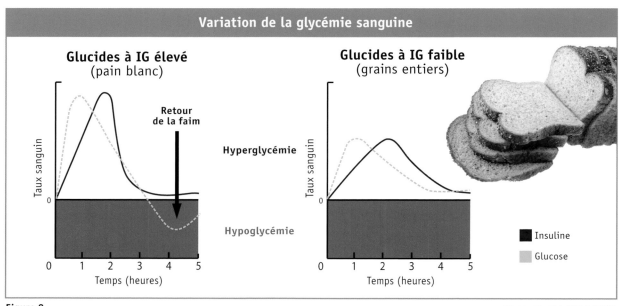

Figure 8   Source : adapté de Willett (2001)

Le choix des gras de l'alimentation – La nature des gras de l'alimentation peut également exercer une grande influence sur le développement du diabète de type 2. Certains gras saturés, par exemple, favorisent l'inflammation et peuvent par ricochet entraîner une résistance à l'insuline. À l'inverse, l'acide oléique, le principal corps gras de l'huile d'olive, exerce une action anti-inflammatoire et réduit par conséquent les risques de développer une telle résistance. En outre, il est intéressant de noter que les gras oméga-3 peuvent améliorer la réponse des organes à l'insuline. Comme pour la prévention des maladies cardiovasculaires, l'utilisation de l'huile d'olive comme corps gras principal conjuguée à un apport soutenu en oméga-3 représente donc un élément clé de la prévention du diabète.

L'exercice physique – En plus de son rôle capital dans la prévention des maladies cardiovasculaires, l'exercice physique régulier est indispensable à la prévention du diabète de type 2. En effet, les muscles étant les principaux organes impliqués dans l'absorption du glucose en réponse à l'insuline, une activité physique régulière, en maintenant une fonction musculaire optimale, permet d'améliorer la sensibilité à l'insuline et par là même d'assurer un niveau stable au taux de glucose sanguin. Par exemple, une étude réalisée auprès de personnes prédiabétiques, présentant entre autres une hyperglycémie à jeun (supérieure à 1,1 g de glucose par litre) ainsi qu'une tension artérielle trop élevée, a montré que l'activité physique régulière (150 minutes par semaine) sur une période de trois ans réduisait considérablement la glycémie, et ce, de façon plus prononcée que si elles avaient eu recours à une molécule très utilisée pour réduire le taux de glucose sanguin (la metformine) (Figure 9). Cela dit, cette activité ne réduit pas seulement la glycémie, l'exercice régulier entraîne également une amélioration notable de la tension artérielle, un effet extrêmement positif pour la prévention des maladies cardiovasculaires qui n'est pas observé lors du traitement associant les médicaments hypoglycémiants. En d'autres mots, même si les molécules comme la metformine représentent de précieux alliés pour combattre les désordres responsables de maladies comme le diabète de type 2, il ne faut surtout pas sous-estimer l'effet extraordinaire de certaines modifications du mode de vie, comme l'activité physique, sur plusieurs processus induits par ces maladies.

L'ajout d'un peu de piquant à l'alimentation !

Aussi incroyable que cela puisse paraître, certaines épices peuvent jouer un rôle important dans la prévention du diabète de type 2. La mieux caractérisée est sans doute la cannelle, une substance aromatique qui améliore la tolérance au glucose et qui possède également la capacité d'interférer avec la formation de produits de glycation qui endommagent la paroi des vaisseaux sanguins. Cette propriété semble être largement répandue dans le règne végétal car des épices et aromates comme la tout-épice de Jamaïque, le poivre noir, le thym ainsi que plusieurs autres herbes possèdent eux aussi la capacité de bloquer la réaction de glycation. Le curcuma semble également pouvoir réduire les niveaux de glucose sanguin, et cette propriété est d'ailleurs utilisée dans la médecine traditionnelle indienne (Ayurvéda). Sans compter que la puissante activité anti-inflammatoire du curcuma en fait une arme préventive très intéressante pour atténuer les dommages causés par le surplus de sucre sur le système cardiovasculaire. Les épices n'ont vraiment pas fini de nous surprendre !

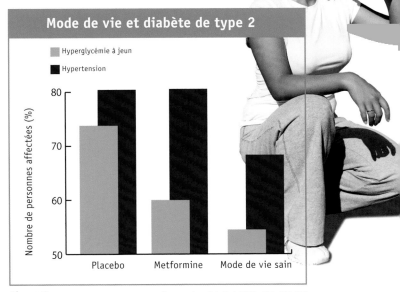

Mode de vie et diabète de type 2

■ Hyperglycémie à jeun
■ Hypertension

Nombre de personnes affectées (%)

Placebo · Metformine · Mode de vie sain

Figure 9

Source : *Ann. Int. Med.* 2005 ; 142 : 611-619

Glucides : mode d'emploi

Il est facile d'éviter les surcharges de sucre sanguin en modifiant simplement certaines (mauvaises) habitudes alimentaires.

Boire de l'eau plutôt que des boissons sucrées et surtout éviter autant que possible les boissons gazeuses qui contiennent des quantités considérables de sucre. Plusieurs études récentes indiquent que leur consommation joue un rôle capital dans l'épidémie d'obésité qui touche actuellement la population. La plus grande méfiance est de rigueur également envers les multiples boissons « énergisantes » qui inondent le marché. L'industrie cible les adolescents et les jeunes adultes, qui ignorent les conséquences néfastes de ces produits. Ce ne sont rien d'autre que des boissons sucrées contenant une quantité astronomique de caféine (près de 100 mg par cannette), équivalente à celle d'un double expresso bien serré. Ces boissons, qui n'ont rien d'énergisant, sont donc plutôt des excitants !

Prêter une attention particulière aux céréales du petit déjeuner. La plupart des céréales contiennent beaucoup trop de sucres simples et pas assez de sucres complexes sous forme de fibres. Idéalement, une bonne céréale devrait contenir un minimum de 2 g de fibres par portion.

Éviter de consommer trop souvent des produits faits à partir de céréales raffinées, comme celles qui sont utilisées pour la fabrication du pain blanc ou d'autres produits de la malbouffe : ces amidons augmentent rapidement le taux de sucre dans le sang et induisent une production importante d'insuline. Un nombre croissant de produits de qualité, fabriqués à partir de grains entiers, sont disponibles en épicerie. Les légumineuses, encore largement méconnues, constituent une solution de remplacement idéale, autant pour leur contenu en glucides complexes que pour leur richesse en nutriments essentiels.

Écarter les produits « diète » ! La consommation régulière d'aliments « diètes » ou dits « allégés » sucrés artificiellement à l'aide d'édulcorants comme l'aspartame ou le sucralose ne change rien à nos habitudes ; bien au contraire, des études montrent que l'absorption régulière de tels produits stimule l'appétit et peut même entraîner une augmentation de poids ! D'ailleurs, des études récentes indiquent que la consommation de boissons gazeuses diètes augmenterait le risque de syndrome métabolique de la même façon que les versions sucrées de ces produits. Sans compter que notre dent sucrée nous entraîne également à rejeter certains aliments plus amers (par exemple les légumes verts et le thé vert) qui, eux, présentent des bénéfices santé importants.

En résumé

• L'hyperglycémie qui mène au développement du diabète de type 2 est causée par une incapacité des tissus à répondre adéquatement à l'insuline, ce qui réduit du même coup l'assimilation du sucre présent dans le sang.

• L'embonpoint et l'obésité représentent les principaux facteurs de risque de diabète de type 2, un effet lié à la toxicité des gras présents en excès, de même qu'à la production de molécules inflammatoires qui interfèrent avec le bon fonctionnement du pancréas.

• Le contrôle du poids, combiné à une activité physique régulière et à une alimentation riche en végétaux, comme les grains entiers, pourrait prévenir près de 90 % des cas de diabète de type 2.

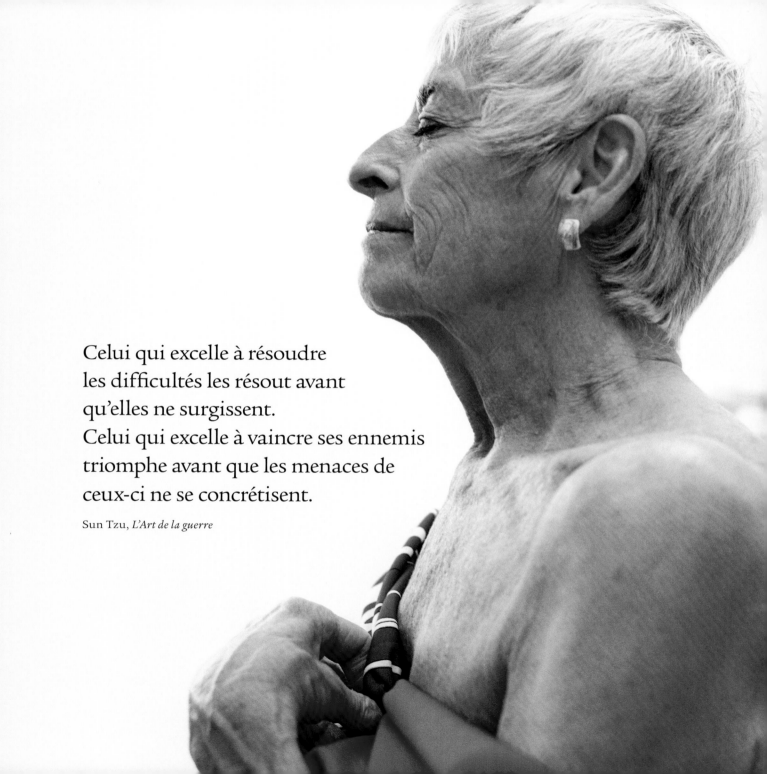

Celui qui excelle à résoudre
les difficultés les résout avant
qu'elles ne surgissent.
Celui qui excelle à vaincre ses ennemis
triomphe avant que les menaces de
ceux-ci ne se concrétisent.

Sun Tzu, *L'Art de la guerre*

Chapitre 7

Le cancer : apprivoiser cet ennemi qui dort en nous

Selon l'Organisation mondiale de la santé, 25 millions de personnes dans le monde vivent actuellement avec un cancer, auxquelles viennent s'ajouter les 11 millions de nouveaux cas qui sont diagnostiqués chaque année. Cette situation est d'autant plus alarmante qu'avec 7 millions de décès chaque année, le cancer est responsable à lui seul de 12,5 % de toutes les morts enregistrées dans le monde, soit une mortalité plus importante que celle qui est associée à la fois au sida, à la tuberculose et à la malaria. Véritable fléau des temps modernes, le cancer est devenu une des maladies qui suscite le plus d'inquiétude dans la population, autant pour ses conséquences dramatiques sur l'espérance de vie que pour la lente et inexorable dégradation de la qualité de vie qui lui est associée, pleine de souffrances, tant physiques que psychologiques.

Mais au-delà de l'incroyable potentiel destructeur de cette maladie, une large part de notre peur du cancer provient de notre incompréhension des facteurs responsables de son développement. Alors que la plupart des gens admettent que les maladies cardiovasculaires ou encore le diabète de type 2 sont des conséquences directes de mauvaises habitudes de vie, le cancer est encore très souvent perçu sous l'angle de la fatalité, une calamité qui frappe indistinctement et contre laquelle nous ne pouvons rien faire, sinon espérer qu'elle nous épargnera. Ce sentiment d'impuissance est démoralisant car il ne fait qu'entretenir la peur et le désespoir, sans rien apporter de bénéfique dans notre combat contre cette maladie.

Il faut absolument remettre en question cette fausse perception : aussi redoutable soit-il, le cancer demeure néanmoins une maladie chronique comme les autres, c'est-à-dire un ennemi qui requiert des conditions bien particulières pour exprimer son potentiel destructeur et qu'il est très souvent possible de maintenir dans un état latent et inoffensif en adoptant de bonnes habitudes de vie. Et, comme pour les autres maladies, le meilleur moyen de parvenir à prévenir le cancer est de comprendre les mécanismes impliqués dans son développement.

Des erreurs potentiellement coûteuses

Tous les cancers sont causés par des erreurs qui surviennent dans nos gènes, ces petites régions de notre matériel génétique (ADN) qui servent à la fabrication des protéines indispensables au bon fonctionnement des cellules (Figure 1). Lorsque certains de ces gènes contiennent de telles erreurs, qu'on appelle mutations, il y a alors altération de la fonction normale des cellules et mise en branle d'une cascade d'événements fort complexes qui peuvent mener à la croissance incontrôlée de ces cellules anormales et, finalement, à la formation d'une masse cancéreuse (voir encadré, p. 149).

La principale source de ces mutations génétiques provient du renouvellement de nos cellules, un phénomène appelé division cellulaire. Au cours de ce processus, les quelque 3 milliards de constituants de notre ADN doivent être copiés intégralement, chacune de ces copies étant trans-

mise à la nouvelle génération de cellules filles de façon à ce qu'elles puissent accomplir exactement les mêmes fonctions que la cellule parentale dont elles sont issues.

À l'échelle de la vie humaine, ces divisions se produisent à un rythme effréné et atteignent des proportions absolument gigantesques (Figure 2): ainsi, on estime que nos cellules se divisent environ un trilliard de fois (c'est-à-dire 1 000 milliards de milliards) au cours de notre existence, un nombre qui correspond en gros à la quantité de grains de sable contenus dans l'ensemble des plages du monde entier ! Même si ce processus est extrêmement fiable et régi par un contrôle de qualité hors pair, l'ampleur de la tâche est telle qu'il est impossible d'éviter que des erreurs ne surviennent.

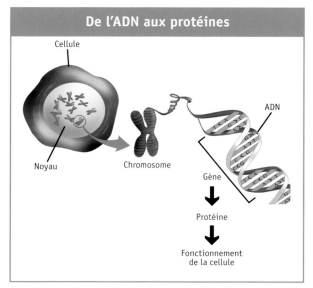

Figure 1   Source: www.bbc.co.uk

Qu'est-ce que le cancer?

Le cancer est une maladie d'une incroyable complexité au cours de laquelle des cellules anormales, contenant une mutation de leur matériel génétique, acquièrent progressivement la capacité de croître indéfiniment et d'envahir les tissus de l'organisme. À de très rares exceptions près, la mutation initiale, qu'elle soit d'origine héréditaire, liée au mode de vie (tabagisme) ou encore apparue de façon aléatoire (division cellulaire) n'est pas suffisante pour provoquer à elle seule la formation d'un cancer mature. Pour y parvenir, ces cellules mutantes précancéreuses doivent absolument pouvoir compter sur la présence de nombreuses mutations supplémentaires qui, collectivement, leur permettront d'acquérir un certain nombre de caractéristiques essentielles destinées à contourner les défenses naturelles du corps humain. L'acquisition de toutes ces propriétés représente cependant un défi considérable pour les cellules précancéreuses, ainsi la plupart des cancers mettent plusieurs années, voire plusieurs décennies, avant d'atteindre un stade avancé, détectable cliniquement (Figure 3). Par exemple, une période de vingt ans peut être nécessaire à l'apparition de lésions précancéreuses au niveau du côlon (adénome) ou de la prostate (néoplasie intra-épithéliale), et il faut compter de dix à quinze ans supplémentaires pour que ces lésions deviennent un cancer mature.

Cette longue période de latence est due à la résistance de l'environnement dans lequel se trouvent les cellules précancéreuses, qui, en conditions normales, est extrêmement réfractaire à leur progression et tue dans l'œuf toutes leurs tentatives d'acquérir les mutations supplémentaires nécessaires à leur progression. Cependant, lorsque l'équilibre de cet environnement est altéré, ces restrictions sont levées, et les cellules cancéreuses ont le champ libre pour pouvoir exprimer leur plein potentiel. En d'autres mots, le développement du cancer n'est pas la conséquence seulement de mutations génétiques qui se produisent au sein même des cellules précancéreuses, mais également des facteurs de l'environnement cellulaire qui rendent ces changements possibles.

Parmi les facteurs impliqués, l'inflammation joue sans contredit un rôle déterminant dans la création d'un climat qui encourage l'apparition des mutations et la progression des cellules cancéreuses. Loin d'être un cas isolé, on estime qu'à l'échelle mondiale un cancer sur six est directement causé par des conditions chroniques d'inflammation. Les données récentes indiquent que cet impact négatif de l'inflammation est dû aux effets catastrophiques des radicaux libres sur le matériel génétique des cellules précancéreuses, en accélérant considérablement l'apparition de mutations qui procurent un avantage de croissance à ces cellules et mènent à leur progression en cancer.

Figure 2

Même si celles-ci sont rares, les quelque 100 milliards de nouvelles cellules produites quotidiennement par le processus de division cellulaire génèrent cependant environ 1 million de cellules anormales par jour, soit près de 25 milliards au cours d'une existence de soixante-dix ans ! Il va de soi que l'accumulation de ces cellules altérées augmente graduellement le risque de développer un cancer à mesure que nous vieillissons ; ainsi, la probabilité d'être diagnostiqué avec un cancer à 70 ans est environ cent fois plus grande qu'à 20 ans (Figure 4).

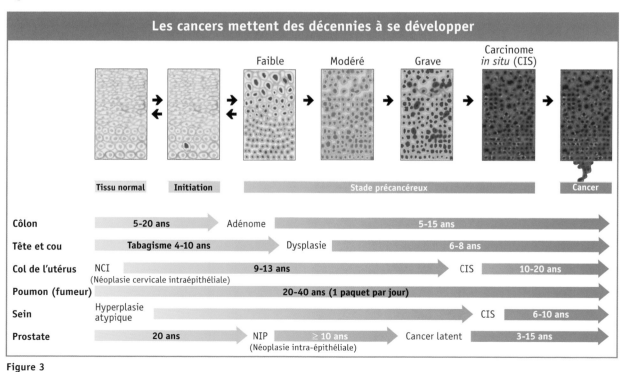

Les cancers mettent des décennies à se développer

			Faible	Modéré	Grave	Carcinome *in situ* (CIS)	
	Tissu normal	Initiation		Stade précancéreux			Cancer
Côlon	5-20 ans		Adénome	5-15 ans			
Tête et cou	Tabagisme 4-10 ans		Dysplasie	6-8 ans			
Col de l'utérus	NCI (Néoplasie cervicale intraépithéliale)	9-13 ans			CIS	10-20 ans	
Poumon (fumeur)	20-40 ans (1 paquet par jour)						
Sein	Hyperplasie atypique				CIS	6-10 ans	
Prostate	20 ans		NIP (Néoplasie intra-épithéliale)	≥ 10 ans	Cancer latent	3-15 ans	

Figure 3

Une maladie liée au mode de vie

Il est important de comprendre que si les cellules mutantes qui s'accumulent avec l'âge représentent un danger réel de cancer, ces cellules ne sont pas encore cancéreuses ; elles ont seulement le potentiel de le devenir si elles peuvent profiter de conditions favorables à leur développement.

De tous les facteurs qui contribuent à favoriser la progression des cellules précancéreuses en un cancer mature, détectable cliniquement, aucun ne joue un rôle aussi important que les habitudes de vie. Le premier indice de cette énorme influence du mode de vie sur le risque de cancer provient des observations du Britan-

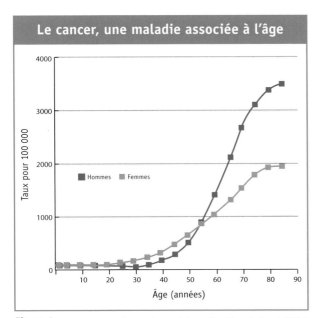

Le cancer, une maladie associée à l'âge

■ Hommes ■ Femmes

Taux pour 100 000

Âge (années)

Figure 4   Source : Agence de la santé publique du Canada (2004)

nique Percivall Pott, qui, en 1775, démontra que l'épidémie de cancer du scrotum qui touchait les petits ramoneurs de Grande-Bretagne était due aux conditions de travail épouvantables de ces enfants (Figure 5). En effet, les ramoneurs commençaient à travailler vers l'âge de 5 ans, devaient se faufiler à travers d'étroits conduits de cheminées encore brûlants et avaient en permanence la peau imprégnée de résidus de combustion de houille. En particulier, le frottement sur le scrotum de la corde imprégnée de suie qui servait à descendre dans les conduits provoquait l'accumulation de particules toxiques au niveau de la peau plissée de cet organe. L'exposition quotidienne à ces particules, combinée à des conditions d'hygiène déplorables, avait pour résultat le cancer, qui apparaissait généralement dès la fin de leur activité professionnelle, vers l'âge de 30 ans. La recommandation de la Guilde des ramoneurs fut de prendre un bain quotidien, plutôt qu'annuel, ce qui était la norme de l'époque. Cette simple mesure réussit à enrayer ce type de cancer.

Si de telles conditions sont fort heureusement inimaginables aujourd'hui, il n'en demeure pas moins que d'autres aspects de notre mode de vie actuel exercent une influence déterminante sur le risque de cancer. Le meilleur exemple est sans doute le tabagisme, qui est non seulement la principale cause de cancer du poumon (80 % des cas), mais également un facteur important de mortalité causée par au moins treize autres types de cancers, en particulier ceux qui touchent certains organes de la gorge et du cou (larynx,

La première étude de prévention du cancer

1775, une épidémie de cancer du scrotum frappe les jeunes ramoneurs de cheminée, en Europe.

Cause : les hydrocarbures aromatiques polycycliques dans la suie des cheminées

Mesure préventive : bain quotidien

Figure 5

oropharynx, œsopharynx), de la vessie, du rein et du pancréas (Figure 6). Globalement, le tabagisme (30 %) ainsi que les facteurs associés à l'hygiène de vie – l'alimentation, l'obésité et l'inactivité physique (35 %) – sont directement responsables des deux tiers des cas de cancer, loin devant les facteurs transmis par l'hérédité (15 %), les infections (10 %) ainsi que plusieurs autres facteurs comme l'exposition excessive aux rayons UV (2 %) ou encore la pollution (2 %) (Figure 7). Le cancer n'est donc pas une maladie qui est principalement d'origine héréditaire, comme on le croit encore trop souvent (voir encadré, p. 156), mais bien une pathologie étroitement liée à nos habitudes.

L'influence du mode de vie sur le développement du cancer est bien illustrée par les énormes différences qui existent sur l'incidence de plu-

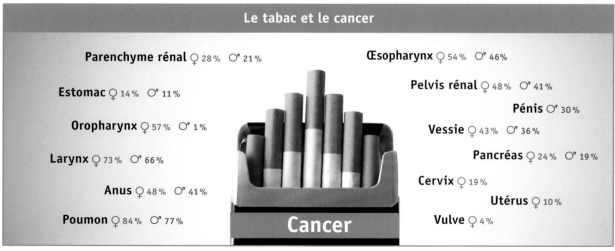

Le tabac et le cancer

Parenchyme rénal ♀ 28 % ♂ 21 %

Estomac ♀ 14 % ♂ 11 %

Oropharynx ♀ 57 % ♂ 1 %

Larynx ♀ 73 % ♂ 66 %

Anus ♀ 48 % ♂ 41 %

Poumon ♀ 84 % ♂ 77 %

Œsopharynx ♀ 54 % ♂ 46 %

Pelvis rénal ♀ 48 % ♂ 41 %

Pénis ♂ 30 %

Vessie ♀ 43 % ♂ 36 %

Pancréas ♀ 24 % ♂ 19 %

Cervix ♀ 19 %

Utérus ♀ 10 %

Vulve ♀ 4 %

Cancer

Figure 6

Source : *Pharm. Res.* 2008 ; 25 : 2097-2116

sieurs types de cancers dans différentes régions du monde (Figure 8). Par exemple, alors que le cancer de l'estomac est relativement rare en Amérique du Nord, cette maladie est très fréquente en Asie, où elle constitue l'un des principaux types de cancers qui touchent la population. À l'inverse, certains cancers très répandus en Occident, notamment ceux du sein et de la prostate, sont beaucoup plus rares en Orient ou en Afrique. L'ampleur de ces différences est impressionnante : ainsi, les femmes nord-américaines sont cinq fois plus touchées par le cancer du sein que leurs consœurs chinoises (Figure 9), alors que, chez les hommes, cette différence peut même atteindre cinquante fois pour le cancer de la prostate (Figure 10). Comme nous l'avons mentionné en introduction, ces variations ne sont pas dues à des prédispositions génétiques différentes, car les habitants d'Asie qui migrent en Amérique voient l'incidence de ces cancers devenir identique à celle des habitants de leur pays d'accueil. Il n'y a donc aucun doute que les habitudes de vie jouent un rôle prédominant dans le risque d'être touché par le cancer.

Les causes du cancer : le rôle de l'hygiène de vie

Le deuxième rapport issu de la collaboration du Fonds mondial de recherche contre le cancer et de l'American Institute for Cancer Research, publié à l'automne 2007, constitue sans contredit la meilleure synthèse réalisée à ce jour sur l'influence du mode de vie sur le risque de cancer. Pendant une période de cinq ans, plusieurs centaines de scientifiques ont examiné en détail les résultats de plus de 500 000 études portant sur le lien entre certaines habitudes de vie, en particulier l'alimentation et l'activité physique, et le risque de développer plusieurs types de cancers (Figure 11). L'évaluation rigoureuse de ces résultats par un comité constitué de vingt et un experts de renommée internationale a par la suite permis d'identifier les principaux facteurs de risque de cancer ainsi que les modifications des habitudes de vie qui sont les plus susceptibles de provoquer une diminution significative de l'incidence de cette maladie. Ce rapport doit donc être considéré comme un véritable ouvrage de

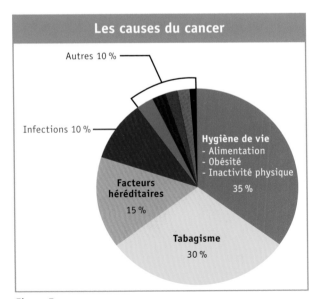

Figure 7

référence, et ses dix recommandations, comme une source d'inspiration exceptionnelle visant à l'amélioration de la santé de la population[1] (Figure 12). Il est particulièrement intéressant pour les survivants du cancer, car il énonce pour la première fois la mise en pratique de moyens concrets ayant pour but de minimiser les risques de récidive.

Parmi ces recommandations, deux aspects associés aux habitudes alimentaires actuelles sont particulièrement importants pour la prévention du cancer: le maintien d'un poids corporel santé et la consommation de produits végétaux au détriment des produits industriels, en particulier ceux qui sont issus de la malbouffe. En effet, comme nous l'avons vu dans les chapitres précé-

1. Le rapport du FMRC intitulé *Food, Nutrition, Physical Activity and the Prevention of Cancer: a Global Perspective* peut être consulté au: http://www.dietandcancerreport.org

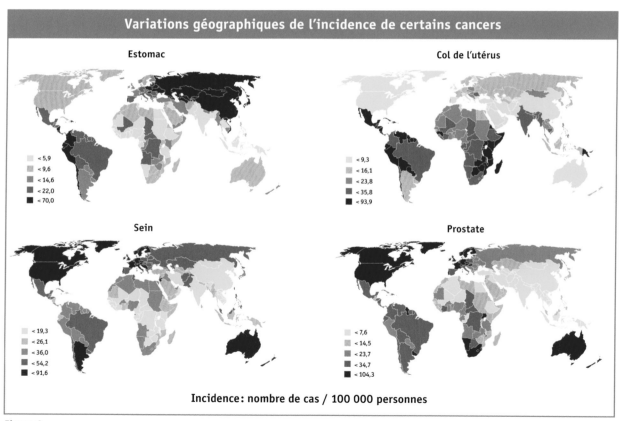

Figure 8

Source: *Nature Reviews Cancer* 2004; 4: 909-917

dents, le surpoids et l'obésité qui sont associés à l'excédent de calories créent un environnement inflammatoire à l'intérieur de notre corps qui, s'il est combiné à une carence en végétaux, favorise l'apparition d'un climat propice à la progression du cancer (Figure 13).

Cette inflammation est très dangereuse car elle soumet les cellules à un stress oxydatif intense, un véritable bombardement de radicaux libres qui attaque sans relâche plusieurs constituants cellulaires absolument essentiels au fonctionnement normal des cellules. Un tel climat inflammatoire est particulièrement dévastateur lorsqu'il provoque l'apparition de mutations génétiques au niveau des cellules souches cancéreuses, une classe de cellules cancéreuses qui joue un rôle

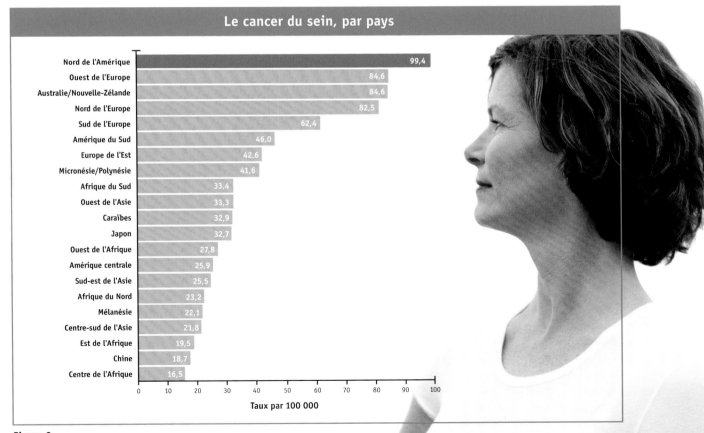

Le cancer du sein, par pays

Région	Taux par 100 000
Nord de l'Amérique	99,4
Ouest de l'Europe	84,6
Australie/Nouvelle-Zélande	84,6
Nord de l'Europe	82,5
Sud de l'Europe	62,4
Amérique du Sud	46,0
Europe de l'Est	42,6
Micronésie/Polynésie	41,6
Afrique du Sud	33,4
Ouest de l'Asie	33,3
Caraïbes	32,9
Japon	32,7
Ouest de l'Afrique	27,8
Amérique centrale	25,9
Sud-est de l'Asie	25,5
Afrique du Nord	23,2
Mélanésie	22,1
Centre-sud de l'Asie	21,8
Est de l'Afrique	19,5
Chine	18,7
Centre de l'Afrique	16,5

Taux par 100 000

Figure 9

Un bémol sur l'hérédité

La faible contribution de l'hérédité au développement du cancer est bien illustrée par une étude portant sur 45 000 paires de jumeaux identiques et non identiques. Si le risque de cancer était dû à des gènes transmis par l'hérédité, les jumeaux identiques possédant les mêmes gènes seraient beaucoup plus susceptibles d'être touchés par la maladie que les jumeaux non identiques. Ce n'est pas ce qui a été observé : lorsqu'un des jumeaux était atteint d'un cancer au cours de l'étude, moins de 15 % des jumeaux identiques développaient le même cancer. De la même façon, le développement simultané de leucémies chez les jumeaux identiques est un phénomène relativement rare : en dépit de la présence des mêmes anomalies génétiques chez les deux enfants, seulement 5 % des paires de jumeaux sont touchées au même moment par la maladie. Autrement dit, même s'il existe une certaine proportion de cancers transmissibles par l'hérédité, ce sont surtout des facteurs non héréditaires qui exercent une influence marquante sur l'apparition de la maladie.

On a également observé chez les enfants adoptés que ceux dont les parents adoptifs sont décédés prématurément du cancer ont cinq fois plus de risque de mourir à leur tour des suites d'un cancer, alors que les enfants dont les parents biologiques sont décédés prématurément de cette maladie n'ont pas de risque accru de cancer ! En d'autres mots, les habitudes qui ont été acquises par la vie en commun avec les parents adoptifs (alimentation, exercice physique, tabagisme) ont une influence beaucoup plus grande sur le risque de cancer que les gènes hérités des parents biologiques de ces enfants.

Même dans les cas où certains gènes défectueux sont transmis par l'hérédité, il semble que le risque de cancer puisse être grandement influencé par le mode de vie. Par exemple, les femmes porteuses de rares versions défectueuses des gènes BRCA1 et BRCA2 ont un risque de cancer du sein de huit à dix fois supérieur à celui de la population générale et de quarante fois supérieur pour le cancer de l'ovaire. Cependant, le risque de développer un cancer du sein précoce (avant l'âge de 50 ans) chez les femmes porteuses de ces gènes défectueux a triplé entre celles qui sont nées avant 1940 et celles qui sont nées après 1940, passant de 24 % à 67 %. Il est probable que les modifications importantes du mode de vie qui sont survenues depuis la Seconde Guerre mondiale (diminution de l'activité physique, industrialisation de la nourriture, augmentation de l'obésité) jouent un rôle dans cette hausse du risque.

L'ensemble de ces observations indique que les habitudes de vie ont un rôle prédominant dans le risque de cancer, beaucoup plus important que les facteurs transmissibles par l'hérédité, et que le risque de cancer peut être grandement atténué en adoptant de bonnes habitudes, notamment en termes d'alimentation et d'exercice physique régulier.

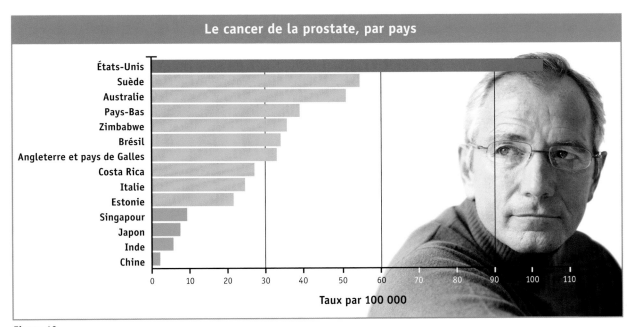

Le cancer de la prostate, par pays

États-Unis
Suède
Australie
Pays-Bas
Zimbabwe
Brésil
Angleterre et pays de Galles
Costa Rica
Italie
Estonie
Singapour
Japon
Inde
Chine

0 10 20 30 40 50 60 70 80 90 100 110

Taux par 100 000

Figure 10

extrêmement important dans l'apparition de plusieurs types de cancer et constitue l'un des principaux facteurs impliqués dans la récidive de ces maladies (voir encadré, p. 161).

L'obésité – L'embonpoint et l'obésité constituent des facteurs de risque de cancer extrêmement importants, et le maintien d'un poids corporel santé doit être une cible prioritaire de toute approche préventive. En pratique, avec la diminution constante du tabagisme dans la population et l'augmentation inverse des personnes obèses ou en surpoids, le risque de cancer associé à l'obésité se rapproche de plus en plus de celui qui est

Rapport 2007 du Fonds mondial de recherche contre le cancer

La plus grande étude jamais réalisée sur le lien entre les habitudes de vie et le cancer : *Foods, Nutrition, Physical Exercise and the Prevention of Cancer: a Global Perspective*

· **500 000** études évaluées

· **5 ans** de travail

· Évaluation des facteurs de risques pour
  17 types de cancer

10 recommandations faites par **21 experts émérites**, en collaboration avec **234 oncologues et scientifiques**

Figure 11   Source: www.dietandcancerreport.org

Recommandations du FMRC

1   Demeurer aussi mince que possible, avec un IMC entre 21 et 23.

2   Être actif physiquement au moins 30 minutes par jour.

3   Éviter les boissons gazeuses et réduire au minimum la consommation d'aliments très riches en énergie.

4   Consommer en abondance une grande variété de fruits, de légumes, de légumineuses ainsi que d'aliments à base de grains entiers.

5   Réduire la consommation de viandes rouges (bœuf, agneau, porc) à environ 500 g par semaine.

6   Limiter la consommation quotidienne d'alcool à deux verres pour les hommes et à un verre pour les femmes.

7   Limiter la consommation de produits conservés dans du sel.

8   Ne pas utiliser de suppléments pour prévenir le cancer.

9   Les mères devraient allaiter leurs enfants pendant une période de 6 mois.

10   Les survivants du cancer devraient suivre les recommandations énoncées ci-dessus.

Figure 12

associé au tabagisme et le dépassera même probablement dans un avenir proche.

Le surplus de gras est lié à une hausse importante du risque d'être touché par au moins sept types de cancer : œsophage, pancréas, côlon, sein (femmes ménopausées), endomètre (muqueuse de l'utérus), rein et vésicule biliaire. Si cette augmentation est particulièrement prononcée pour les personnes obèses (IMC supérieur à 30), elle est néanmoins aussi observée chez les personnes qui font de l'embonpoint (IMC situé entre 25 et 30). Il est donc important de demeurer le plus mince possible, avec un indice de masse corporelle situé aux environs de 23, et d'éviter autant que possible d'accumuler les kilos en vieillissant. Par exemple, une analyse récente de différentes études regroupant un total de 282 137 patients a révélé qu'une aug-

mentation de l'IMC de 23 à 28 – ce qui équivaut environ à un gain de 15 kg pour un homme et de 13 kg pour une femme – se traduit par une hausse importante du risque de plusieurs types de cancers (Figure 14). Ces observations sont en accord avec la hausse fulgurante du nombre de certains cancers, qui coïncide avec l'augmentation de la proportion d'obèses dans la population. Par exemple, l'incidence d'adénocarcinomes œsophagiens (forme la plus répandue de cancer de l'œsophage) causés par les reflux gastriques qui sont très souvent liés à l'obésité a augmenté de 450 % dans les trente dernières années, ce qui en fait le cancer ayant la progression la plus foudroyante en Amérique.

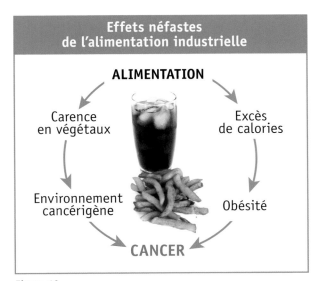

Figure 13

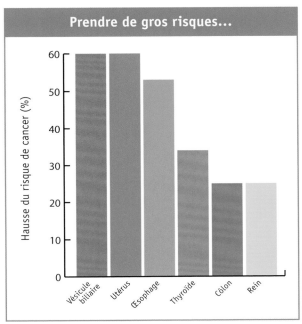

Figure 14   Source : *Lancet* 2008 ; 371 : 569-578

Comme pour les maladies cardiovasculaires et le diabète de type 2, l'impact négatif de l'obésité provient encore une fois des énormes déséquilibres métaboliques provoqués par l'excès de masse adipeuse (Figure 15). L'hypertrophie des cellules adipeuses entraîne la relâche de grandes quantités de gras et de molécules inflammatoires dans la circulation sanguine, ce qui provoque l'apparition d'une résistance à l'insuline (voir chapitre 6) et une production accrue de radicaux libres. Ces dérèglements coopèrent pour modifier en profondeur l'environnement des cellules précancéreuses et ainsi créer des conditions propices à l'apparition de mutations génétiques

indispensables à leur progression en cancer mature. En particulier, les niveaux élevés d'insuline peuvent stimuler la croissance des cellules en interagissant directement avec des protéines à la surface de ces cellules, ou encore indirectement, en augmentant les niveaux d'autres protéines (comme l'IGF) qui sont de puissants stimulateurs de la croissance cellulaire. Lorsqu'elle est combinée avec des niveaux élevés de radicaux

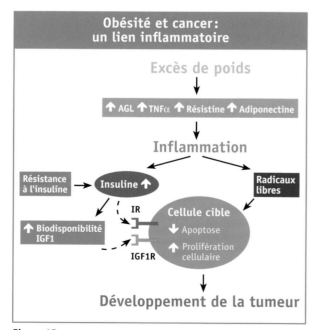

Figure 15   Source : *Nature Reviews Cancer* 2004; 4: 579-591

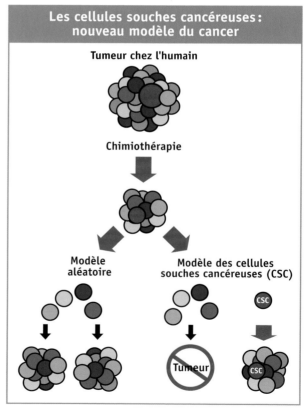

Figure 16

libres produits par les conditions inflammatoires qui règnent aux environs des cellules, la présence de cet excès d'insuline et d'IGF crée des conditions explosives qui ne peuvent que favoriser le développement du cancer.

La carence en fruits et légumes – Plusieurs études prospectives réalisées chez l'humain, dans lesquelles les chercheurs ont examiné les habitudes alimentaires de milliers de personnes pendant cinq à dix ans, ont montré que les individus qui

La racine du mal :
les cellules souches cancéreuses

« Votre cancer est revenu. » Des mots terribles qu'entendent trop souvent les patients qui ont eu à combattre un cancer. Il s'agit généralement d'une bien mauvaise nouvelle, non seulement parce qu'elle signifie que ces personnes vont devoir à nouveau faire face à la maladie, mais surtout parce que les cancers qui refont surface quelques mois ou quelques années après les traitements sont encore plus dangereux que les cancers initiaux. Tellement dangereux, en fait, que les récidives sont les grandes responsables de la majorité des décès occasionnés par le cancer.

Jusqu'à tout récemment, on croyait que ces récidives étaient dues à la présence de cellules cancéreuses ayant survécu à la chimiothérapie ou à la radiothérapie, chacune de ces cellules ayant la capacité de reformer une masse cancéreuse (modèle aléatoire) (Figure 16). Cependant, on pense aujourd'hui que la réapparition du cancer est plutôt due à la présence de cellules souches cancéreuses, une sous-population de cellules qui ne représentent qu'une faible proportion de la masse tumorale

mais qui sont très résistantes aux médicaments et sont capables de régénérer la masse tumorale en donnant naissance à un éventail de cellules cancéreuses très agressives. En conséquence, même si les médicaments anticancéreux parviennent à éliminer la quasi-totalité des cellules cancéreuses présentes dans la masse tumorale, il suffit qu'une seule cellule souche cancéreuse parvienne à échapper aux effets de ces médicaments pour provoquer une récidive.

On peut donc comparer les cellules souches cancéreuses aux mauvaises herbes qui tentent continuellement d'envahir nos jardins et nos pelouses. On a beau couper le gazon le plus court possible pour éliminer toute trace de pissenlits ou autres indésirables, tout est à recommencer quelques jours plus tard ! Le seul moyen vraiment efficace de se débarrasser d'une mauvaise herbe est de la déraciner, c'est-à-dire d'éliminer ce qui lui est absolument essentiel pour croître. Les plus récents développements de la recherche suggèrent qu'une façon efficace de détruire les cellules souches cancéreuses est de cibler l'environnement dans lequel elles vivent, notamment en empêchant la création d'un climat susceptible de procurer à ces cellules les conditions pour croître.

consomment de grandes quantités de certains types de végétaux ont un risque beaucoup plus faible d'être touchés par une panoplie de cancers (Figure 17). Dans cette figure, chaque ligne correspond à une étude différente, avec des populations distinctes. La consommation qui y est indiquée est celle qui correspond à une consommation normale, soit une moyenne de trois à sept fois par semaine pour chaque produit. Les résultats de ces études sont tout simplement spectaculaires : par exemple, le simple fait de consommer des légumes crucifères au moins trois fois par semaine provoque une réduction de moitié du risque de développer des cancers de la vessie ou de la prostate ! Puisque les études prospectives constituent le meilleur moyen de déterminer l'impact de l'alimentation sur le risque de cancer, ces observations indiquent que la carence en végétaux joue un rôle crucial dans le développement de cette maladie.

Cet effet protecteur des végétaux est dû à leur contenu exceptionnel en composés phytochimiques, une classe de molécules synthétisées par les plantes afin de se protéger des agresseurs et autres conditions hostiles présentes dans leur environnement (Figure 18). C'est d'ailleurs pour cette raison que ces composés sont souvent présents en grandes quantités dans des parties les plus susceptibles d'être attaquées par les agresseurs, notamment les fruits et les racines (voir encadré, p. 164). Ce contenu élevé des végétaux en composés phytochimiques n'a rien d'abstrait ou de théorique : plus de la moitié des médicaments de chimiothérapie utilisés aujourd'hui et qui permettent de sauver

(suite p. 165)

Dialogue végétal

L'incroyable capacité des plantes à se défendre contre leurs agresseurs est magnifiquement illustrée par la stratégie utilisée par l'acacia. Lorsque la girafe – qui est particulièrement friande des feuilles de cet arbre – agresse l'acacia en broutant ses feuilles, l'arbre réagit rapidement en produisant un gaz, l'éthylène, qui se diffuse dans les environs et atteint les acacias situés dans un voisinage de 50 m. Au contact de ce gaz, les arbres modifient leur métabolisme et fabriquent des tannins, une classe de molécules particulièrement astringentes qui créent un assèchement de la bouche fort désagréable pour l'animal et le découragent de poursuivre trop longtemps son repas. Ce « langage chimique », en jouant le rôle d'avertisseur, empêche l'animal de dévaster le feuillage de l'arbre et permet ainsi d'assurer la survie de l'espèce (Figure 19).

Une tactique similaire est utilisée par certains végétaux en réponse aux dommages causés par des insectes herbivores comme le criquet américain (*Schistocerca americana*). Au cours de leur « repas », ces insectes sécrètent une classe de molécules, les caeliférines, qui sont rapidement reconnues par la plante comme un signal associé à la présence d'un ennemi. Les plantes émettent alors un mélange très complexe de molécules odorantes qui attire les ennemis naturels des criquets et leur permet ainsi de se débarrasser de leurs agresseurs.

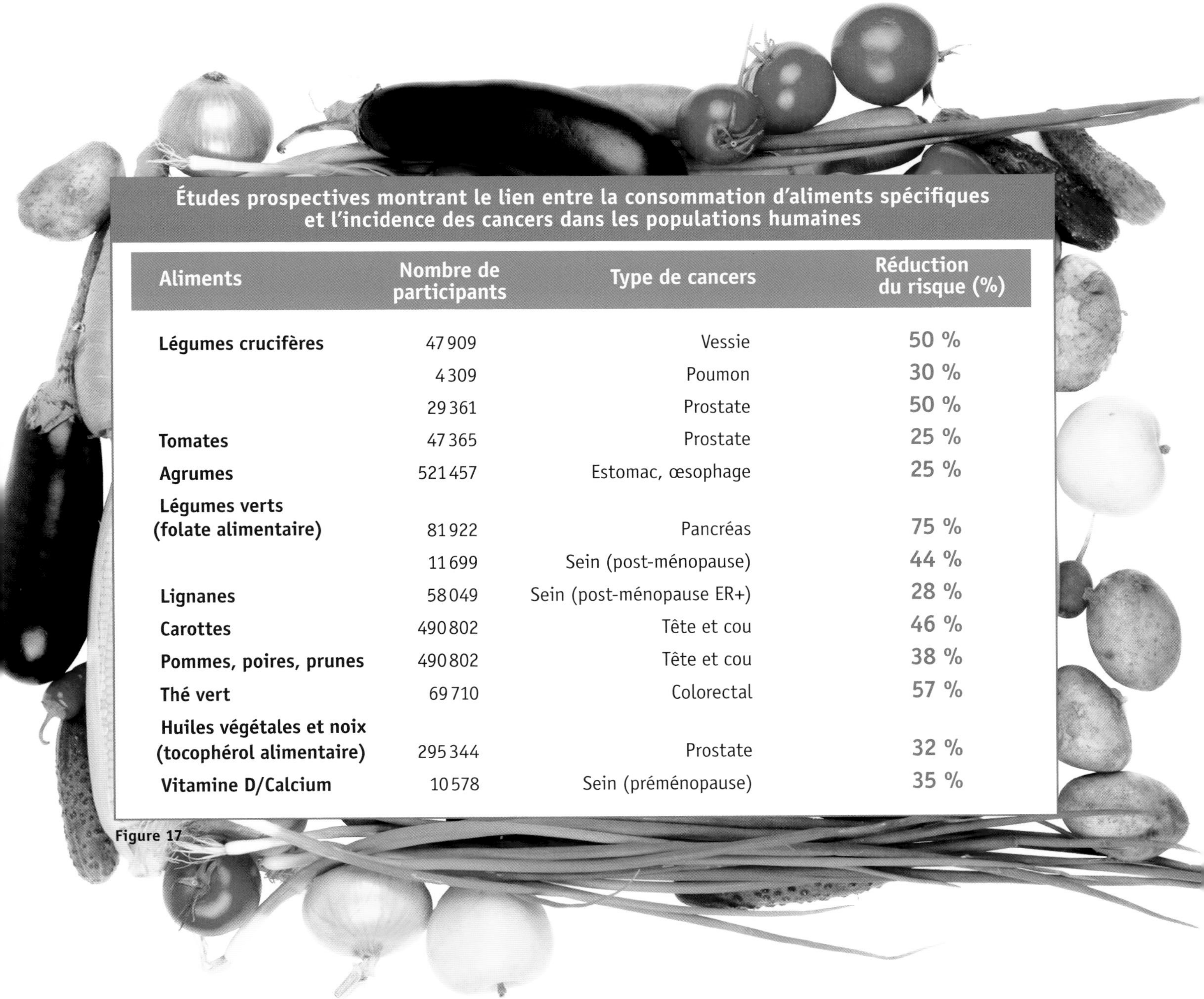

Études prospectives montrant le lien entre la consommation d'aliments spécifiques et l'incidence des cancers dans les populations humaines

Aliments	Nombre de participants	Type de cancers	Réduction du risque (%)
Légumes crucifères	47 909	Vessie	50 %
	4 309	Poumon	30 %
	29 361	Prostate	50 %
Tomates	47 365	Prostate	25 %
Agrumes	521 457	Estomac, œsophage	25 %
Légumes verts (folate alimentaire)	81 922	Pancréas	75 %
	11 699	Sein (post-ménopause)	44 %
Lignanes	58 049	Sein (post-ménopause ER+)	28 %
Carottes	490 802	Tête et cou	46 %
Pommes, poires, prunes	490 802	Tête et cou	38 %
Thé vert	69 710	Colorectal	57 %
Huiles végétales et noix (tocophérol alimentaire)	295 344	Prostate	32 %
Vitamine D/Calcium	10 578	Sein (préménopause)	35 %

Figure 17

Avoir la prévention du cancer dans la peau !

Plusieurs espèces de plantes emmagasinent leur matériel génétique sous forme de fruits qui, s'ils ont été fécondés, leur permettront de se reproduire. Le fort contenu en sucre de ces fruits les rend très attrayants non seulement pour nous, mais aussi pour différents agresseurs ! Les végétaux ont donc dû élaborer des mécanismes de défense très sophistiqués pour parvenir à résister aux agressions par les différents insectes, bactéries et champignons présents dans leur environnement immédiat. Pour y arriver, les plantes produisent de puissantes molécules insecticides et fongicides qui attaquent ces parasites et permettent à la plante de survivre à ces conditions hostiles. Mais, plus intéressant encore pour nous, ces molécules peuvent également jouer un rôle très important dans la prévention de plusieurs maladies graves, notamment le cancer.

La peau du raisin en est sans doute le meilleur exemple. En effet, en réponse à une attaque, généralement par des champignons microscopiques, les vignes réagissent en fabriquant une molécule appelée resvératrol, qui s'accumule dans la peau des raisins où elle agit comme un puissant fongicide pour réduire les dommages causés par ces champignons. La quantité de ces fongicides naturels dans la peau du raisin est donc directement liée au « stress » subi par la vigne ; par exemple, les vignes qui sont cultivées dans les régions les plus pluvieuses (comme dans la vallée du Niagara) et dont le raisin possède une peau plus mince (c'est le cas du cépage pinot) sont souvent plus attaquées par les champignons et possèdent en conséquence des niveaux beaucoup plus élevés de resvératrol.

Ce contenu en resvératrol des raisins n'est pas seulement essentiel à la vigne, il joue un rôle important dans les effets bénéfiques du vin rouge sur la santé. En effet, la longue fermentation de la peau du raisin nécessaire à la fabrication du vin rouge permet l'extraction de grandes quantités de resvératrol, qui peut atteindre jusqu'à 10 mg par litre. Cette concentration est suffisante pour bloquer la croissance d'un nombre impressionnant de cellules cancéreuses étudiées en laboratoire et pour empêcher le développement de plusieurs types de cancers chez les animaux.

Les bienfaits associés à la peau des fruits ne sont cependant pas seulement associés aux raisins. Plusieurs travaux de recherche ont montré que la peau de fruits couramment consommés comme les pommes, les poires, les pêches, les prunes, etc. contient la très grande majorité des molécules anticancéreuses présentes dans ces fruits délicieux. Même chose pour certains légumes : les composés anticancéreux de la pomme de terre, par exemple, sont exclusivement présents dans la pelure.

Les plantes sont stressées par leur environnement

- Sécheresse
- Carence des sols
- Chaleur intense
- Conditions climatiques adverses
- Attaque de virus, bactéries, champignons
- Attaques d'insectes

Et elles se défendent
- pour assurer leur survie
- par leur plasticité génomique
- en synthétisant des molécules de défense: les composés phytochimiques

Figure 18

de nombreuses vies humaines sont directement issus des plantes (Figure 20)!

La présence de ces composés phytochimiques est donc une caractéristique fondamentale des plantes, une adaptation qui a joué un rôle prépondérant dans l'évolution de plusieurs espèces végétales. Même un fruit en apparence aussi anodin que l'avocat, souvent perçu exclusivement comme une bonne source de gras mono-insaturés, contient une variété absolument incroyable de molécules phytochimiques (Figure 21). Comme on peut le constater, les végétaux sont sans conteste les aliments les plus complexes de notre alimentation, un réservoir quasi illimité de molécules aux multiples bienfaits pour la santé.

En privant notre organisme d'une précieuse source de molécules aux nombreuses activités anticancéreuses, nous favorisons la création de conditions propices au développement du cancer.

Ces effets bénéfiques des végétaux compensent largement le faible risque des quantités résiduelles de pesticides utilisés pour la culture des fruits et légumes; ces résidus sont en quantité généralement trop faible pour être dommageables pour la santé. On évoque souvent le « potentiel cancérigène » de ces produits chimiques, évalué à partir de modèles expérimentaux dans lesquels des doses élevées de produits sont testées. Bien avant l'apparition de la chimie industrielle, l'évolution de notre métabolisme s'est réalisée en présence de molécules toxiques provenant de la consommation d'aliments de qualité variable, et nous avons développé des mécanismes d'élimination de ces produits pour maintenir l'intégrité de notre santé. Ainsi, les cytochromes P450 du foie métabolisent ces produits toxiques en les dégradant, nous protégeant ainsi de leur action néfaste. D'autres systèmes enzymatiques, comme les enzymes de reflux (mdr, ABCB5, mrp), au niveau de l'intestin, du rein ou du cerveau, empêchent leur pénétration dans le corps ou dans un tissu donné et contribuent ainsi à neutraliser leur danger potentiel, en les empêchant d'atteindre un niveau toxique pour la cellule. Ces systèmes de défense sont apparus très tôt dans l'évolution, il y a plus de 500 millions d'années, et on les retrouve dans les bactéries les plus primitives, où ils servent à protéger les cellules des substances qui pourraient présenter un danger pour leur survie. Ces enzymes sont tellement efficaces que les cellules tumorales les amplifient, afin de se protéger des agents chimiothérapeutiques utilisés à haute dose en chimiothérapie. Ce phénotype, ou signature de résistance, est même utilisé comme critère diagnostique de résistance clinique à la chimiothérapie. Cette résistance multiple aux médicaments est en effet un des principaux facteurs responsables de l'échec des traitements de chimiothérapie et du décès des patients. Si ces enzymes peuvent protéger les cellules cancéreuses des hautes doses d'agents chimiothérapeutiques, il est évident qu'elles peuvent protéger nos tissus normaux des faibles doses d'agents chimiques toxiques trouvés dans notre environnement. Malgré ce que pensent beaucoup de gens, le corps humain est donc loin d'être un organisme vulnérable et faible; son évolution biologique dans un milieu hostile l'a amené à développer de puissants mécanismes de défense face aux agresseurs biochimiques de son environnement.

De tous les pesticides consommés par les humains, 99,99 % sont d'origine naturelle, des composés phytochimiques produits par les plantes

Figure 19

pour se défendre de leurs agresseurs. Une personne moyenne consomme chaque jour environ 1 500 mg de ces composés phytochimiques, soit environ dix mille fois plus que les faibles traces de pesticides synthétiques associés à la consommation de végétaux (0,09 mg). Une seule tasse de café contient plus d'agents capables, à hautes doses toujours, de présenter un potentiel cancérigène que les fruits et légumes consommés par une personne pendant une année entière (Figure 22)! Pourtant, la consommation régulière de café n'est pas

associée à une hausse des cancers, comme l'ont démontré de nombreuses études, indiquant que ces mesures du «potentiel cancérigène» d'une molécule donnée sont peu utiles pour évaluer l'impact réel des produits chimiques sur la genèse tumorale, à cause des mécanismes de défense métabolique élaborés durant notre évolution. Il en est de même pour les pesticides synthétiques résiduels en agriculture: leur incidence sur la formation des tumeurs

50 % des médicaments anticancéreux sont d'origine végétale

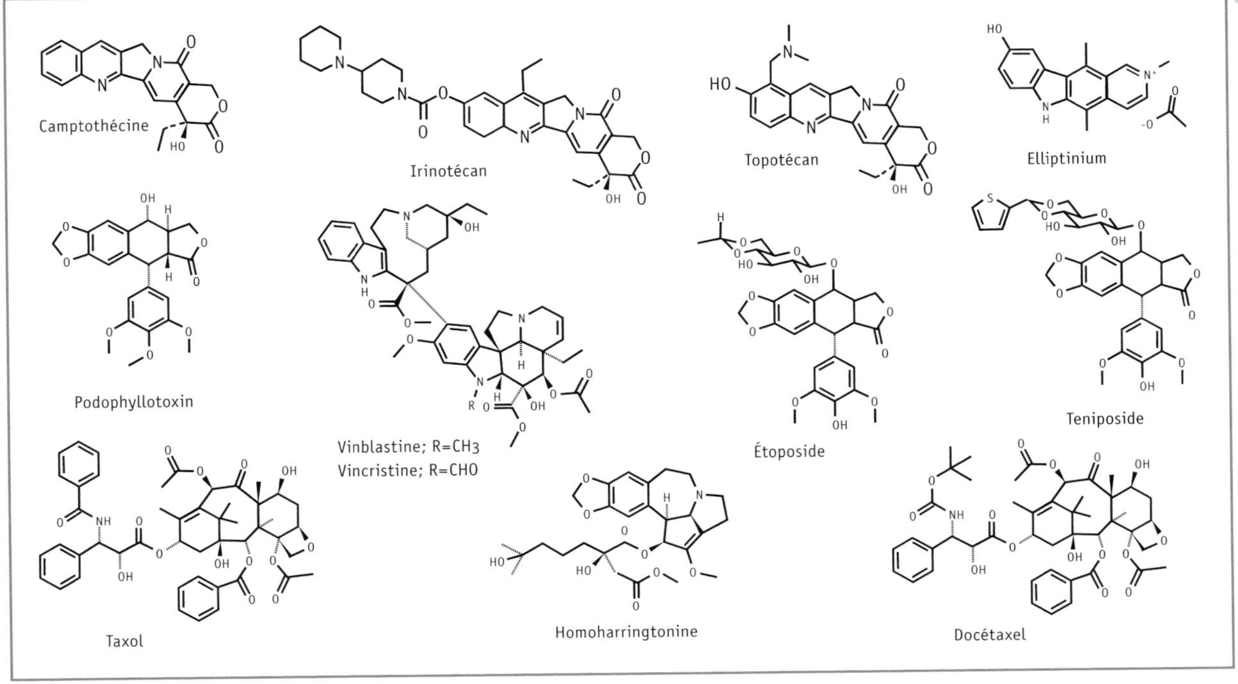

Figure 20

n'a pu être démontrée de façon probante. Il faut distinguer l'exposition élevée de ceux qui épandent les pesticides – et qui doivent se protéger adéquatement du danger de cette exposition professionnelle à des doses élevées – de l'exposition considérablement plus réduite du consommateur, à l'autre extrémité de la chaîne de production agricole. Cela ne signifie pas qu'il faille cesser notre lutte contre l'utilisation massive des insecticides pour la santé de l'environnement, bien au contraire, mais cela indique plutôt que leur risque potentiel sur la santé humaine est beaucoup plus faible que les bénéfices immenses de la consommation régulière de légumes et de fruits.

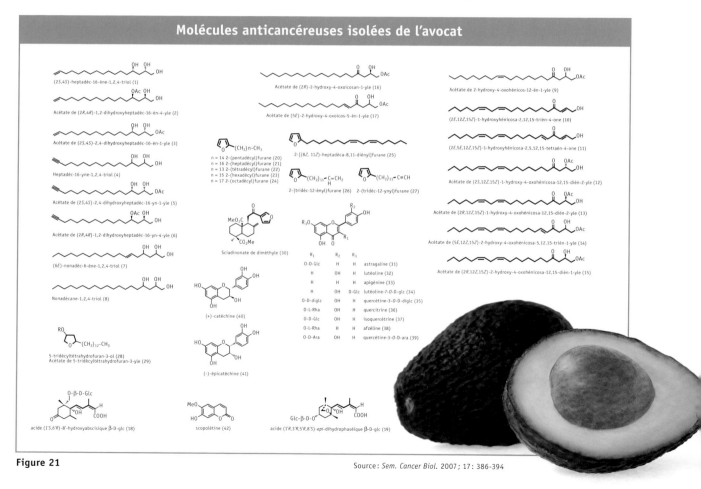

Figure 21

Source : *Sem. Cancer Biol.* 2007 ; 17 : 386-394

La prévention du cancer

La présence de cellules mutantes tout au long de notre vie fait que nous courons à tout moment le risque de développer un cancer. Si cette cohabitation forcée est dangereuse, il est néanmoins possible de minimiser les dangers associés à la présence de ces cellules précancéreuses en adoptant des habitudes de vie qui empêchent de créer les conditions propices à leur progression en cancer mature et à la mise en œuvre de son plein potentiel destructeur. De la même façon qu'un dompteur réussit à demeurer à proximité de ses fauves en utilisant un mélange de ruse et de force, il est possible d'amadouer le cancer en utilisant toutes les armes mises à notre disposition, en particulier au niveau de notre alimentation.

Consommer une abondance de produits végétaux

La grande diversité des molécules phytochimiques présentes dans les végétaux joue un rôle crucial dans les propriétés bénéfiques de ces aliments, car ces composés possèdent la caractéristique de cibler plusieurs processus impliqués dans le développement du cancer (Figure 23). Que ce soit en attaquant directement les cellules cancéreuses, en modulant positivement l'environnement de ces cellules pour les maintenir dans un état latent et inoffensif ou encore en augmentant la biodisponibilité de molécules anticancéreuses,

les dizaines de milliers de composés phytochimiques d'origine végétale permettent de créer un climat anticancéreux qui freine la progression du cancer. Si tous les végétaux sont bénéfiques pour la santé, certains se distinguent par leur activité anticancéreuse hors du commun.

Les légumes crucifères – Les légumes crucifères (brocoli, chou-fleur, chou, etc.) sont parmi les aliments les plus importants pour la prévention du cancer. Les effets préventifs associés à la consommation régulière de légumes crucifères sont dus à leur contenu élevé en *glucosinolates*. Au cours de la mastication, ces glucosinolates entrent en contact avec la myrosinase, une enzyme présente

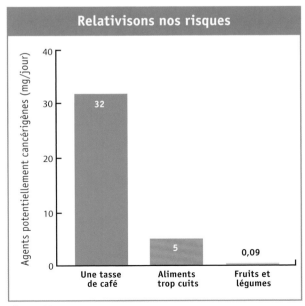

Figure 22   Source : *Mutat. Res.* 2000 ; 447 : 3-13

dans la plante qui transforme les glucosinolates en *isothiocyanates*, des molécules extrêmement réactives qui agissent sur deux aspects clés impliqués dans le développement du cancer.

Tout d'abord, ces molécules augmentent l'activité de nos systèmes de défense contre les substances cancérigènes, ce qui accélère leur élimination de l'organisme et les empêche de provoquer des dommages au matériel génétique de la cellule (l'ADN). Cet effet est extrêmement important car plusieurs cancers sont directement causés par des déficits dans l'activité de ces systèmes de détoxication.

Ensuite, certains de ces composés, tels ceux que l'on trouve dans le brocoli ou encore dans le cresson, possèdent également la propriété d'empêcher la croissance des cellules cancéreuses en provoquant une hausse de radicaux libres qui entraîne la mort de ces cellules.

Pour maximiser la production de molécules anticancéreuses par les crucifères, il faut toutefois prêter une attention particulière à la façon de les cuisiner. En effet, des études récentes ont montré que la cuisson du brocoli, des choux de Bruxelles, du chou-fleur ou encore du chou pommé dans l'eau bouillante provoquait une perte très importante (plus de 75 %) de leur contenu en glucosinolates, les molécules s'échappant des légumes pour se retrouver dans l'eau de cuisson. Par contre, lorsque les mêmes légumes sont cuits à la vapeur, au four à micro-ondes ou encore en les faisant sauter, à l'aide d'un wok, par exemple, leur contenu en glucosinolates demeure identique à celui du légume cru. Autre facteur crucial, il est important de réduire le plus possible le temps de cuisson des légumes de façon à préserver au maximum l'activité de la myrosinase. Une cuisson rapide à la vapeur ou au wok pour conserver les légumes

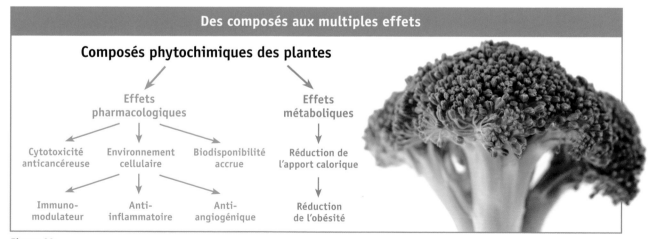

Figure 23

croquants permettra donc de préserver la majorité des molécules anticancéreuses de ces légumes. Une habitude d'autant plus facile à adopter que les légumes crucifères sont bien meilleurs au goût lorsqu'ils ne sont pas trop cuits !

Les alliacées – Des études ont montré que les personnes qui consomment régulièrement les légumes de la famille de l'ail (ail, oignon, ciboulette, poireau) ont un risque moindre de développer plusieurs types de cancers, en particulier ceux du système digestif, comme les cancers de l'estomac et du côlon. Cet effet protecteur est lié à la présence de *composés soufrés* qui accélèrent l'élimination des substances toxiques cancérigènes de notre organisme, ce qui diminue les risques que ces substances s'attaquent à notre matériel génétique et provoquent des mutations qui peuvent amorcer un cancer. Les composés anticancéreux de l'ail possèdent également une très grande puissance pour combattre les microtumeurs qui sommeillent en nous en stoppant la croissance de cellules cancéreuses. Au même titre que les légumes crucifères, l'ail et ses cousins doivent donc être considérés comme une défense de première ligne contre le cancer, de véritables gardiens de notre santé qui veillent à limiter les dommages causés par les différents agresseurs toxiques auxquels nous devons faire face quotidiennement.

Le thé vert – Les feuilles de thé représentent une source extrêmement riche de molécules anticancéreuses appelées *catéchines*, qui peuvent constituer jusqu'au tiers du poids des feuilles. Ce contenu est important car ces molécules possèdent la propriété d'empêcher les microtumeurs – que nous développons spontanément au cours de notre vie – d'acquérir un nouveau réseau de vaisseaux sanguins essentiel à leur croissance. En absence de ces nouveaux vaisseaux, formés par le processus d'angiogenèse, les cellules cancéreuses ne peuvent avoir accès à suffisamment d'oxygène et de nutriments pour croître et sont donc condamnées à demeurer dans un état latent et inoffensif. Notre laboratoire a démontré qu'une seule tasse de thé vert contenait suffisamment de catéchines pour bloquer l'angiogenèse en interférant avec l'activité de certaines protéines qui jouent des rôles cruciaux dans la formation des nouveaux vaisseaux. En buvant du thé vert, le corps est donc exposé à des doses suffisantes de molécules anticancéreuses pour bloquer l'angiogenèse, ce qui aide à prévenir la progression de microtumeurs en cancers agressifs. D'ailleurs, de nombreuses études scientifiques suggèrent que la consommation régulière de thé vert joue un rôle important dans la réduction du risque de développer plusieurs cancers : par exemple, une étude récente réalisée auprès de 69 710 Chinoises âgées de 40 à 70 ans a montré une réduction très importante (57 %) du risque de cancer colorectal chez les grandes buveuses de thé vert. De la même façon, l'analyse des habitudes de consommation de thé vert de 49 920 Japonais âgés de 40 à 69 ans indique que ceux qui buvaient cinq tasses de thé vert par jour avaient 50 % moins de risques d'être touchés par un cancer de la prostate

les tumeurs d'une source importante de stimulateurs de croissance.

Les agrumes peuvent également prévenir le développement du cancer de façon indirecte, en augmentant l'activité anticancéreuse de molécules présentes dans d'autres aliments. Par exemple, certains composés du pamplemousse n'ont pas d'activité anticancéreuse intrinsèque mais bloquent néanmoins les systèmes (cytochromes P450) qui sont impliqués dans l'élimination des molécules anticancéreuses de l'organisme, augmentant ainsi leur durée de vie dans la circulation sanguine et, par le fait même, leur potentiel anticancéreux.

avancé par rapport à ceux qui en buvaient moins d'une tasse. Boire quotidiennement du thé vert représente donc un moyen simple, efficace et délicieux d'utiliser des molécules anticancéreuses d'origine naturelle pour prévenir le cancer.

Les agrumes – De nombreuses études ont montré que la consommation d'agrumes réduit de moitié le risque de développer plusieurs types de cancers, en particulier les cancers du système digestif (œsophage, bouche et estomac, par exemple). Cet effet anticancéreux est vraisemblablement lié au contenu élevé en *monoterpènes* ainsi qu'en *flavanones* de ces fruits. Il s'agit de deux classes de composés anticancéreux qui interfèrent avec plusieurs processus essentiels au développement des tumeurs. Ainsi, les monoterpènes bloquent l'activité de protéines impliquées dans la croissance des cellules cancéreuses, réduisant du même coup leur capacité à envahir les tissus dans lesquels elles se trouvent. Les flavanones, quant à elles, possèdent le pouvoir de préserver la structure des vaisseaux sanguins, ce qui prévient l'inflammation et prive

Les « super-fruits » – Certains fruits contiennent des niveaux élevés de *polyphénols* qui leur confèrent un potentiel antioxydant exceptionnel. Les plus connus sont bien sûr les petits fruits, ces aliments hors du commun autant pour leur goût exquis que pour leurs bénéfices sur la santé. En effet, les fraises, framboises, bleuets et mûres sont les principales sources alimentaires d'*acide ellagique* et de *delphinidine*, deux molécules qui bloquent l'angiogenèse. L'acide ellagique est présent en grandes quantités dans les fraises, les framboises et les mûres, alors que la delphinidine existe surtout dans les bleuets et les mûres. La présence simultanée d'acide ellagique et de delphinidine dans les mûres est particulièrement intéressante et fait de ces petits fruits de précieux alliés dans la lutte contre le cancer. Les travaux de recherche réalisés au cours des dernières années dans notre laboratoire ont montré que ces deux molécules interfèrent avec ce processus en bloquant l'activité de protéines essentielles et empêchent la formation du nouveau réseau sanguin à proximité des tumeurs, les privant ainsi de leur approvisionnement en oxygène et en molécules nutritives. Puisque tous les cancers sont absolument dépendants de cet apport sanguin, on peut considérer l'acide ellagique et la delphinidine comme des agents de prévention extrêmement importants, capables de freiner le développement d'un large éventail de cancers. Même si les petits fruits sont saisonniers, il est néanmoins possible de les congeler pour utilisation future car les molécules anticancéreuses qui leur sont associées résistent bien à la congélation.

Certains fruits exotiques contiennent également de grandes quantités de polyphénols antioxydants qui peuvent participer à la prévention du cancer. Le meilleur exemple est sans contredit la grenade, un fruit qui était déjà cultivé au Moyen-Orient (Iran et Irak) il y a 6 000 ans et qui est depuis longtemps considéré par les habitants de cette région comme un aliment exceptionnel, tant pour son goût unique que pour ses nombreuses propriétés médicinales.

La grenade est constituée de plusieurs centaines d'arilles, des graines formées d'une pulpe rouge translucide au goût légèrement aigre-doux, qui contiennent des quantités importantes d'anthocyanines, ce qui donne à la grenade sa couleur rouge caractéristique, ainsi que des tannins hydrolysables complexes qui sont les grands responsables de la forte activité antioxydante de ce fruit. En effet, le contenu élevé du fruit en punicaline, punicalagine ainsi qu'en dérivés d'acide ellagique entraîne une véritable « explosion » de l'activité antioxydante de la grenade, trois fois plus élevée que celle du vin rouge ou du thé vert. L'administration de jus de grenade à des animaux porteurs de tumeurs de la prostate entraîne une réduction substantielle de la croissance de ces tumeurs ainsi qu'une baisse considérable du niveau de PSA, un marqueur de la progression du cancer de la prostate. Cet effet protecteur est également observé chez les humains : au cours d'une étude réalisée auprès de patients atteints d'un cancer de la prostate et qui ont subi une intervention chirurgicale ou une radiothérapie, la consommation quotidienne de 250 ml de jus de grenade retardait considérablement la récurrence du cancer chez ces patients.

L'action anticancéreuse du jus de grenade ne semble pas restreinte au cancer de la prostate : une étude a récemment montré que le jus de grenade réduisait de plus de 60 % le développement du cancer du poumon induit par le benzopyrène, une puissante substance cancérigène.

Pour profiter du bon goût de la grenade, il faut choisir des fruits lourds dont l'écorce est lisse et brillante. La meilleure façon d'ouvrir la grenade est de tailler sa peau à différents endroits sous l'eau dans un bol et de détacher les morceaux en enlevant la membrane blanche. On peut aussi extraire le jus en coupant le fruit en deux et en le pressant sur un presse-agrumes. Des jus de grenade commerciaux ainsi que des concentrés sont également disponibles en épicerie.

Le soja – Les œstrogènes (hormones sexuelles féminines) jouent un rôle important dans le déclenchement du cancer du sein ; en effet, lorsque le niveau de ces hormones est trop élevé, il y a stimulation excessive de la croissance des glandes mammaires et augmentation du risque de cancer (on dit alors que le cancer du sein est hormono-dépendant). Plusieurs études suggèrent que les effets néfastes des œstrogènes pourraient être diminués par la consommation régulière d'aliments riches en phyto-œstrogènes. Ces phyto-œstrogènes sont des molécules d'origine végétale qui ressemblent beaucoup aux œstrogènes et qui empêchent ces hormones d'interagir efficacement avec les cellules du sein. Il y a alors réduction des effets négatifs associés aux œstrogènes et par le fait même diminution du risque de cancer.

Les isoflavones, molécules associées au soja, sont les phyto-œstrogènes les mieux connus à ce jour. Des études ont montré que la consommation régulière d'aliments à base de soja en bas âge, c'est-à-dire avant la hausse marquée des taux d'œstrogènes qui accompagne la puberté, diminue considérablement le risque d'être affecté par un cancer du sein. Par contre, les isoflavones du soja n'auraient pas les mêmes effets bénéfiques chez les femmes ayant déjà été touchées par un cancer du sein et pourraient même avoir des effets néfastes ; ces femmes doivent donc faire preuve d'une extrême modération dans leur consommation de soja. Il est également fortement déconseillé de prendre les isoflavones sous forme de suppléments, car les études réalisées jusqu'à présent montrent que ces produits peuvent augmenter le risque de cancer au lieu de le diminuer !

La tomate – Certaines observations ont montré que l'incidence du cancer de la prostate est plus faible dans les pays où les habitants consomment de nombreux mets à base de tomates, comme l'Italie, l'Espagne et le Mexique. Il semble que cette protection soit liée à la présence de *lycopène*, un pigment capable d'interférer avec la croissance des cellules précancéreuses prostatiques. Pour

maximiser l'effet du lycopène, il est important de
consommer les tomates
cuites, idéalement dans un
corps gras comme l'huile
d'olive, sous forme de sauce par
exemple. La cuisson des tomates
dans le corps gras augmente la
quantité de lycopène et le rend beaucoup plus assimilable par les cellules
de notre organisme.

Les immunomodulateurs –
Certains aliments possè-
dent également la capacité
de moduler favorablement
le système immunitaire, une pro-
priété qui peut être bénéfique dans le maintien
d'un environnement réfractaire à la progression
des cellules cancéreuses.

Les probiotiques – Les yogourts enrichis en probiotiques (bifidobactéries et lactobacilles) contiennent
plusieurs milliards de bactéries bénéfiques, capables de résister au passage dans l'estomac et de
s'installer au niveau du gros intestin, où elles peuvent exercer leurs effets bénéfiques, notamment
sur le système immunitaire. Par exemple, des
études ont montré que l'administration quotidienne de yogourt contenant des bifidobactéries
et des lactobacilles provoque une hausse importante de l'activité de certaines cellules immuni-
taires impliquées dans la défense contre les agressions extérieures. Étant donné que l'activité du

système immunitaire joue
un rôle important non seulement dans notre défense face
aux microbes mais également
dans notre protection face au
développement de certains cancers, ces observations illustrent
bien l'importance des bactéries
intestinales dans le maintien
d'une bonne santé.

Les champignons – Les champignons sont des aliments aux
multiples qualités : non seulement
ils sont très nutritifs, pauvres en
calories et d'une saveur délicieuse,
mais ils contiennent en outre des molécules qui stimulent le système immunitaire
et qui interfèrent avec la croissance de certains
types de cancer. En plus des espèces couramment
offertes dans nos épiceries, c'est-à-dire le champignon de Paris et ses variantes, le portobello et
le champignon café (cremini), on trouve souvent
d'autres espèces au goût plus savoureux, par
exemple les pleurotes et des champignons d'origine asiatique comme le shiitake et l'enokitake.
Ces champignons sont particulièrement intéressants car ils contiennent des niveaux importants
de molécules complexes appelées *polysaccharides*,
qui possèdent la propriété de stimuler le système
immunitaire. Ainsi, de nombreux travaux ont
montré que la lentinane du shiitake provoque
une forte augmentation du nombre de globules
blancs ainsi que de l'activité de ces cellules clés du

système immunitaire, ce qui augmente les chances de pouvoir contrôler les tumeurs naissantes et de les empêcher d'atteindre un stade mature.

L'activité anticancéreuse et immunostimulatrice des champignons comestibles ne semble cependant pas restreinte aux espèces d'origine asiatique. Les pleurotes, par exemple, contiennent également des composés qui semblent efficaces pour freiner le développement de certains cancers, notamment du côlon, en s'attaquant directement aux cellules cancéreuses et en les forçant à mourir par le processus d'apoptose. De la même façon, le champignon de Paris contient lui aussi des molécules capables d'empêcher la croissance de certaines cellules cancéreuses, notamment celles du sein. Cette propriété est due à la capacité des champignons de bloquer l'action de l'aromatase, une enzyme qui joue un rôle crucial dans la fabrication des œstrogènes, les hormones sexuelles féminines. Puisque la majorité des cancers du sein sont hormonodépendants, c'est-à-dire que leur progression dépend de ces œstrogènes, le blocage de l'aromatase provoque une baisse des niveaux d'œstrogènes et peut ainsi empêcher la progression de ces cancers. D'ailleurs, il est intéressant de noter que l'administration d'extraits de champignons de Paris à des animaux de laboratoire ayant développé des tumeurs du sein provoque une régression marquée de ces tumeurs. Ces observations sont d'autant plus intéressantes que la quantité de champignons requise pour provoquer la diminution de la croissance des tumeurs correspond à une consommation raisonnable pour l'humain,

soit environ 100 g par jour. L'inclusion des champignons dans notre alimentation permet donc non seulement d'ajouter une nouvelle dimension gastronomique à notre vie, mais aussi d'y inclure de précieux alliés dans la prévention de certains cancers, en particulier le cancer du sein.

Les algues marines – Les propriétés anticancéreuses des algues sont en grande partie liées à leur contenu élevé en *fucoxanthine* et en *fucoïdane*, deux composés qui interfèrent avec plusieurs processus essentiels à la croissance des cellules cancéreuses.

Le fucoïdane est un polymère complexe de sucre présent en quantité très importante dans certaines algues, en particulier le kombu et le wakame. Cette molécule empêche la croissance d'une grande variété de cellules cancéreuses cultivées en laboratoire et provoque même la mort de ces cellules par un processus d'apoptose. En plus de cette activité cytotoxique, il semble que la fucoidane ait également un impact positif sur la fonction immunitaire en réduisant l'inflammation tout en augmentant l'activité du « bon » système immunitaire, créant ainsi un environnement plus hostile aux cellules cancéreuses qui restreint leur croissance.

La fucoxanthine, quant à elle, est un pigment jaune de la famille des caroténoïdes (bétacarotène, lycopène, etc.). De tous les caroténoïdes alimentaires testés jusqu'à présent, la fucoxanthine est celui qui possède la plus importante activité anticancéreuse, tant chez les animaux de laboratoire que sur les cellules isolées de tumeurs humaines, et elle semble particulièrement active contre les cellules provenant d'un cancer de la prostate. Cet effet inhibiteur est même plus important que celui du lycopène, un caroténoïde retrouvé principalement dans la tomate et qui est depuis longtemps proposé pour jouer un rôle préventif dans le développement du cancer de la prostate. Puisque les algues sont la seule source alimentaire de fucoxanthine, ces végétaux devraient faire partie de toute stratégie de prévention du cancer par l'alimentation, notamment du cancer de la prostate.

Les anti-inflammatoires naturels

L'importance de l'inflammation pour la progression des cellules précancéreuses en cancer mature implique qu'il faut tout faire pour minimiser la présence de ces conditions inflammatoires. Fort heureusement, certains aliments sont particulièrement aptes à réduire l'inflammation.

Les végétaux – Certains aliments d'origine végétale contiennent des molécules qui empêchent la fabrication de molécules inflammatoires par les cellules cancéreuses. Les meilleurs exemples de ces molécules anti-inflammatoires sont le resvératrol du vin rouge, la curcumine de l'épice indienne curcuma, ainsi que le gingérol présent dans le gingembre. Des études indiquent que ces trois molécules sont capables de bloquer la COX-2 et que cette activité anti-inflammatoire joue un rôle important dans l'action anticancéreuse de ces aliments. L'activité anti-inflammatoire de la curcumine est particulièrement intéressante car cette molécule est sans doute celle qui possède le plus grand nombre d'activités anticancéreuses distinctes de tout le règne végétal. Plus de quinze essais cliniques sont actuellement en cours dans les meilleurs hôpitaux à travers le monde pour mesurer l'efficacité de la curcumine dans le traitement de divers cancers (côlon, pancréas, myélome) et d'autres maladies inflammatoires.

Cet effet anti-inflammatoire ne serait cependant pas seulement restreint à ces aliments et est peut-être, au contraire, une caractéristique de la plupart des végétaux; en effet, nous avons observé dans notre laboratoire que des fruits et légumes, en particulier des petits fruits comme les mûres ou les canneberges, possédaient également une forte activité anti-inflammatoire.

Les oméga-3 – Une autre façon de réduire l'inflammation chronique à l'aide de l'alimentation est d'augmenter le plus possible la consommation d'acides gras oméga-3 et de réduire celle des gras oméga-6. Ces deux types de gras essentiels sont utilisés par nos cellules pour fabriquer deux types de molécules : les oméga-3 produisent des molécules anti-inflammatoires naturelles très puissantes qu'on appelle DHA et EPA, alors qu'au contraire les oméga-6 (présents dans les viandes et les aliments transformés) servent à la production de molécules qui favorisent l'inflammation. Les oméga-3 ne sont cependant présents en grande quantité que dans des aliments bien précis comme les poissons gras (thon, saumon, sardines) et certains végétaux (graines de lin, de chia et noix de Grenoble en particulier), de sorte que le régime alimentaire moderne peut contenir vingt-cinq fois plus d'oméga-6 que d'oméga-3, et ce déséquilibre fait que la balance de notre corps penche beaucoup plus vers l'inflammation. Il est donc avéré qu'augmenter l'apport en acides gras oméga-3, tout en abaissant l'apport en oméga-6, peut rétablir cette balance et empêcher la création d'un climat d'inflammation chronique dans nos tissus.

Même si les oméga-3 à longue chaîne des poissons gras ont reçu une attention particulière au cours des dernières années, il ne faudrait surtout pas sous-estimer l'importance des oméga-3 d'origine végétale, provenant des graines de lin, de chia ou encore des noix. En effet, une étude a récemment montré que chez des hommes souffrant d'embonpoint ou obèses, une alimentation enrichie en acide linolénique provoquait une baisse rapide et importante (50 %) des niveaux sanguins de deux puissantes molécules inflammatoires, soit le TNF-a et l'interleukine-6. Ces observations indiquent donc que l'ajout d'aliments riches en acide linolénique à l'alimentation quotidienne, comme les graines de lin ou

de chia, est capable de provoquer un effet anti-inflammatoire mesurable et pourrait donc être une stratégie extrêmement valable pour réduire l'inflammation et les maladies qui en découlent.

La combinaison de plusieurs végétaux actifs contre certains facteurs impliqués dans la progression du cancer ne peut qu'avoir des répercussions extrêmement positives pour prévenir le développement de cette maladie. Par exemple, nous avons récemment observé que chez des souris porteuses d'une tumeur très agressive, l'addition au régime alimentaire d'un cocktail constitué des végétaux dotés de propriétés anticancéreuses provoquait une réduction marquée de la croissance de la tumeur (Figure 24). Il ne fait donc aucun doute que l'adoption d'une alimentation qui fait une large place à ces végétaux protecteurs, combinée avec un apport accru en acides gras oméga-3 ainsi qu'à une réduction de viandes rouges et de produits industriels transformés, représente une facette essentielle de la prévention du cancer.

La vitamine D, championne de la prévention du cancer

Découverte en 1919, juste après les vitamines A, B et C (d'où son appellation « D »), la vitamine D joue un rôle absolument essentiel dans l'absorption du calcium et la croissance des os, ainsi que dans le maintien du bon fonctionnement général de l'organisme. Cependant, contrairement aux autres vitamines, qui sont obtenues par l'alimentation, la majeure partie (80-95 %) de la vitamine D présente dans notre corps est produite par l'action du soleil sur la peau. Les rayons UVB de la lumière provoquent la transformation d'une molécule appelée 7-déhydrocholestérol en vitamine D3, celle-ci étant par la suite modifiée au niveau du foie et du rein en 1,25-dihydroxyvitamine D, qui représente la forme active de la vitamine.

Le rôle important du soleil dans la production de vitamine D pose évidemment un problème aux populations des pays nordiques, qui sont beaucoup moins exposées au soleil pendant la saison hivernale. Par exemple, des études ont montré que les habitants du Canada avaient des concentrations de vitamine D dans le sang plus faibles que les niveaux recommandés, une carence particulièrement prononcée pendant la saison hivernale.

Cette carence semble accroître le risque de certains cancers. Par exemple, l'incidence de cancer du sein est généralement plus élevée dans les régions éloignées de l'équateur (et qui sont donc moins ensoleillées en hiver) comme les pays scandinaves, le Canada ou la Nouvelle-Zélande, comparativement aux régions ensoleillées durant la majeure partie de l'année (l'Afrique en particulier). Dans la même veine, une étude réalisée auprès de 48 000 hommes révélait qu'un déficit en vitamine D pourrait être associé à une augmentation du nombre de cancers ainsi qu'à une hausse de leur mortalité, en particulier pour les cancers du système digestif. D'ailleurs, les études ont montré que les personnes traitées pour un cancer du côlon durant l'été avaient un taux de survie plus grand que celles qui étaient traitées au cours de l'hiver, et ce bénéfice est vraisemblablement lié à

Inhibition de la formation de tumeurs par un régime alimentaire riche en végétaux anticancer

Non traitée | **Traitée avec un mélange de légumes anticancer**

Figure 24

une hausse de vitamine D formée à la suite de l'exposition au soleil. Une étude récente indique que les niveaux sanguins de vitamine D pourraient également améliorer la probabilité de survivre à un cancer du sein : les femmes dont les niveaux de vitamine D lors du diagnostic étaient insuffisants (en dessous de 50 nmol par litre) avaient deux fois plus de risque de récidive du cancer.

De tels effets protecteurs de la vitamine D ont été observés pour plusieurs types de cancers. Par exemple, une étude américaine réalisée auprès de 15 000 hommes a montré que ceux qui avaient des niveaux sanguins de vitamine D inférieurs à la moyenne voyaient leur risque de cancer de la prostate plus que doubler par rapport à ceux qui avaient des niveaux importants de cette vitamine. Des résultats spectaculaires ont également été observés dans une autre étude réalisée auprès de 122 000 personnes : les personnes ayant un apport en vitamine D supérieur à 600 UI par jour avaient deux fois moins de risque d'être touchées par un cancer du pancréas que celles ayant un apport quotidien inférieur à 150 UI. Un impact positif de la vitamine D a également été observé pour les cancers du sein (50 % de réduction) et du côlon (66 % de réduction). De plus, une étude récente a montré que la prise quotidienne de 1 000 UI de vitamine D par des femmes ménopausées réduisait de plus de 50 % le risque général de cancer par rapport à celles qui ne recevaient pas cette vitamine. Comme on peut le voir, la vitamine D est vraiment dans une classe à part pour la prévention du cancer !

À la lumière de ces résultats, il va sans dire qu'il faut augmenter l'apport en vitamine D pour parvenir à prévenir efficacement le cancer. D'ailleurs, la Société canadienne du cancer, ainsi que des experts internationaux, recommandent de hausser l'apport en vitamine D de 200 UI à 1 000 UI par jour pour réduire l'incidence de plusieurs cancers. De mai à septembre, augmenter son niveau de vitamine D est chose facile : une simple exposition du visage et des bras pendant dix minutes permet au corps de produire quelque 10 000 UI ! Une longue exposition au soleil est par contre fortement déconseillée, car elle augmente significativement les risques de cancers de la peau. Le soleil est donc une arme à double tranchant qu'on doit utiliser intelligemment pour en tirer le maximum de bénéfices tout en évitant ses effets néfastes.

D'octobre à avril cependant, la diminution de la durée d'ensoleillement rend la situation plus compliquée, et il faut se tourner vers d'autres sources de vitamine D. Certains poissons comme le thon et le saumon en contiennent des niveaux importants et sont donc un choix intéressant, d'autant plus que ces aliments sont également riches en oméga-3, des gras essentiels qui participent aussi à la prévention du cancer. Les suppléments contenant 1 000 UI de vitamine D constituent également une façon simple, économique et efficace d'augmenter l'apport de cette vitamine.

L'activité physique, une arme méconnue pour la prévention du cancer

En plus des bienfaits confirmés de l'activité physique dans la prévention des maladies cardiovasculaires, des études ont montré que l'exercice est associé à une baisse importante du risque d'être touché par certains types de cancer. L'analyse détaillée de ces études, récemment publiée par le Fonds mondial de la recherche contre le cancer, montre que l'activité physique permet de réduire les risques de cancer du côlon (50 % de réduction), du sein (chez les femmes ménopausées, de 30 à 40 % de réduction) ainsi que de l'endomètre. Un effet protecteur contre les cancers du poumon, du pancréas ainsi que du sein (chez les femmes non ménopausées) est également possible mais demande à être mieux établi.

Les bienfaits de l'activité physique régulière sur la prévention du cancer sont dus aux multiples répercussions positives qu'elle entraîne sur le fonctionnement des muscles et de l'organisme en général (Figure 25). L'exercice améliore la capture de sucre par les cellules musculaires, réduisant

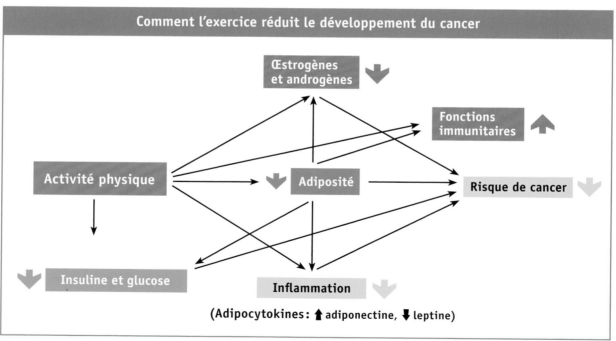

Figure 25

Source: *Nature Rev. Cancer* 2008 ; 8 : 205-211

ainsi le développement du phénomène de résistance à l'insuline et le climat d'inflammation chronique procancéreux qui est inévitablement associé à cet état. En parallèle, en réduisant la masse adipeuse, l'exercice diminue également la quantité d'hormones sexuelles dans le sang et réduit par le fait même le risque de cancers qui sont dépendants de ces hormones pour leur progression, en particulier ceux du sein et de la prostate. Cette baisse du poids corporel provoque également de multiples effets positifs en réduisant la sécrétion de molécules inflammatoires par les cellules adipeuses, ce qui contribue à l'amélioration de la sensibilité à l'insuline de même qu'à une plus grande efficacité du système immunitaire.

Le puissant effet anti-inflammatoire de l'exercice physique régulier semble jouer un rôle prédominant dans son effet protecteur contre le développement du cancer. En effet, les muscles ne sont pas seulement des organes impliqués dans le mouvement du corps, ils sont aussi des glandes

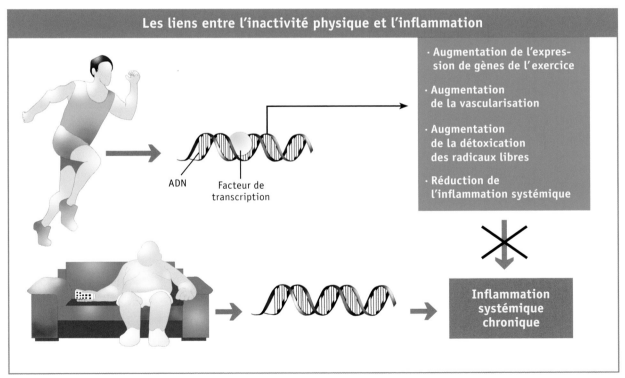

Les liens entre l'inactivité physique et l'inflammation

· Augmentation de l'expression de gènes de l'exercice

· Augmentation de la vascularisation

· Augmentation de la détoxication des radicaux libres

· Réduction de l'inflammation systémique

ADN

Facteur de transcription

Inflammation systémique chronique

Figure 26

Source : *Nature* 2008 ; 454 : 463-469

métaboliquement très actives qui, lorsqu'elles sont stimulées par l'exercice régulier, provoquent l'activation de plusieurs gènes impliqués dans le maintien de conditions anti-inflammatoires dans l'organisme. À l'opposé, les muscles de personnes sédentaires n'activent aucun de ces mécanismes protecteurs, ce qui ne peut que favoriser la création d'un climat d'inflammation chronique (Figure 26). Tout comme l'obésité, on peut donc considérer l'inactivité physique comme un facteur du mode de vie qui favorise l'inflammation chronique et, par le fait même, l'apparition de maladies chroniques dont le développement dépend en grande partie de cette inflammation, comme le cancer.

Certaines personnes sont découragées à l'idée d'augmenter leur niveau d'activité physique en croyant, à tort, qu'être actif implique obligatoirement la pratique d'un sport intense. Pourtant, il n'est pas nécessaire de devenir un champion olympique pour profiter des bienfaits de l'exercice ! La marche, par exemple, est un moyen simple et économique qui peut avoir des répercussions très positives sur la santé, même à court terme. Des études ont montré que les femmes en rémission d'un cancer du sein qui sont actives, c'est-à-dire qui marchent de 3 à 5 heures par semaine à un rythme modéré, ont 30 % de moins de risque de mourir des conséquences de leur cancer que celles qui sont sédentaires. Comment améliorer son niveau d'exercice physique ? Il suffit de modifier sa routine de façon à créer des occasions de marcher : en évitant les ascen-seurs au profit des escaliers, en descendant un arrêt d'autobus plus tôt ou encore en stationnant à distance du bureau. En outre, des activités quotidiennes comme le ménage, l'entretien du gazon ou encore les jeux avec les enfants à l'extérieur peuvent entraîner des dépenses significatives d'énergie et également contribuer à une bonne santé.

Il va sans dire que des activités plus vigoureuses comme le jogging, le tennis ou le ski de fond ne peuvent qu'augmenter les bénéfices associés à l'exercice. Cependant, il faut garder en tête que l'action la plus importante à entreprendre est d'être actif le plus souvent possible, quelle que soit l'intensité de l'activité physique réalisée.

Figure 27   Source : Fonds mondial de recherche contre le cancer

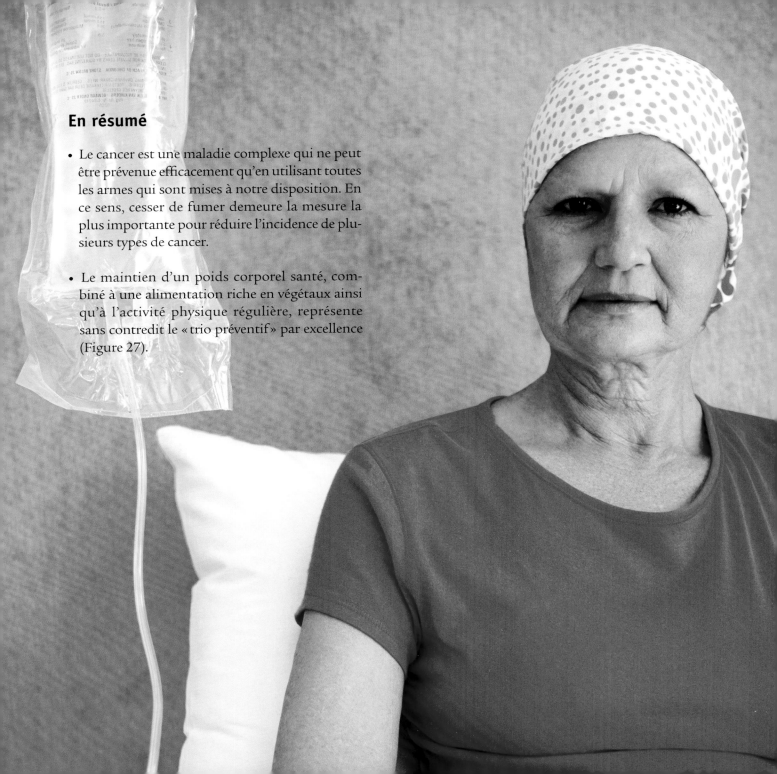

En résumé

- Le cancer est une maladie complexe qui ne peut être prévenue efficacement qu'en utilisant toutes les armes qui sont mises à notre disposition. En ce sens, cesser de fumer demeure la mesure la plus importante pour réduire l'incidence de plusieurs types de cancer.

- Le maintien d'un poids corporel santé, combiné à une alimentation riche en végétaux ainsi qu'à l'activité physique régulière, représente sans contredit le « trio préventif » par excellence (Figure 27).

Le Cerveau est plus spacieux que le Ciel
Car mettez-les côte à côte
L'un contiendra l'autre sans peine
et Vous de surcroît.

Emily Dickinson (1830-1886)

Chapitre 8

Mens sana in corpore sano : prévenir la maladie d'Alzheimer par l'alimentation

Véritable merveille de l'évolution, le cerveau est sans aucun doute l'organe le plus fascinant du corps humain. Des actions aussi banales que la lecture d'un livre, la planification des vacances ou le simple fait de dialoguer avec un ami sont le résultat de processus physiologiques extraordinairement complexes impliquant les 100 milliards de cellules nerveuses (les neurones) qui composent notre cerveau. Réparties en zones dévolues à certaines fonctions précises, les quelque 100 000 connexions que chacun de ces neurones peut établir avec ses voisins créent un réseau de transmission extrêmement sophistiqué qui permet non seulement l'intégration des informations provenant de l'extérieur (sens, mouvements...) mais aussi l'élaboration de phénomènes aussi complexes que la pensée, les émotions, le langage et la mémoire (Figure 1). Le cerveau humain a acquis au cours de l'évolution une puissance inégalée dans le monde vivant, qui fait de l'humain l'animal le plus extraordinaire vivant sur la Terre.

Dans un tel contexte, il ne faut pas s'étonner que les dysfonctions qui touchent le cerveau aient toujours été considérées comme des atteintes directes à notre nature intime, à notre dignité, une intrusion dans l'essence même de ce qui constitue l'existence humaine. Pris au dépourvu par cette perte de l'esprit, les hommes ont pendant longtemps attribué les maladies mentales à des causes surnaturelles : une démence (du latin *dementis*, qui signifie « sans esprit ») qui était une manifestation visible du Mal et même, dans les cas extrêmes, le signe d'une possession par le démon. Ce n'est qu'à partir de la Renaissance que les démences ont cessé d'être associées à l'« esprit du Mal » pour devenir peu à peu des « maladies de l'esprit », c'est-à-dire à être reconnues comme des « maladies des organes du cerveau qui empêchent un homme nécessairement de penser et d'agir comme les autres » (Voltaire, *Dictionnaire philosophique*, 1764). Trop souvent perçu comme synonyme de folie, le mot « démence » demeure néanmoins encore aujourd'hui le terme médical employé pour décrire les lésions du cerveau qui altèrent le comportement, la personnalité et l'ensemble des fonctions cognitives (raisonnement, analyse, langage). Selon cette définition, la démence est donc la conséquence des troubles cognitifs jumelés à des troubles de comportement qui entraînent une perte d'autonomie de la personne atteinte.

La maladie d'Alzheimer

Le 25 novembre 1901, le Dr Alois Alzheimer reçut à l'hôpital de Francfort une nouvelle patiente, Mme Auguste Deter, une femme de 51 ans admise en raison de problèmes de mémoire ainsi que de nombreux troubles du comportement (jalousie, hallucinations auditives, agitation). Incapable

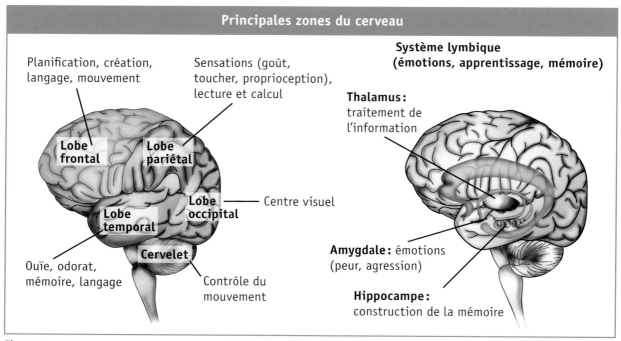

Principales zones du cerveau

Planification, création, langage, mouvement

Sensations (goût, toucher, proprioception), lecture et calcul

Système lymbique (émotions, apprentissage, mémoire)

Thalamus : traitement de l'information

Lobe frontal

Lobe pariétal

Lobe occipital — Centre visuel

Lobe temporal

Cervelet

Ouïe, odorat, mémoire, langage

Contrôle du mouvement

Amygdale : émotions (peur, agression)

Hippocampe : construction de la mémoire

Figure 1

Source : www.ahaf.org

de se rappeler le nom de son mari ou encore ce qu'elle avait mangé quelques heures plus tôt, elle vit son état se détériorer jusqu'à ce qu'elle perde tout contact avec le monde extérieur. À sa mort, en 1906, l'examen du cerveau de cette patiente par Alzheimer révéla une atrophie du tissu cérébral ainsi que la présence de structures étranges autant à l'intérieur qu'à l'extérieur des cellules neuronales, des « plaques » qui allaient devenir la principale caractéristique de cette « nouvelle » forme de démence, la maladie d'Alzheimer.

Au Canada, comme dans l'ensemble des pays du monde, la maladie d'Alzheimer représente la principale cause de démence (Figure 2), loin devant les démences vasculaires (conséquences fréquentes d'un accident vasculaire cérébral qui empêche le sang de circuler jusqu'au cerveau et détruit les neurones) ou d'autres types de démences graves mais néanmoins plus rares. On estime que 24 millions de personnes dans le monde sont actuellement touchées par la maladie. Cependant, avec près de 4,6 millions de nouveaux cas par an associés au vieillissement de la population (soit un cas toutes les sept secondes), on estime que ce nombre pourrait atteindre 81 millions en 2040. Rien qu'aux États-Unis, la maladie affecte plus de 5 millions de personnes, entraînant des dépenses de santé annuelles de 60 milliards de dollars.

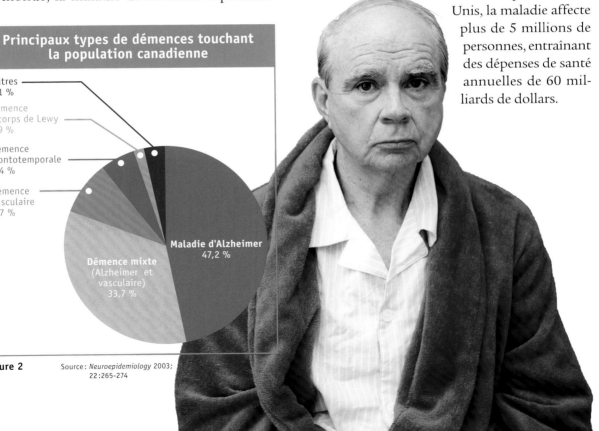

Principaux types de démences touchant la population canadienne

Autres
3,1 %

Démence
à corps de Lewy
1,9 %

Démence
frontotemporale
5,4 %

Démence
vasculaire
8,7 %

Maladie d'Alzheimer
47,2 %

Démence mixte
(Alzheimer et
vasculaire)
33,7 %

Figure 2   Source : *Neuroepidemiology* 2003;
22 : 265-274

Le risque d'être touché par la maladie d'Alzheimer augmente considérablement avec l'âge et, avec l'accroissement constant de l'espérance de vie, les conséquences de cette maladie iront en s'accentuant. Par exemple, alors que le pourcentage de personnes âgées de 60 ans frappées par la maladie n'excède pas 1 %, cette proportion double tous les cinq ans pour atteindre près de 15 % à 80 ans et plus de 30 % après 85 ans (Figure 3).

La maladie d'Alzheimer demeure encore aujourd'hui extrêmement difficile à diagnostiquer, et l'autopsie des personnes décédées reste essentielle pour confirmer la présence des lésions symptomatiques de cette affection. Les premiers stades de la maladie sont généralement caractérisés par des pertes de mémoire à court terme, des difficultés à accomplir certaines tâches simples, ainsi que par des comportements qui peuvent quelquefois être interprétés comme des distractions normales (Figure 4). Cependant, l'atteinte des fonctions cognitives devient de plus en plus évidente avec la progression de la maladie, menant à l'apparition de

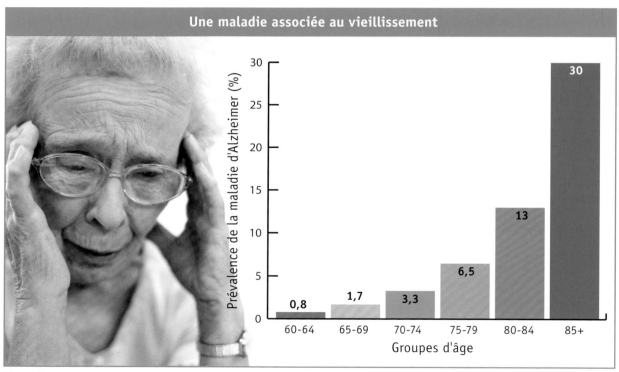

Figure 3

Source : *Lancet* 2005 ; 366 :2112-2117

troubles du langage, de la reconnaissance visuelle et de l'intégration des informations extérieures. La confusion qui s'ensuit, souvent jumelée à des modifications majeures du comportement (hallucinations, agitation, repli sur soi), indique que le processus de dégénérescence est parvenu à un stade avancé et atteint les lobes frontaux du cerveau, zone qui est en quelque sorte le « siège de l'humanité » de par son rôle dans la mémoire, dans les opérations cognitives complexes, dans le langage ainsi que dans le contrôle des émotions. Aux stades finaux de la maladie, les patients perdent la capacité de communiquer et de reconnaître les visages, le contrôle des fonctions physiologiques de base (vessie, intestin) et doivent recevoir des soins constants jusqu'à leur décès. En moyenne, les personnes touchées par la maladie d'Alzheimer vivent de quatre à dix ans une fois le diagnostic établi, mais la maladie peut parfois se prolonger pendant vingt-cinq ans. La mort est généralement due à un état de faiblesse extrême (inanition), à la malnutrition ou à la pneumonie.

Le cerveau : un producteur de radicaux libres

Le cerveau est un organe extrêmement énergivore : même s'il ne représente que 2 % du poids corporel, il consomme à lui seul près de 20 % de tout l'oxygène utilisé par le corps humain ! Si ce métabolisme énergétique exceptionnel reflète bien l'incessante activité impliquée dans le fonc-

tionnement du cerveau, cette combustion n'est cependant pas sans inconvénients car elle génère en parallèle de grandes quantités de « déchets » appelés « radicaux libres ». Ces radicaux libres sont nocifs pour la cellule car ils attaquent la structure de plusieurs de ses constituants, particulièrement le matériel génétique (l'ADN), ce qui provoque des dommages considérables et accélère le vieillissement des tissus. Puisque l'on estime que 5 % de l'oxygène consommé par le cerveau aboutit à la formation de ces radicaux libres, le cerveau est donc particulièrement vulnérable aux dommages causés par ces molécules réactives, une sensibilité exacerbée par la modeste activité antioxydante présente au niveau cérébral.

D'ailleurs, les études montrent que, dès l'âge de 40 ans, ce « stress oxydatif » peut provoquer une réduction des niveaux de plusieurs protéines impliquées dans le bon fonctionnement des neurones, ce qui peut causer une légère perte de « flexibilité » du cerveau, caractérisée par des oublis ou une plus grande difficulté à accomplir certaines opérations mentales complexes. Mais, en plus de ces altérations normales, le stress oxydatif intense auquel les cellules nerveuses sont soumises peut aussi contribuer à la progression de la maladie d'Alzheimer en provoquant des défauts dans le métabolisme de certaines protéines localisées à l'intérieur et à la surface des neurones, favorisant leur agrégation et la formation des dépôts neurotoxiques qui sont les grands responsables des lésions cérébrales caractéristiques de cette maladie (voir encadré, p. 194).

(suite p. 196)

Dix signes précurseurs

	Exemples de comportements anormaux	**Exemples de comportements normaux**
1 Pertes de mémoire qui nuisent aux activités quotidiennes	• Oublis fréquents du nom de personnes proches (amis, petits-enfants, voisins...) • Oublis d'événements personnels récents (anniversaires, fêtes, visites d'amis)	• Difficultés à se rappeler le nom de personnes peu connues (acteurs, personnes rencontrées dans une soirée...) • Oublier un rendez-vous, un numéro de téléphone...
2 Difficultés à exécuter les tâches familières	• Incapacité à réaliser des activités quotidiennes comme préparer les repas, dresser la table...	• Distractions comme oublier d'ajouter de l'eau dans la bouilloire, faire trop cuire les légumes...
3 Problèmes de langage	• Oublier des mots faciles et d'usage courant (fourchette, brosse à dents...)	• Chercher le mot juste pour décrire exactement une situation
4 Désorientation dans l'espace et dans le temps	• Se perdre dans son voisinage et être incapable de rentrer chez soi	• Se perdre lors de nouveaux trajets, difficulté à retrouver sa voiture dans le stationnement d'un grand centre commercial
5 Jugement amoindri	• Ne pas reconnaître un problème de santé qui nécessite une intervention médicale • Ne pas s'habiller suffisamment en hiver ou porter des vêtements chauds en pleine canicule	• Tarder à consulter un médecin en espérant que les problèmes se régleront bientôt

Figure 4

		Exemples de comportements **anormaux**	Exemples de comportements **normaux**
6	Difficultés face aux notions abstraites	• Difficultés à remplir un chèque, ne pas comprendre la signification des chiffres	• Difficulté à équilibrer le budget familial !
7	Égarer des objets	• Ranger des objets dans des endroits incongrus (fer à repasser dans le congélateur, montre dans le sucrier)	• Égarer des objets d'usage courant (clés, lunettes, porte-monnaie)
8	Changements d'humeur ou de comportement	• Passer de la joie à la colère rapidement, sans raison apparente	• Se sentir maussade, triste ou en colère face à une situation
9	Changements de personnalité	• Apparition de comportements inhabituels, méfiance extrême, peurs injustifiées	• Modifier ses habitudes et ses intérêts en vieillissant
10	Perte d'intérêt	• L'incapacité à accomplir les activités usuelles (jardinage, couture, bricolage, cartes...) entraîne leur abandon et l'apathie	• Se lasser temporairement d'une activité

Source : www.alzheimer.ca

Qu'est-ce que la maladie d'Alzheimer?

La maladie d'Alzheimer est caractérisée par deux principales anomalies au niveau des cellules nerveuses, soit les *dégénérescences neurofibrillaires*, présentes à l'intérieur des neurones, et les *plaques amyloïdes* (ou plaques séniles), localisées à l'extérieur de ces cellules (Figure 5). Ces anomalies suscitent un immense intérêt, autant pour la compréhension des causes responsables de la maladie que pour la découverte de médicaments qui interfèrent avec ces processus pour enrayer ou ralentir la neurodégénérescence.

Les dégénérescences neurofibrillaires sont dues à une modification dans la structure d'une protéine nommée *tau* qui provoque son agrégation et la formation de structures filamenteuses au sein même des cellules nerveuses. Ces structures sont très toxiques car elles empêchent le transport de substances à l'intérieur des neurones, ce qui bloque toute communication avec d'autres neurones et provoque la mort de ces cellules.

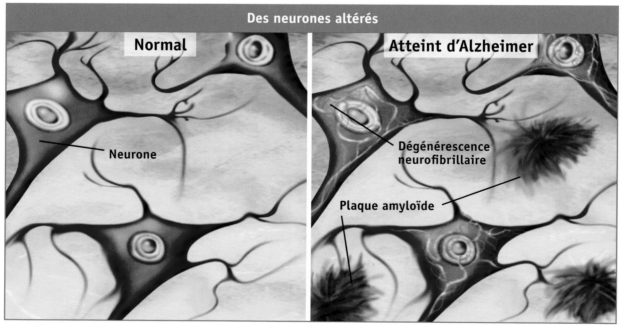

Figure 5

Source: www.ahaf.org

Les plaques amyloïdes, quant à elles, sont le résultat d'un processus extraordinairement complexe impliquant une protéine présente à la surface des neurones, protéine précurseur de l'amyloïde (APP). Au cours du processus menant à la maladie d'Alzheimer, un fragment de cette protéine (le peptide bêta-amyloïde ou Aβ) est relâché à la périphérie des neurones, ce qui provoque son agrégation et la formation de dépôts insolubles qui s'accumulent petit à petit autour des cellules sous forme de plaques. La présence de ces plaques entraîne des répercussions catastrophiques pour les cellules nerveuses, autant en augmentant considérablement leur vulnérabilité aux stress oxydatif et inflammatoire qu'en provoquant directement leur destruction. Les cellules du cerveau des patients atteints de la maladie d'Alzheimer contiennent d'ailleurs des quantités très élevées de produits d'oxydation, ceux-ci étant particulièrement prédominants près des plaques amyloïdes et dans les dégénérescences neurofibrillaires. L'importance de ce processus est également bien illustrée par l'observation selon laquelle la quasi-totalité des cas de maladie d'Alzheimer précoces sont dus à des défectuosités dans des gènes impliqués dans la formation du peptide Aβ. Dans la même veine, les personnes touchées par le syndrome de Down (trisomie 21) possèdent une copie supplémentaire du gène codant pour l'APP (localisé sur le chromosome 21), et la très grande majorité de ces personnes développent des problèmes caractéristiques de la maladie d'Alzheimer après 40 ans.

Les dépôts caractéristiques de la maladie d'Alzheimer sont surtout présents dans les régions du cerveau impliquées dans la mémoire et les émotions, comme l'hippocampe et l'amygdale (Figure 1), et c'est pour cette raison que l'amnésie est un des premiers symptômes de la maladie. Par la suite, les lésions se propagent aux aires associatives, ce qui entraîne la destruction progressive de tous les savoirs (raisonnement, reconnaissance visuelle, etc.). La mort des cellules neuronales à la suite de la formation de ces dépôts provoque avec le temps une réduction importante de la masse du tissu cérébral (Figure 6). Par rapport à un cerveau sain, le cerveau d'une personne touchée par la maladie d'Alzheimer occupe un volume plus restreint du fait de la perte importante de tissu cérébral à la périphérie, accompagnée d'un élargissement des sillons (sulci) et de la réduction marquée du volume des circonvolutions du lobe temporal qui sont le siège de la mémoire et du langage.

La maladie d'Alzheimer n'est donc pas une simple « folie », une perte de contact avec la réalité causée par un déséquilibre des fonctions cérébrales ; il s'agit au contraire d'une véritable maladie dégénérative au cours de laquelle il y a perte de l'intégrité même de la masse du cerveau. C'est pour toutes ces raisons que la maladie d'Alzheimer est si terrifiante : en détruisant l'organe responsable de notre personnalité et de ce qui forme l'essence même de l'existence humaine, cette maladie provoque la mort autant sur le plan physique que psychique et social.

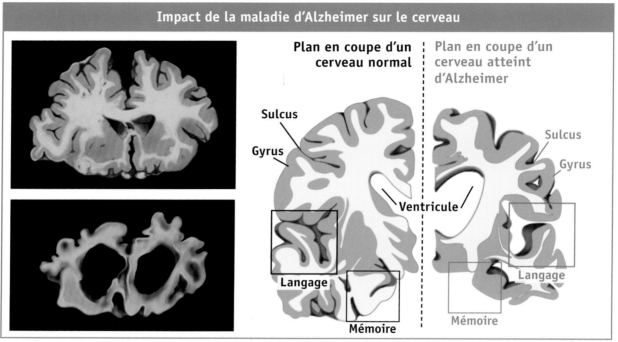

Impact de la maladie d'Alzheimer sur le cerveau

Plan en coupe d'un cerveau normal

Plan en coupe d'un cerveau atteint d'Alzheimer

Sulcus

Gyrus

Ventricule

Langage

Mémoire

Sulcus

Gyrus

Langage

Mémoire

Figure 6

Source : www.ahaf.org

Les causes

Le risque d'être touché par la maladie d'Alzheimer est de 10 à 15 %, c'est-à-dire qu'environ 15 personnes sur 100 la développeront avant d'atteindre 85 ans. Contrairement à la croyance populaire, les facteurs héréditaires ne sont responsables que d'une minorité des cas d'Alzheimer (25 %), la grande majorité (75 %) étant plutôt de nature sporadique, c'est-à-dire causés par une interaction complexe entre notre bagage génétique et une panoplie de facteurs liés au mode de vie (Figure 7).

On ne choisit pas ses parents...

L'influence des facteurs héréditaires dans l'apparition de la maladie d'Alzheimer est bien illustrée par les observations montrant que les parents au premier degré d'une personne atteinte de la maladie d'Alzheimer ont un risque environ deux fois plus élevé que les autres d'être touchés par cette maladie (30 % contre 15 %). Cette contribution est particulièrement spectaculaire dans l'apparition précoce de la maladie d'Alzheimer, des cas fort heureusement très rares (moins de 5 %)

qui surviennent avant l'âge de 65 ans et même parfois beaucoup plus tôt (des cas touchant des personnes de 24 ans ont été rapportés). Ces dégénérescences prématurées sont causées par des défectuosités dans certains gènes qui participent directement au métabolisme du peptide Aβ (préséniline 1 et 2 ainsi que le précurseur d'amyloïde APP), avec comme résultat tragique d'accélérer considérablement la formation des plaques séniles qui détruisent les neurones (Figure 8).

Le facteur héréditaire le plus souvent impliqué dans la genèse de la maladie d'Alzheimer est le gène codant pour l'apoprotéine E (ApoE), une protéine participant au transport des lipoprotéines et du cholestérol dans le sang et qui joue un rôle critique dans la régulation des quantités de peptide Aβ présents dans le cerveau. Le gène responsable de la fabrication de cette protéine

Des gènes de la dégénérescence...	
% des cas d'Alzheimer précoce	**Gènes**
50-70 %	Préséniline-1 (PSEN1)
10-15 %	Précurseur amyloïde (APP)
<1 %	Préséniline-2 (PSEN2)

Figure 8 Source: *Am. J. Alzheimers Dis. Other Demen.* 2007; 22; 37-41

est polymorphe, c'est-à-dire qu'il existe sous des formes différentes dans le bagage génétique humain, ce qui permet la production de trois formes distinctes de la protéine: ApoEε2, ApoEε3 et ApoEε4. La version ApoEε3 accomplit sa fonction normalement, mais plusieurs études indiquent que la forme ApoEε4 est beaucoup moins efficace et augmente significativement le risque de développer la maladie d'Alzheimer.

Puisque notre ADN contient deux versions de chacun de nos gènes (provenant de notre père et de notre mère), six combinaisons différentes d'ApoE sont possibles (Figure 9). La majorité de la population possède au moins une copie de la forme normale de la protéine (ε3), mais un nombre significatif de personnes (25 %) possède au moins une copie de ε4 et certains (1 %) ont même deux copies de ce gène. Les personnes qui possèdent une copie de cette version ont trois fois

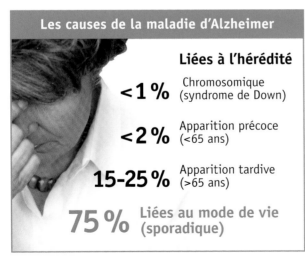

Les causes de la maladie d'Alzheimer

Liées à l'hérédité

<1 % Chromosomique (syndrome de Down)

<2 % Apparition précoce (<65 ans)

15-25 % Apparition tardive (>65 ans)

75 % Liées au mode de vie (sporadique)

Figure 7 Source: *Am. J. Alzheimers Dis. Other Demen.* 2007; 22; 37-41

plus de risque de développer un Alzheimer alors que celles qui expriment les deux versions voient leur risque augmenter de quinze fois (Figure 9). Concrètement, la présence de ApoEε4 signifie que l'apparition des premiers symptômes de la maladie d'Alzheimer peut survenir de cinq à dix ans plus tôt que dans la population en général chez les personnes qui possèdent une version ε4 de ce gène, et de dix à vingt ans plus tôt chez celles qui ont les deux versions. Cependant, et il s'agit là d'un point extrêmement important, la présence du gène ApoEε4 n'est ni suffisante ni nécessaire pour le développement de la maladie d'Alzheimer: plusieurs personnes ayant une version de ce gène ne développeront jamais de

signes de la maladie et, même chez les personnes qui possèdent les deux versions de ce gène, 50 % ne seront pas affectées par l'Alzheimer. L'ApoEε4 est donc un exemple éclatant d'un gène qui prédispose à une maladie mais dont le potentiel destructeur dépend de la contribution d'autres facteurs, autant génétiques qu'extérieurs. Et parmi ceux-ci, aucun ne joue un rôle aussi important que le mode de vie.

... mais on choisit son mode de vie!

La maladie d'Alzheimer n'est pas un phénomène qui apparaît du jour au lendemain: des autopsies réalisées sur le cerveau de personnes saines décédées accidentellement ont montré que, dès l'âge de 47 ans, 50 % présentaient déjà des dégénérescences neurofibrillaires caractéristiques de la maladie, en particulier au niveau de l'hippocampe. Il semble donc que la formation de lésions cérébrales soit un phénomène qui se produise relativement tôt dans l'existence et que nous courions, par conséquent, constamment le risque de développer la maladie d'Alzheimer. Cependant, la proportion de personnes atteintes à un âge avancé (80 ans) est beaucoup plus faible (15 %) que ne laisse prévoir ce taux de 50 % de lésions précoces, indiquant que d'autres facteurs, fort probablement associés au mode de vie, peuvent retarder le développement de cette forme de neurodégénérescence. Comme pour les autres maladies chroniques évoquées précédemment,

La protéine ApoE et l'Alzheimer		
Versions du gène ApoE	% de la population	Augmentation du risque de la maladie d'Alzheimer
ε2/ε2	<2 %	—
ε2/ε3	15 %	—
ε2/ε4	<2 %	—
ε3/ε3	55 %	—
ε3/ε4	25 %	3 fois
ε4/ε4	<2 %	15 fois

Figure 9

l'identification de ces facteurs peut donc constituer une des meilleures armes mises à notre disposition pour empêcher, ou à tout le moins pour retarder le plus longtemps possible, l'apparition de la maladie d'Alzheimer.

Un exemple évident de l'influence du mode de vie sur le développement de la maladie d'Alzheimer est la grande variation qui existe dans l'incidence de cette maladie sur diverses populations du globe. Par exemple, alors que les habitants des pays occidentaux, en particulier l'Amérique du Nord et l'Europe, sont durement touchés, les personnes âgées vivant dans d'autres régions,

notamment l'Inde et l'Afrique, sont beaucoup moins affectées par cette maladie (Figure 10). Certaines régions de l'Inde, notamment celle de Ballabgarh dans le nord du pays, ont un des plus faibles taux de maladie d'Alzheimer répertorié à ce jour, près de six fois plus faible que celui de la population occidentale. Ces différences internationales ne semblent pas être liées à des facteurs génétiques (comme pour le gène ApoEε4, par exemple), car la comparaison de populations ayant un bagage génétique similaire montre d'importantes différentes dans le risque d'être affecté par les démences à un âge avancé. Ainsi,

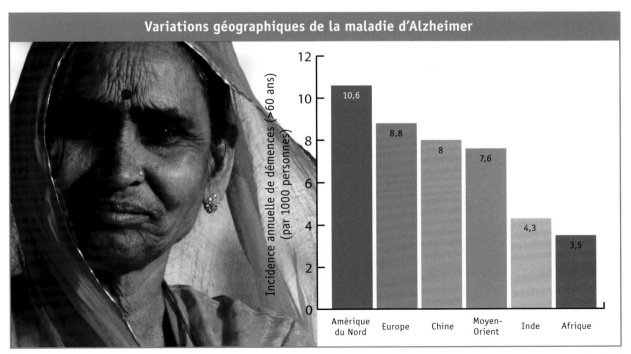

Figure 10

Source : *Lancet* 2005; 366 : 2112-2117

malgré leurs ancêtres communs, les Yoruba du Nigeria et les Américains d'origine africaine montrent des différences très importantes dans leur risque d'être touchés par les démences comme la maladie d'Alzheimer, l'incidence de ces maladies étant plus de 200 % plus élevée chez les Afro-Américains (Figure 11). Cette augmentation du risque de démence associée à des changements de mode de vie peut même être rapide : par exemple, l'étude de populations migrantes a révélé que des Japonais ayant émigré vers Hawaï ont vu la proportion de maladie d'Alzheimer augmenter significativement par rapport à leurs compatriotes restés au Japon.

De grosses pertes de mémoire

Parmi tous les facteurs associés au mode de vie, une mauvaise alimentation, l'inactivité physique et intellectuelle ainsi que le tabagisme sont maintenant reconnus comme les principaux aspects qui peuvent favoriser le développement de la maladie d'Alzheimer (Figure 12). L'impact de l'alimentation est particulièrement intéressant car il suppose que le risque d'être touché par cette

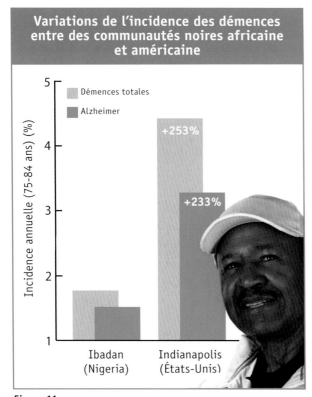

Variations de l'incidence des démences entre des communautés noires africaine et américaine

Démences totales

Alzheimer

+253%

+233%

Incidence annuelle (75-84 ans) (%)

Ibadan (Nigeria)   Indianapolis (États-Unis)

Figure 11

Source : *Lancet* 2005 ; 366:2112-2117

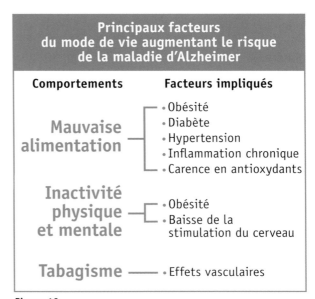

Principaux facteurs du mode de vie augmentant le risque de la maladie d'Alzheimer

Comportements	Facteurs impliqués
Mauvaise alimentation	• Obésité • Diabète • Hypertension • Inflammation chronique • Carence en antioxydants
Inactivité physique et mentale	• Obésité • Baisse de la stimulation du cerveau
Tabagisme	• Effets vasculaires

Figure 12

maladie pourrait être diminué en utilisant des stratégies préventives similaires à celles qui ont été décrites précédemment pour les maladies cardiovasculaires, le diabète et le cancer.

D'ailleurs, il est intéressant de constater que la plupart des comportements alimentaires reconnus pour augmenter la probabilité d'être touché par l'une ou l'autre de ces maladies chroniques ont été également associés à une hausse du risque de la maladie d'Alzheimer.

L'obésité – L'excédent de poids associé à une mauvaise alimentation ne favorise pas seulement le développement des maladies cardiovasculaires, du diabète ainsi que du cancer, il participe aussi activement au déclin cognitif et à une augmentation du risque de maladie d'Alzheimer. Des études récentes suggèrent que le cerveau de personnes dans la cinquantaine qui souffrent d'obésité présente des anomalies caractéristiques d'un vieillissement accéléré des neurones, ce qui suggère que ces personnes pourraient courir plus de risque d'être touchées par des neurodégénérescences au cours de leur vie. Les personnes obèses ont environ deux fois plus de risque de souffrir de démence à un âge avancé que les personnes minces, le risque étant même quatre fois plus élevé dans le cas des personnes qui possèdent un excédent de graisse au niveau abdominal. Cette hausse du risque est également observée pour d'autres paramètres associés à une mauvaise alimentation, comme l'hypertension ou l'hypercholestérolémie. Par exemple, des personnes de 50 ans

qui présentent l'une ou l'autre de ces trois affections ont deux fois plus de risque d'être touchées par la maladie d'Alzheimer vingt ans plus tard (Figure 13). Si l'obésité est accompagnée d'hypertension et d'un niveau de cholestérol au-delà de la normale, comme c'est malheureusement trop souvent le cas, le risque de maladie d'Alzheimer fait alors un saut vertigineux, devenant six fois plus élevé que pour les gens qui ne présentent aucune de ces anomalies. Ce lien n'est pas seulement observé pour les obèses : les personnes en surpoids (IMC 25-30, ce qui correspond à près de la moitié de la population occidentale) voient également leur risque de démence devenir plus élevé à un âge avancé que les personnes minces. Bien que les mécanismes liant le surpoids à la maladie d'Alzheimer ne soient pas encore compris, ces observations illustrent une nouvelle fois à quel point l'obésité est un état médical sérieux pouvant entraîner une multitude de problèmes de santé graves.

La résistance à l'insuline – Plus de 80 % des patients atteints par la maladie d'Alzheimer présentent des symptômes de résistance à l'insuline ou sont touchés par le diabète de type 2, ce qui suggère l'existence d'un lien étroit entre ces deux maladies. D'ailleurs, de nombreuses observations ont clairement établi que des déséquilibres dans le métabolisme du glucose sont très souvent associés à un déclin cognitif (en particulier au niveau de la mémoire), incluant les démences. Par exemple, plusieurs études ont montré que les personnes diabétiques avaient deux fois plus de risque d'être touchées par la maladie d'Alzheimer, certaines ayant même rapporté que les personnes souffrant de diabète au milieu de leur vie (40-50 ans) avaient jusqu'à 400 % plus de risque d'être touché par la maladie d'Alzheimer à un âge avancé ! Cet impact négatif du diabète est probablement dû à un vieillissement prématuré des cellules cérébrales : des études de résonance magnétique ont révélé que le cerveau de personnes de 60 ans diabétiques depuis moins de dix ans montrait déjà des signes d'atrophie, particulièrement au niveau de la région cruciale pour la mémoire (l'hippocampe), et que cette réduction était effectivement associée à des problèmes de mémorisation à court terme.

Comme nous l'avons vu dans le chapitre 6, la résistance à l'insuline et le diabète de type 2 entraînent de multiples dérèglements du métabolisme, et il semble que ces altérations participent au déclin cognitif (Figure 14). D'une part, le déséquilibre des niveaux de lipides sanguins (triglycérides, cholestérol) favorise la formation de plaques d'athéromes (athérosclérose) ainsi que le développement de l'hypertension, deux facteurs qui augmentent le risque d'AVC et par conséquent de dommages cérébraux qui peuvent dégénérer en démences vasculaires et d'Alzheimer. D'autre part, la trop grande quantité de glucose sanguin est fort dangereuse pour le cerveau, car elle accroît non seulement le risque d'AVC,

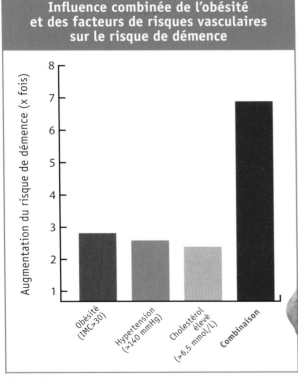

Influence combinée de l'obésité et des facteurs de risques vasculaires sur le risque de démence

Axe des ordonnées : Augmentation du risque de démence (x fois) — graduée de 1 à 8

Catégories : Obésité (IMC>30) ; Hypertension (>140 mmHg) ; Cholestérol élevé (>6,5 mmol/L) ; **Combinaison**

Figure 13 Source : *Arch. Neurology* 2005 ; 62 : 1556-1560

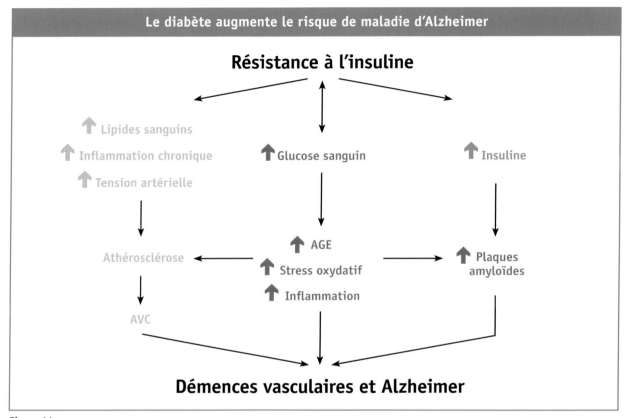

Figure 14

conséquence du stress oxydatif et de l'inflammation imposés aux vaisseaux sanguins, mais également la formation des plaques amyloïdes qui favorise la progression de la maladie d'Alzheimer. Enfin, le surplus d'insuline sécrétée par le pancréas pour compenser la résistance à cette hormone contribue directement à la formation de plaques amyloïdes.

Le vieillissement prématuré du cerveau est donc une conséquence directe des désordres associés à un déséquilibre du métabolisme du glucose, augmentant du même coup les risques de déclin cognitif et, finalement, de démence comme la maladie d'Alzheimer. Compte tenu de la hausse dramatique du nombre de personnes qui présentent de telles anomalies observée au cours des dernières années, il est troublant de penser que cette augmentation du diabète risque de se traduire d'ici quelques années par une hausse parallèle de la maladie d'Alzheimer et d'autres désordres neurologiques graves. D'ailleurs, des études récentes indiquent que plus de la moitié des personnes atteintes de la maladie de Parkinson, une autre maladie du système neurologique, montrent des anomalies du métabolisme du glucose et que le diabète de type 2 augmente de près de 100 % le risque d'être touché par cette maladie.

Les solutions : prévenir la maladie d'Alzheimer

La maladie d'Alzheimer n'est pas une conséquence inévitable du vieillissement mais bien une maladie chronique dont le développement est étroitement lié aux habitudes de vie. Tout comme l'ensemble des maladies évoquées dans ce livre, il est donc possible de prévenir ou à tout le moins de retarder significativement l'apparition de la maladie d'Alzheimer en prêtant une attention particulière à certains aspects du mode de vie. Cette approche préventive peut entraîner des répercussions très positives : en effet, puisque l'incidence de la maladie d'Alzheimer augmente de façon exponentielle avec l'âge, avec une hausse dramatique après 85 ans, on estime que le simple fait de retarder son apparition de cinq ans pourrait entraîner une réduction de 50 % des cas d'ici 2050...

Des végétaux qui aident la mémoire !

Plusieurs études épidémiologiques indiquent que la consommation d'aliments d'origine végétale est corrélée avec une incidence réduite de la maladie d'Alzheimer. Par exemple, la consommation quotidienne de fruits et légumes est associée à une baisse de 30 % du risque de démence, ce qui, avouons-le, constitue une autre excellente raison d'inclure ces aliments le plus souvent possible au menu !

Compte tenu du rôle central du stress oxydatif et de l'inflammation dans l'étiologie (l'ensemble des causes) de la maladie d'Alzheimer, il est évident que les nombreuses activités antioxydante et anti-inflammatoire associées à l'ensemble des produits végétaux participent activement à l'effet préventif de ces aliments. L'addition d'antioxydants, comme les bleuets ou la grenade, au régime alimentaire de souris génétiquement prédisposées à développer la maladie d'Alzheimer provoque une réduction du nombre de plaques amyloïdes ainsi qu'une amélioration notable de leurs fonctions cognitives ! En plus de ces propriétés, certains aliments d'origine végétale ont une action directe sur la formation des plaques amyloïdes et revêtent par conséquent un intérêt particulier (Figure 16).

Le vin rouge – Des études ont rapporté que les personnes qui consomment régulièrement des quantités modérées de vin rouge (un à deux verres par jour) ont un risque considérablement réduit d'être touchées par la maladie d'Alzheimer, un effet protecteur qui semble associé à la présence de resvératrol dans cette boisson. En effet, en plus de ses propriétés antioxydantes et anti-inflammatoires, le resvératrol se distingue par sa capacité à accélérer la dégradation du peptide bêta-amyloïde, ce qui réduit la formation des plaques essentielles à la progression de la maladie. Cependant, l'alcool participe également à cette protection car la consommation modérée de vin, bière ou spiritueux entraîne une baisse marquée

du risque de démence, autant vasculaire que d'Alzheimer (Figure 15), un effet sans doute lié à l'impact positif de l'alcool sur le système cardiovasculaire. Cependant, comme dans le cas des maladies cardiovasculaires, la consommation abusive d'alcool sous toutes ses formes (plus de quatre verres par jour) entraîne une hausse importante des deux types de démences, illustrant encore une fois à quel point l'alcool est une arme à double tranchant qu'il faut savoir utiliser intelligemment.

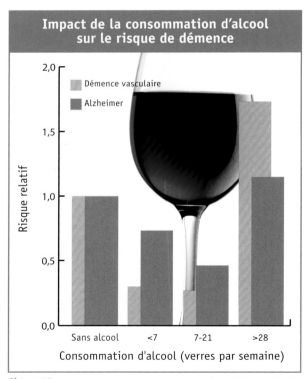

Figure 15

Source: *Lancet* 2002 ; 359 : 281-286

CHAPITRE 8 ■ *Mens sana in corpore sano*

Des molécules anti-Alzheimer

Molécules

Mécanismes à l'œuvre

Resvératrol
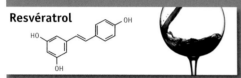

Vin rouge
• Favorise la dégradation des plaques amyloïdes
• Protège les neurones des effets toxiques de l'amyloïde
• Forte activité antioxydante et anti-inflammatoire

Curcumine
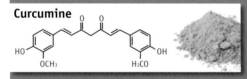

Curcuma
• Empêche la formation des plaques amyloïdes
• Protège les neurones des effets toxiques de l'amyloïde
• Forte activité antioxydante et anti-inflammatoire

EGCG

Thé vert
• Empêche la formation des plaques amyloïdes
• Protège les neurones des effets toxiques de l'amyloïde

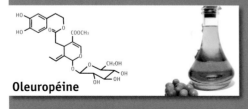
Oleuropéine

Huile d'olive
• Antioxydant
• Interagit avec les peptides amyloïdes
  et préviendrait leur agrégation

Figure 16

Le curcuma – Sans doute la molécule la plus anti-inflammatoire du règne végétal, la curcumine de l'épice curcuma possède la propriété d'empêcher l'agrégation du peptide Aβ, réduisant du même coup la formation des plaques amyloïdes, et protège également les neurones des effets toxiques associés à ces plaques. Il est probable que ces mécanismes jouent un rôle dans la plus faible incidence de la maladie d'Alzheimer en Inde, pays où l'on consomme les plus grandes quantités de curcuma. D'ailleurs, une étude récente montre que les personnes qui consomment souvent des plats à base de curry (et donc de curcuma) sont moins sujettes au déclin cognitif associé à l'âge.

D'autres épices et aromates possèdent des propriétés qui pourraient participer à la prévention de la maladie d'Alzheimer. Les exemples les mieux connus sont sans doute la sauge (*Salvia officinalis*) et son proche parent le romarin (*Rosmarinus officinalis*), deux herbes reconnues pour leur potentiel antioxydant et anti-inflammatoire. Déjà au XVIᵉ siècle, Shakespeare en vantait les vertus : « Voici du romarin, c'est pour le souvenir. Je vous en prie, mon amour, souvenez-vous » (*Hamlet*, Acte IV, scène 5). En effet, l'acide rosmarinique contenu dans ces herbes a récemment été identifié comme une molécule capable de protéger les neurones contre plusieurs effets toxiques associés au peptide Aβ, une activité qui pourrait expliquer l'amélioration des fonctions cognitives produite par des extraits de ces herbes observée dans certaines études.

Le thé vert – Plusieurs études réalisées en laboratoire ont montré que les polyphénols du thé vert, notamment l'épigallocatéchine gallate (EGCG), possèdent plusieurs propriétés neuroprotectrices qui pourraient participer à la prévention de maladies neurodégénératives comme la maladie d'Alzheimer et de Parkinson. Les études indiquent que la consommation quotidienne de deux tasses ou plus de thé vert réduit considérablement le risque d'être atteint par la maladie de Parkinson. L'impact potentiel de la consommation régulière de thé vert sur le risque de maladie d'Alzheimer est fort intéressant : des études récentes réalisées auprès de personnes âgées ont montré que les personnes qui consomment plus de deux tasses de thé vert par jour ont un risque de perte des fonctions cognitives significativement réduit (près de 60 %) par rapport à celles qui n'en consomment que rarement (moins de trois tasses par semaine). À l'opposé, les personnes qui boivent régulièrement du thé noir ou encore du café ne montrent pas de réduction du risque (Figure 17).

L'huile d'olive – Des études épidémiologiques indiquent que l'adoption d'une alimentation de type méditerranéen est associée à une baisse significative du risque de développer la maladie d'Alzheimer. Pierre d'assise de ce mode d'alimentation, l'huile d'olive semble jouer un rôle clé dans cet effet protecteur : d'une part, le contenu élevé en gras mono-insaturés de l'huile d'olive augmente les taux du cholestérol-HDL (le bon !), un effet bénéfique pour le cerveau puisqu'une

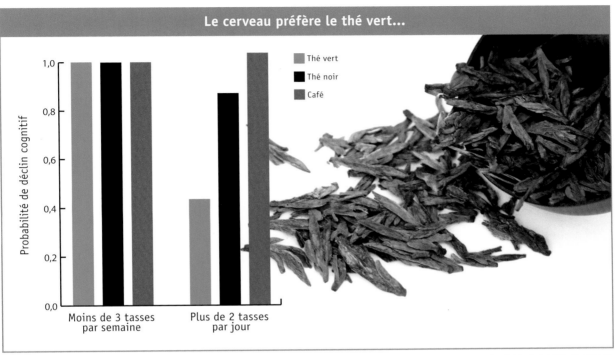

Le cerveau préfère le thé vert...

Légende :
- Thé vert
- Thé noir
- Café

Axe vertical : Probabilité de déclin cognitif (de 0,0 à 1,0)

Axe horizontal : Moins de 3 tasses par semaine / Plus de 2 tasses par jour

Figure 17

Source : *Am. J. Clin. Nutr.* 2006 ; 83 : 355-361

faible quantité de HDL a été associée à un déclin cognitif et à la démence dans plusieurs études. D'autre part, l'huile d'olive se distingue des autres huiles végétales par son contenu en polyphénols comme l'oléocanthal, l'hydroxytyrosol ou encore l'oleuropéine. Ces molécules possèdent des activités anti-inflammatoires et, dans le cas de l'oleuropéine, interagissent même directement avec le peptide Aβ, ce qui pourrait empêcher son agrégation et la formation de plaques amyloïdes.

Oméga-3 : des gras « intelligents »

La consommation abondante d'aliments riches en gras saturés ou en gras trans augmente considérablement le risque de maladie d'Alzheimer, un effet lié autant à l'augmentation de l'athérosclérose induite par ces gras (voir chapitre 5) qu'à leur impact direct sur la formation des plaques amyloïdes. Des autopsies réalisées sur des sujets de 40 ans et plus ont permis d'observer une relation entre le niveau de cholestérol sanguin et la présence accrue de plaques amyloïdes. Chez les personnes âgées de 40 à 55 ans, le simple fait d'augmenter le cholestérol sanguin de 4,7 à 5,2 mmol (ce qui représente le passage d'un niveau désirable à un niveau de risque plus élevé de maladies cardiovasculaires) triplait la formation de ces plaques ! Ces observations concordent avec plusieurs études montrant que les utilisateurs réguliers des statines, les médicaments qui diminuent les taux de cholestérol-LDL, ont un risque moins élevé d'Alzheimer.

À l'inverse, d'autres types de matières grasses, notamment les gras polyinsaturés oméga-3, ont été à maintes reprises proposés comme des substances pouvant participer activement à la prévention de la maladie d'Alzheimer. Cet effet protecteur est logique car on sait depuis longtemps que les acides gras oméga-3 sont absolument essentiels au développement du cerveau et des cellules de la rétine et jouent un rôle crucial dans la transmission de l'influx nerveux. D'ailleurs, le fœtus est particulièrement avide de ces gras au cours du dernier trimestre (il accumule près de 70 mg d'oméga-3 chaque jour), et plusieurs études ont montré que la consommation maternelle d'oméga-3 durant cette période améliorait l'acuité visuelle ainsi que la motricité des enfants.

Cet impact positif des oméga-3 sur les fonctions neuronales semble également jouer un rôle déterminant dans la prévention de la maladie d'Alzheimer. De nombreuses études ont montré que les personnes qui consommaient les niveaux les plus élevés d'acide docosahexaénoïque (DHA, présent dans les poissons gras), le principal acide gras oméga-3 à longue chaîne, avaient un risque significativement plus faible d'être atteintes par cette maladie. Par exemple, chez les personnes qui ne possèdent pas la version d'ApoE associée à la maladie (soit 75 % de la population), on a observé que la consommation d'au moins une portion de poissons gras par semaine entraîne une réduction de 35 % du risque de développer la maladie d'Alzheimer comparativement aux personnes qui n'en consomment presque jamais. Ces résultats concordent avec l'observation que les cerveaux des patients atteints par la maladie d'Alzheimer ont un contenu en DHA plus faible que celui des personnes saines, en particulier au niveau de l'hippocampe et du lobe frontal. Même si les mécanismes exacts responsables de cet effet protecteur demandent à être précisément identifiés, il semble que le DHA protège les neurones des effets neurotoxiques induits par les plaques amyloïdes et préserve ainsi leur fonction. Cependant, puisqu'une réduction du risque de la maladie d'Alzheimer a également été observée pour les oméga-3 à courte chaîne présents dans les huiles végétales (lin, canola, chia), il est tentant de supposer que l'effet anti-inflammatoire de ces gras participe aussi à la prévention de la maladie. Cet effet est d'autant plus probable que les études ont montré que les utilisateurs réguliers d'anti-inflammatoires synthétiques étaient moins souvent touchés par la maladie d'Alzheimer.

Faire travailler ses neurones... et le corps en général !

La pratique régulière d'activités cognitives est un autre facteur crucial pour faire reculer l'âge auquel les premiers symptômes de la maladie d'Alzheimer apparaissent. Par exemple, on sait depuis longtemps que le risque de cette maladie est plus faible chez les personnes qui ont été stimulées au cours de l'enfance, un phénomène que l'on croit lié à la création d'une quantité élevée de connexions neuronales, une « réserve cognitive » qui permet de contrebalancer la dégénérescence qui survient à un âge avancé. Un tel effet bénéfique n'est cependant pas restreint à l'enfance : les adultes qui présentent un niveau élevé d'activités mentales, dans le cadre de leur travail ou de leurs loisirs, ont également un risque réduit de maladie d'Alzheimer. Il est donc probable que la stimulation intellectuelle constante renforce les connexions neuronales, en particulier au niveau des zones de la mémoire (l'hippocampe), et ainsi oppose une résistance farouche à la destruction des neurones associée au vieillissement.

L'activité physique régulière constitue en outre un facteur préventif important, et on estime qu'à lui seul l'exercice pourrait réduire de 30 % le risque de maladie d'Alzheimer. Il n'est jamais trop tard pour bien faire : les personnes âgées qui sont physiquement inactives peuvent diminuer de manière considérable leur risque d'être atteintes par la maladie d'Alzheimer en augmentant leur niveau d'activité physique quotidienne. Comme le disait John Adams, deuxième président des États-Unis : « Les vieux esprits sont comme les vieux chevaux ; il faut les exercer si on veut les garder en forme ! »

En résumé

- Comme toutes les maladies chroniques, le développement de la maladie d'Alzheimer est fortement influencé par les habitudes de vie, en particulier les facteurs de risque vasculaire (hypertension artérielle, athérosclérose, diabète, obésité, tabac), l'alimentation et l'activité physique.

- Privilégier une alimentation riche en fruits, en légumes et en poissons (oméga-3) ainsi qu'en aliments possédant une forte activité anti-inflammatoire (végétaux, curcuma) tout en étant actif physiquement et intellectuellement constitue une façon simple et efficace de réduire de manière considérable le risque d'être touché par cette maladie.

Faites comme moi,
épousez un archéologue.
C'est le seul homme
qui vous regardera
avec de plus en plus
d'intérêt à mesure que
passeront les années.

Agatha Christie (1890-1976)

Chapitre 9

Vieillir en santé... et en beauté

La perte graduelle des fonctions biologiques qui accompagne le vieillissement est une conséquence inéluctable de l'incroyable quantité d'énergie que doivent déployer les cellules de notre corps tout au long de notre existence. La consommation effrénée d'oxygène nécessaire au maintien des fonctions cellulaires est associée à la production d'importantes quantités de radicaux libres, des molécules hautement réactives qui provoquent d'innombrables dégâts aux principaux constituants de nos cellules. Comme nous l'avons vu dans les chapitres précédents, l'adoption de saines habitudes de vie contrebalance en grande partie les dommages causés par ces molécules et permet ainsi au processus de vieillissement de s'accomplir normalement, c'est-à-dire avec une perte progressive des fonctions cellulaires qui n'est cependant pas associée à l'apparition de maladies

chroniques. À l'inverse, un mode de vie malsain accentue les effets négatifs de ce stress métabolique, ce qui mène trop souvent au développement précipité de maladies graves qui diminuent la

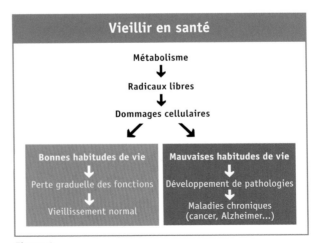

Figure 1

durée de l'existence (Figure 1). Chercher à vieillir en santé ne doit donc pas être confondu avec une quelconque quête de l'immortalité ; même si le vieillissement demeure « la seule maladie dont on ne peut espérer guérir » (Orson Welles), il s'agit d'éviter que le processus de vieillissement normal soit interrompu prématurément par l'apparition de maladies graves et de parvenir ainsi à jouir au maximum de la vie.

La mise en application des bonnes habitudes de vie essentielles à un vieillissement en santé devrait constituer une priorité absolue pour toute personne soucieuse de profiter au maximum de l'existence. Cependant, on constate paradoxalement que nous nous préoccupons souvent beaucoup plus des effets visibles du vieillissement – c'est-à-dire de notre apparence extérieure, en particulier de notre peau – que de ses répercussions sur le fonctionnement même de notre organisme. Ainsi, alors que les principaux aspects du mode de vie aptes à prévenir le développement des maladies chroniques ne sont adoptés que par une minorité de la population, la recherche de moyens pour freiner ou à tout le moins atténuer les signes du vieillissement extérieur n'a jamais été aussi populaire : on estime que l'industrie des cosmétiques génère des revenus annuels d'environ 200 milliards de dollars, une proportion toujours croissante de ces revenus provenant des ventes de divers produits « anti-âge » ainsi que des nombreuses techniques non chirurgicales destinées à amoindrir les signes extérieurs associés au passage du temps (Figure 2). Nous vivons donc dans

une société où l'apparence prime sur le bien-être intérieur et dans laquelle « avoir l'air plus jeune que son âge », quel qu'en soit le prix, constitue une préoccupation plus importante que la prévention de maladies aussi graves que le cancer ou l'Alzheimer.

Pourtant, la prévention des maladies n'est pas incompatible avec le maintien d'une belle apparence, bien au contraire. On sait depuis longtemps que notre teint ou notre aspect extérieur général procure très souvent des indices infaillibles sur notre état de santé ; historiquement, l'aspect de

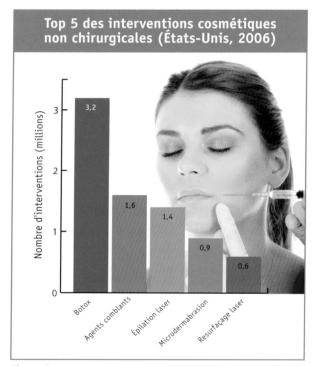

Figure 2

la peau était souvent le miroir de graves carences nutritionnelles en vitamines ou en acides gras essentiels, et certaines études ont même montré qu'« avoir l'air plus vieux que son âge » était associé à une hausse du risque de mort prématurée. Cette relation n'a rien d'étonnant, car on sait maintenant que plusieurs des facteurs du mode de vie qui participent à la prévention des maladies chroniques peuvent également avoir un impact déterminant sur l'apparence de la peau. Bref, santé peut être synonyme de beauté !

La peau, le plus grand organe du corps humain

Loin d'être une simple couche protectrice, la peau est au contraire l'organe le plus imposant du corps humain, couvrant une superficie variant entre 1,5 et 2 m² et représentant environ 15 % du poids corporel. Constituée de trois principales couches, soit l'épiderme, le derme et l'hypoderme (Figure 3), l'épaisseur de la peau peut varier considérablement selon la région du corps, mesurant moins de 0,5 mm au niveau des paupières et plus de 6 mm sur la plante des pieds. Chacune de ces couches joue un rôle important dans les multiples fonctions de la peau, que ce soit comme barrière chimique, physique ou biologique qui protège les autres organes de l'environnement, dans l'excrétion des déchets, le contrôle de la température corporelle ou encore dans la perception tactile (Figure 4).

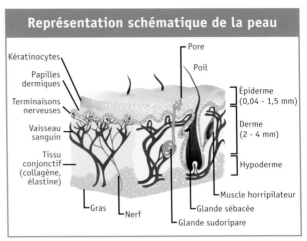

Figure 3   Source : uk.encarta.msn.com

Le vieillissement de la peau : les causes

Comme tous les organes du corps, la peau subit de multiples altérations au cours de l'existence, un vieillissement qui est facilement reconnaissable à des modifications importantes autant dans son apparence que dans sa couleur ou sa texture. Au cours du vieillissement, le renouvellement des cellules cutanées diminue de manière importante, ce qui crée un déséquilibre entre la croissance cellulaire normale et l'élimination des cellules mortes sur la surface de la peau. À l'intérieur du derme, les fibres de collagène et d'élastine commencent à se fragmenter vers l'âge de 30 ans, produisant une diminution de la résistance et de l'élasticité ainsi qu'une perte de soutien pour la peau qui entraîne un relâchement cutané facilement détectable par

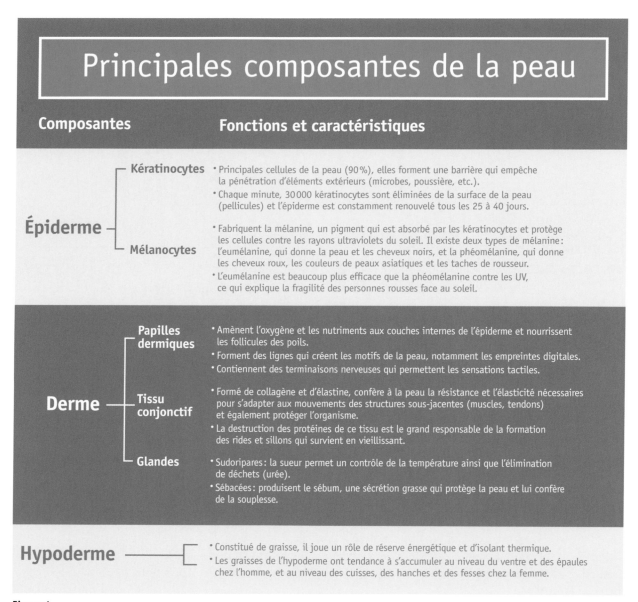

Principales composantes de la peau

Composantes	Fonctions et caractéristiques
Épiderme — Kératinocytes	• Principales cellules de la peau (90 %), elles forment une barrière qui empêche la pénétration d'éléments extérieurs (microbes, poussière, etc.). • Chaque minute, 30 000 kératinocytes sont éliminées de la surface de la peau (pellicules) et l'épiderme est constamment renouvelé tous les 25 à 40 jours.
Mélanocytes	• Fabriquent la mélanine, un pigment qui est absorbé par les kératinocytes et protège les cellules contre les rayons ultraviolets du soleil. Il existe deux types de mélanine : l'eumélanine, qui donne la peau et les cheveux noirs, et la phéomélanine, qui donne les cheveux roux, les couleurs de peaux asiatiques et les taches de rousseur. • L'eumélanine est beaucoup plus efficace que la phéomélanine contre les UV, ce qui explique la fragilité des personnes rousses face au soleil.
Derme — Papilles dermiques	• Amènent l'oxygène et les nutriments aux couches internes de l'épiderme et nourrissent les follicules des poils. • Forment des lignes qui créent les motifs de la peau, notamment les empreintes digitales. • Contiennent des terminaisons nerveuses qui permettent les sensations tactiles.
Tissu conjonctif	• Formé de collagène et d'élastine, confère à la peau la résistance et l'élasticité nécessaires pour s'adapter aux mouvements des structures sous-jacentes (muscles, tendons) et également protéger l'organisme. • La destruction des protéines de ce tissu est le grand responsable de la formation des rides et sillons qui survient en vieillissant.
Glandes	• Sudoripares : la sueur permet un contrôle de la température ainsi que l'élimination de déchets (urée). • Sébacées : produisent le sébum, une sécrétion grasse qui protège la peau et lui confère de la souplesse.
Hypoderme	• Constitué de graisse, il joue un rôle de réserve énergétique et d'isolant thermique. • Les graisses de l'hypoderme ont tendance à s'accumuler au niveau du ventre et des épaules chez l'homme, et au niveau des cuisses, des hanches et des fesses chez la femme.

Figure 4

l'apparition de ridules fines et de rides, en particulier au niveau des lignes d'expression faciale (Figure 5). Si ce processus est on ne peut plus normal, il peut être néanmoins considérablement accéléré par des facteurs extrinsèques du vieillissement et faire en sorte que nous pouvons avoir une apparence plus vieille que notre âge réel (Figure 6).

Les rayons UV – L'exposition excessive au soleil est sans contredit le principal facteur impliqué dans le vieillissement prématuré de la peau, un phénomène connu sous le nom de photo-vieillissement.

Pratiquement toutes les personnes d'origine caucasienne montrent dès l'âge de 15 ans des signes précurseurs de vieillissement cutané des régions exposées au soleil, alors que ces signes n'apparaissent normalement que vers l'âge de 30 ans pour les portions non exposées.

Cet impact négatif du soleil est dû aux effets néfastes des rayons ultraviolets A et B (UVA et UVB), deux types de radiations qui induisent de multiples altérations des constituants de la peau (Figure 7). Les UVB, qui ne représentent qu'environ 5 % des rayons ultraviolets, sont sans doute les mieux connus, autant pour leur capacité à

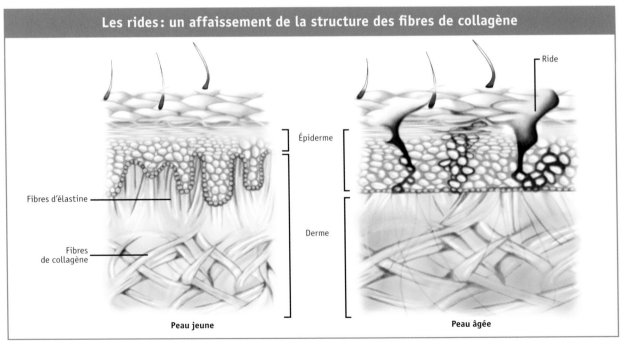

Les rides : un affaissement de la structure des fibres de collagène

Épiderme

Derme

Fibres d'élastine

Fibres de collagène

Ride

Peau jeune

Peau âgée

Figure 5

Source : www.jouviance.com/eng/images/aged_skin.jpg

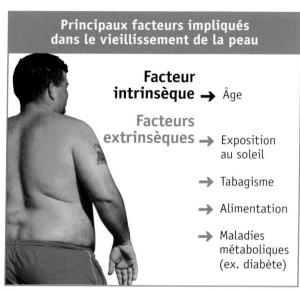

Principaux facteurs impliqués dans le vieillissement de la peau

Facteur intrinsèque → Âge

Facteurs extrinsèques → Exposition au soleil

→ Tabagisme

→ Alimentation

→ Maladies métaboliques (ex. diabète)

Figure 6

provoquer les irritations (érythèmes) caractéristiques des coups de soleil que pour leur rôle dans le développement des cancers de la peau, notamment les mélanomes. En agissant sur l'épiderme, ces rayons affectent directement le matériel génétique des cellules de la peau, provoquant ainsi des bouleversements qui favorisent l'apparition de cellules mutantes, la première étape de la carcinogenèse. La surexposition à ces rayons cause également la formation de radicaux libres ainsi que l'inflammation, deux processus qui procurent à ces cellules précancéreuses un environnement propice à leur développement. Les rayons UVB constituent donc un agent cancérigène « par excellence », capable à la fois de provoquer les mutations nécessaires

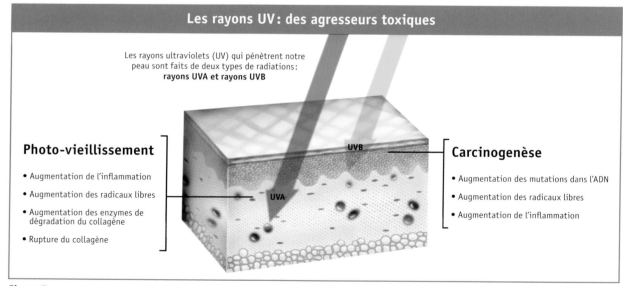

Les rayons UV : des agresseurs toxiques

Les rayons ultraviolets (UV) qui pénètrent notre peau sont faits de deux types de radiations : **rayons UVA et rayons UVB**

UVB

UVA

Photo-vieillissement

• Augmentation de l'inflammation

• Augmentation des radicaux libres

• Augmentation des enzymes de dégradation du collagène

• Rupture du collagène

Carcinogenèse

• Augmentation des mutations dans l'ADN

• Augmentation des radicaux libres

• Augmentation de l'inflammation

Figure 7

Source : adapté de www.fda.gov

à l'apparition de cellules cancéreuses et de moduler l'environnement cellulaire pour favoriser leur progression.

Beaucoup plus abondants que les UVB, les rayons UVA (95 % des radiations solaires) ont longtemps été considérés comme étant inoffensifs pour la peau étant donné leur plus faible niveau d'énergie. Cependant, on sait maintenant que ces rayons pénètrent plus profondément dans la peau et causent des dommages importants en déclenchant une cascade d'événements qui mène à une profonde désorganisation du tissu conjonctif. En effet, les UVA provoquent la formation de radicaux libres au niveau du derme, induisant une réponse inflammatoire qui culmine par la production d'enzymes (les métalloprotéinases) qui dégradent la matrice de collagène et déclenchent l'accumulation de fragments non fonctionnels. Cet impact est bien illustré par l'examen au microscope électronique des fibres de collagène provenant de peaux exposées au soleil pendant plusieurs années et qui montre une dégradation importante de ces fibres (Figure 8). Cette déstructuration de la matrice du derme entraîne également un élargissement des vaisseaux sanguins, qui peuvent alors devenir visibles à la surface de la peau, un phénomène connu sous le nom de télangiectasie (couperose).

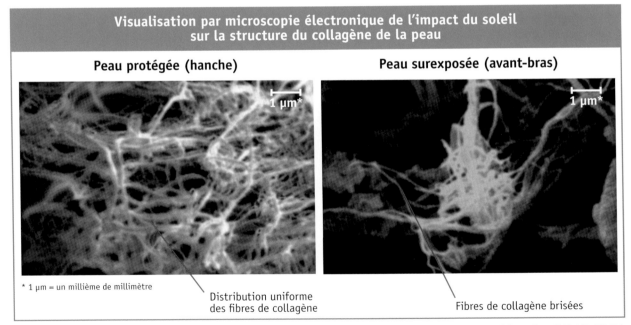

Visualisation par microscopie électronique de l'impact du soleil sur la structure du collagène de la peau

Peau protégée (hanche)

1 µm*

Peau surexposée (avant-bras)

1 µm*

* 1 µm = un millième de millimètre

Distribution uniforme des fibres de collagène

Fibres de collagène brisées

Figure 8

Source : *J. Invest. Derm.* 2003 ; 120 : 842-884

L'action synergique des rayons UVA et UVB sur la peau fait donc du soleil un agresseur redoutable, tant du point de vue du vieillissement prématuré de la peau que pour le déclenchement du cancer. Ces phénomènes sont intimement liés : en effet, le cancer de la peau se développe très souvent à partir de peaux qui ont subi un photo-vieillissement.

Le tabagisme – Si tout le monde est maintenant conscient que l'usage du tabac est un des principaux facteurs impliqués dans le développement de la plupart des maladies chroniques, peu de gens savent que le tabagisme constitue également l'une des principales causes de vieillissement prématuré de la peau. Par exemple, les fumeurs ont un risque d'arborer un excès de rides environ 300 % plus grand que les non-fumeurs, cet effet étant déjà visible dix ans après le début de l'usage régulier du tabac. Les effets du tabac sont particulièrement dévastateurs lorsqu'ils sont combinés à une exposition abusive au soleil : ainsi, une personne de 65 ans qui fume depuis l'âge de 15 ans et qui s'expose régulièrement au soleil voit son risque d'être ridée en excès devenir douze fois plus grand qu'un non-fumeur (Figure 9). Cette accélération du vieillissement est due principalement aux effets vasculaires du tabac : en réduisant la circulation sanguine au niveau des capillaires de la peau, le tabac entraîne une baisse de l'apport en oxygène et en nutriments et interfère par conséquent avec le renouvellement des cellules de la peau, ce qui contribue à la formation de rides. Cet effet est d'autant plus accentué que la fumée de cigarette endommage également les fibres de collagène et d'élastine du derme, réduisant l'élasticité du tissu, un facteur clé du vieillissement prématuré de la peau.

Les phénomènes de vieillissement accéléré de la peau associé aux rayons UV et au tabagisme ne doivent cependant pas seulement être considérés sous un angle esthétique. En effet, ce vieillissement cutané est également associé à un déclin des fonctions de défense, de cicatrisation, de perception et de thermorégulation de la peau ainsi qu'à une augmentation marquée du risque de cancer. Prévenir le photo-vieillissement grâce aux écrans solaires couvrant à la fois les UVB et les UVA ainsi qu'en cessant de fumer a donc des conséquences non seulement sur l'apparence extérieure mais aussi sur la santé de la peau en général.

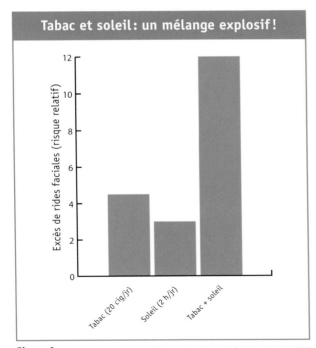

Tabac et soleil : un mélange explosif !

Excès de rides faciales (risque relatif)

Tabac (20 cig/jr) / Soleil (2 h/jr) / Tabac + soleil

Figure 9 Source : *Ann. Intern Med.* 1991 ; 114 : 840-884

Les solutions : prévenir le vieillissement prématuré de la peau

Puisque le vieillissement de la peau fait appel aux mêmes mécanismes que ceux qui sont à l'œuvre dans les autres organes, il n'est pas étonnant que plusieurs des aliments bénéfiques capables de retarder le vieillissement de la peau soient les mêmes que ceux qui sont impliqués dans la prévention des maladies chroniques. Par exemple, une étude réalisée auprès de personnes exposées à répétition au soleil dans le cadre de leurs activités quotidiennes a montré que la consommation de produits riches en gras saturés (beurre, produits laitiers entiers) de même qu'en sucre était corrélée avec une plus forte incidence de rides. À l'inverse, les personnes qui consommaient en abondance des légumes, de l'huile d'olive, des légumineuses ou du poisson avaient tendance à être moins ridées (Figure 10). Le rôle de l'alimentation dans l'apparence et la santé de la peau constitue donc une autre démonstration éclatante de l'impact extraordinaire que peuvent avoir nos choix alimentaires sur la santé de l'organisme en général.

Bien que la relation entre l'alimentation et l'apparence de la peau demeure un sujet relativement peu étudié, certains aliments semblent particulièrement actifs dans la prévention du vieillissement cutané.

Le thé vert – Le thé vert est sans doute l'aliment d'origine végétale dont les effets bénéfiques pour la peau sont les mieux caractérisés. En effet, plusieurs études ont montré que l'addition de thé vert au régime alimentaire d'animaux de laboratoire prévenait le photo-vieillissement ainsi que le cancer de la peau, un effet protecteur en grande partie dû à l'action inhibitrice de l'épigallocatéchine gallate (EGCG), le principal polyphénol du thé vert, sur plusieurs facteurs impliqués dans ces phénomènes. Outre son action antioxydante et anti-inflammatoire qui joue un rôle crucial dans la prévention de la carcinogenèse induite par les rayons UV, l'EGCG bloque la production des enzymes de dégradation du collagène (les métalloprotéinases) induite par l'exposition répétée aux UVA, ce qui prévient ainsi la perte de collagène inextricablement liée au phénomène de vieillissement. Même si l'effet du thé vert sur la peau n'est pas encore bien caractérisé, il semble que cette boisson possède une action bénéfique autant sur le photo-vieillissement que sur le processus de carcinogenèse induit par les rayons UV.

Les « super-fruits » – Le contenu exceptionnel en antioxydants de certains fruits pourrait également contribuer à retarder le vieillissement de la peau. Par exemple, des extraits de grenade (*Punica granatum*),

un fruit depuis longtemps employé au Moyen-Orient, en Inde et en Iran pour traiter les inflammations cutanées, bloquent l'inflammation induite par les UVA et UVB au niveau des cellules de la peau et préviennent le développement de lésions cutanées induites par ces rayons. Dans la même veine, l'addition d'extraits de raisin au régime alimentaire d'animaux de laboratoire contrecarre les dommages à la peau causés par les UV, un effet qui est dû, au moins en partie, à la présence de resvératrol dans ces fruits. En effet, la forte activité antioxydante et anti-inflammatoire de cette molécule interfère avec l'action néfaste des radicaux libres au niveau de la

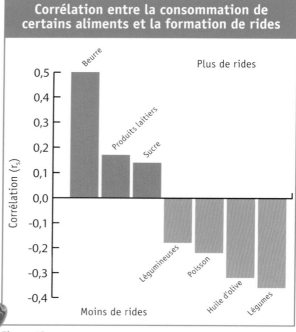

Corrélation entre la consommation de certains aliments et la formation de rides

Figure 10

Source: *J. Am. Coll. Nutr.* 2001; 20 : 71-80

peau et empêche ainsi l'activation des processus impliqués dans le photo-vieillissement. Le resvératrol a des effets d'autant plus positifs que cette molécule possède une activité anticancéreuse hors du commun, qui consiste à bloquer la croissance d'un grand nombre de cellules cancéreuses dont celles qui proviennent de la peau.

L'huile d'olive – En plus de son rôle essentiel dans l'alimentation des peuples du Bassin méditerranéen, l'huile d'olive a toujours été considérée comme une substance bénéfique pour la peau (dans l'Antiquité, les Grecs allaient même jusqu'à se baigner dans l'huile d'olive pour préserver leur beauté !). Cet effet ne semble pas restreint à l'usage topique de l'huile mais pourrait également s'appliquer à l'huile consommée dans l'alimentation. En effet, le contenu élevé de l'huile d'olive en polyphénols antioxydants et anti-inflammatoires protège du stress oxydatif et pourrait ainsi réduire l'impact des radicaux libres sur la structure des fibres de la peau.

Les légumes – Certaines classes de molécules que l'on trouve en grandes quantités dans les légumes possèdent la propriété de ralentir le vieillissement de la peau en interférant avec la production de radicaux libres. L'exemple le mieux caractérisé est sans doute les caroténoïdes, les pigments responsables de la couleur orange, jaune ou rouge de plusieurs végétaux (Figure 11). Des études ont révélé qu'un apport alimentaire accru en aliments riches en caroténoïdes était associé à une

Les principaux caroténoïdes	
Caroténoïdes	**Principales sources**
β-carotène	Carotte, patate douce, cresson
Lycopène	Tomate
Zéaxanthine	Maïs, légumes verts
Néoxanthine	Épinard
Fucoxanthine	Algues marines
Capsanthine	Poivron rouge
Lutéine	Légumes verts

Figure 11

meilleure protection face aux rayons UV. En effet, les caroténoïdes, qui constituent la principale source de molécules antioxydantes, sont trouvés en grandes quantités au niveau de la peau. De tous les caroténoïdes, le lycopène, une molécule présente en grandes quantités dans les tomates, est de très loin la plus efficace pour neutraliser les radicaux libres produits par l'action des rayons UV, et son influence pourrait ralentir le vieillissement de la peau. Par exemple, une étude a montré que la consommation quotidienne de pâte de tomate était associée à une augmentation d'environ 30 % du degré de protection de la peau face au soleil ainsi qu'à une hausse importante des niveaux de collagène, deux facteurs cruciaux pour le maintien de l'intégrité de la peau.

L'identification d'autres substances dans les végétaux qui pourraient aussi contribuer à freiner le photo-vieillissement ne fait que commencer, mais les résultats sont néanmoins prometteurs. La silibinine, une molécule présente dans l'artichaut, qui est depuis longtemps reconnue comme un agent efficace pour la prévention du cancer du foie, est certainement un bon exemple. Des études ont montré que cette molécule possède également une activité exceptionnelle de prévention de la carcinogenèse de la peau induite par les UVB, ce qui illustre encore une fois à quel point les effets préventifs des aliments d'origine végétale contre le développement de pathologies des organes internes peuvent aussi s'avérer des armes extrêmement intéressantes pour la prévention des dommages extérieurs, au niveau cutané.

Wabi-sabi

Notre préoccupation de l'apparence – héritière des idéaux de beauté et de perfection de la civilisation grecque – nous fait trop souvent oublier l'importance qu'occupe le bien-être intérieur dans l'atteinte de la beauté extérieure. En ce sens, la prévention du vieillissement prématuré de la peau par l'adoption d'un mode de vie sain vient nous rappeler que ces deux versants sont indissociables et que l'apparence extérieure n'est très souvent que la manifestation d'un équilibre intérieur, une bonne santé qui découle d'une alimentation de qualité conjuguée à l'absence d'agresseurs toxiques de l'environnement, comme les rayons UV ou la fumée de cigarette. En ce sens, on doit donc considérer la prévention du vieillissement cutané non pas comme un objectif en soi mais plutôt comme un « effet secondaire » très intéressant, intimement lié à l'adoption d'un mode de vie destiné à la prévention des maladies chroniques.

Réaliser l'existence d'un lien étroit entre notre apparence extérieure et le vieillissement de notre corps en général permet de mieux accepter les changements physiques qui surviennent en vieillissant et d'apprécier ces imperfections, signes indéniables de notre lent mais graduel cheminement de la naissance vers la mort. En ce sens, on peut s'inspirer du *wabi-sabi*, l'essence même de l'esthétique japonaise, selon laquelle la beauté des objets et des individus réside dans leur imperfection, leur impermanence et leur caractère incomplet. Le vieillissement, associé à la patine du temps, y est considéré avec admiration et respect, comme un signe de maturité, de sagesse et d'expérience. Cette vision du monde permet d'accepter les processus naturels de croissance, de dégénérescence et de mort et ainsi de considérer les signes extérieurs de notre vieillissement non pas comme des défauts, mais plutôt comme les marques indélébiles associées à la richesse de l'expérience humaine.

En résumé

• La peau, comme tous les organes du corps, subit de multiples altérations au cours du vieillissement, mais ce processus est malheureusement accéléré de façon considérable par l'usage du tabac ainsi que par l'exposition prolongée au soleil.

• L'adoption d'un mode de vie sain, basé sur une alimentation riche en fruits et en légumes combinée à l'absence du tabagisme et à une exposition modérée au soleil, constitue le meilleur rempart contre le vieillissement prématuré de la peau.

Nourris-toi bien de mets préparés avec soin
Garde-toi des aliments mal cuisinés
Ne mange jamais entre les repas
Veille à ce que les aliments soient coupés convenablement
Et que les sauces qui les accompagnent soient en harmonie avec eux.

Confucius

Chapitre 10

Vivre pour manger : la cuisine, culture de l'humanité

Les principales maladies chroniques qui nous affectent – qu'il s'agisse des maladies cardio-vasculaires, du diabète de type 2, du cancer ou encore de la maladie d'Alzheimer – sont très souvent perçues comme des conséquences inévitables du vieillissement, une sorte de « prix à payer » pour l'augmentation spectaculaire de l'espérance de vie que nous avons connue au cours du siècle dernier. Selon cette approche fataliste, vieillir est nécessairement associé à un déclin de notre état de santé et à une perte de qualité de vie, un phénomène contre lequel nous ne pouvons rien faire sinon espérer que les miracles de la médecine parviennent à soulager les maux associés à ces maladies et à ajouter ainsi quelques années de vie supplémentaires à notre existence.

Comme nous l'avons vu tout au long de ce livre, cette vision pessimiste est inexacte : même s'il est indéniable que le vieillissement est associé à une diminution progressive des fonctions de l'organisme, il est néanmoins possible de prévenir en grande partie le développement de ces maladies chroniques en prêtant une attention particulière à certains aspects de notre mode de vie, en particulier à nos habitudes alimentaires. Combinée avec les moyens extraordinaires dont dispose la médecine curative, une telle approche préventive représente donc la meilleure arme pour combiner longévité et qualité de vie et ainsi pouvoir profiter au maximum de la richesse de l'existence humaine.

La vie quotidienne de Mathusalem

Vivre plus de cent ans a toujours représenté un phénomène exceptionnel dans l'histoire de l'humanité, un exploit rarissime considéré avec curiosité, fascination et respect. Dans certains cas, cette longévité exceptionnelle a même acquis une dimension légendaire, comme en témoignent plusieurs personnages centraux de la tradition judéo-chrétienne, notamment Adam (930 ans), Seth (912 ans) et Mathusalem (969 ans).

Une telle caractéristique fascine encore de nos jours et on ne compte plus le nombre de publications qui ont décrit la longévité extraordinaire des habitants de l'archipel d'Okinawa au Japon, des îles de Crète en Grèce, de Sardaigne en Italie, de la péninsule de Nicoya au Costa Rica ou encore de la petite municipalité adventiste de Loma Linda en Californie. Alors que nous cherchons très souvent à associer l'espérance de vie exceptionnelle de ces populations à un quelconque « secret », un aliment ou encore un régime « miraculeux » qui protégerait ces personnes de la maladie, on sait maintenant que ces augmentations de longévité sont plutôt liées à un ensemble de facteurs associés au mode de vie. Tous les peuples qui présentent des longévités exceptionnelles ont comme caractéristique commune d'avoir un mode de vie optimal, c'est-à-dire basé sur les cinq principes énoncés en introduction de ce livre, soit:

· l'absence de tabagisme;
· le maintien d'un poids corporel santé;
· une consommation abondante de produits végétaux comme les fruits et légumes et les grains entiers;
· une activité physique régulière;

· une consommation minimale d'aliments riches en gras saturés (viandes rouges, produits laitiers complets), en sucres simples (sucreries, desserts) ainsi que d'aliments industriels transformés riches en calories, comme les produits de la malbouffe.

De tous ces principes, l'alimentation est sans contredit un de ceux qui exercent la plus grande influence sur le risque de maladies et, par ricochet, sur la probabilité de vivre longtemps en bonne santé. Parmi les modes d'alimentation reconnus comme étant bénéfiques pour la santé, il faut noter la place primordiale occupée par les produits d'origine végétale. Qu'il s'agisse des fruits et légumes, des produits céréaliers à base de grains entiers, des épices et aromates, de l'huile d'olive, du chocolat noir ou encore de certaines boissons comme le thé vert ou le vin rouge, le contenu exceptionnel de tous ces aliments d'origine végétale en plusieurs molécules phytochimiques protectrices joue un rôle extrêmement important dans le maintien d'une bonne santé physique et mentale. On croit couramment – ce qui est une erreur – qu'il n'y a qu'une bonne façon de s'alimenter pour parvenir à prévenir efficacement le développement des principales maladies chroniques; bien au contraire, il existe non pas un mais bien plusieurs régimes bénéfiques pour la santé! En pratique, l'omniprésence des végétaux dans ces modes d'alimentation permet une infinité de combinaisons possibles: par exemple, alors que dans l'alimentation traditionnelle d'Okinawa plus de 90% des calories proviennent des glucides présents dans les végétaux, cette proportion est complètement différente dans l'alimentation typique du Bassin méditerranéen (Crète, Sardaigne), où l'huile d'olive compte pour presque la moitié des calories quotidiennes. Il ne faut donc pas s'attarder outre mesure aux proportions de glucides, lipides ou protéines de l'alimentation, mais plutôt s'assurer que ces nutriments proviennent principalement d'aliments de source végétale plutôt qu'animale (Figure 1).

À l'opposé, les aliments riches en graisses saturées et/ou en sucres simples ainsi que les produits industriels surchargés de calories provoquent de multiples débalancements de l'équi-libre des fonctions physiologiques qui favorisent le développement des maladies chroniques, et ces aliments ne devraient occuper qu'une place mineure dans l'alimentation.

Il va sans dire que ce mode d'alimentation est diamétralement opposé à celui qui est actuellement en vogue dans les pays occidentaux, et cette différence joue un rôle majeur dans la forte incidence de plusieurs maladies chroniques caractéristiques de nos sociétés. L'impact dévastateur associé à ces différences n'a rien d'abstrait ni de théorique ; par exemple, alors que les habitants d'Okinawa qui vivent selon le mode traditionnel ont l'une des plus grandes espérances de vie au

Principaux groupes d'aliments qui participent à la prévention des maladies chroniques

- Légumes et fruits
- Céréales et grains entiers
- Huile d'olive

- Légumineuses
- Noix et graines
- Poissons gras (saumon, sardine, maquereau)

- Épices et aromates
- Thé vert
- Vin rouge
- Chocolat noir

Figure 1

monde (81 ans) et le record absolu de centenaires (35 pour 100 000 habitants, soit près de quatre fois plus que les États-Unis), des modifications sans précédent dans les habitudes alimentaires des habitants de cette région sont en voie de renverser cette tendance. Ainsi les jeunes habitants de l'île sont-ils devenus au fil des années particulièrement friands des aliments offerts par les chaînes de restauration rapide situées à proximité des bases militaires américaines, avec comme résultat que ces personnes ont maintenant des niveaux d'obésité et de maladies cardiovasculaires comparables à ceux des pays occidentaux. Avec malheureusement comme conséquence que l'espérance de vie des habitants mâles d'Okinawa a chuté de la 1re à la 26e place au classement

national... Le même phénomène est observé en Crète, où l'abandon du régime alimentaire traditionnel au profit d'une alimentation occidentale a entraîné une augmentation phénoménale de l'obésité et des maladies qui lui sont associées. En d'autres mots, s'il existe plusieurs façons de bien manger afin de prévenir le développement des maladies, l'alimentation qui est actuellement en vogue dans les pays occidentaux n'est certainement pas de ce nombre et représente au contraire un important facteur de risque qui mène invariablement à des problèmes de santé.

Compte tenu de la contribution phénoménale du mode de vie occidental au développement de toutes les maladies chroniques discutées dans ce livre, il va de soi que la modification de certains aspects de ce mode de vie est absolument essentielle pour réduire significativement l'incidence de ces maladies. Fort heureusement, les personnes qui désirent se prendre en main et améliorer leur espérance de vie peuvent tirer profit de la multitude d'études réalisées au cours des dernières années pour adopter de nouvelles habitudes qui peuvent avoir des répercussions extraordinaires sur la santé.

Le tabac : les bienfaits d'écraser

On estime que plus de 500 millions de personnes décéderont au cours des prochaines années des maladies associées au tabagisme, principale cause de mortalité à l'échelle mondiale (Figure 2). Ces

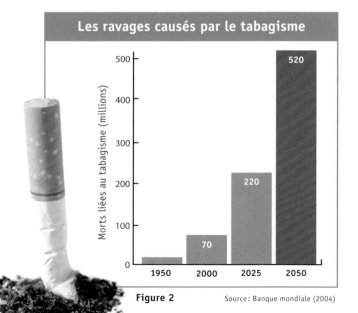

Les ravages causés par le tabagisme

Morts liées au tabagisme (millions)

1950 : (valeur faible)
2000 : 70
2025 : 220
2050 : 520

Figure 2 Source : Banque mondiale (2004)

statistiques sont d'autant plus alarmantes que, dans la moitié des cas, ces décès touchent des individus dans la force de l'âge et peuvent ainsi amputer de vingt à vingt-cinq ans d'espérance de vie à ces personnes. Les effets dévastateurs du tabac sont dus à l'augmentation fulgurante du risque d'être touché par plusieurs maladies graves, en particulier au niveau du cœur et des poumons. Par exemple, chez les gros fumeurs (trente-cinq cigarettes par jour et plus), le risque de maladies cardiovasculaires est augmenté de quatre fois, celui de cancer du poumon de quarante fois, et celui de maladies pulmonaires (obstruction chronique, emphysème...) de cent quinze fois ! La hausse du risque de cancer associé au tabagisme est particulièrement troublante : outre le cancer du poumon, la cigarette augmente le risque d'être touché par quatorze types différents de cancer ! Dans l'ensemble, on estime que la cigarette est la cause directe de 65 % de tous les décès des personnes qui fument.

Si les multiples effets néfastes associés au tabagisme sont bien connus, ce que l'on sait moins, par contre, c'est à quel point il est possible de renverser rapidement les dommages causés par la cigarette en cessant de fumer. Par exemple, des études récentes indiquent que la hausse de mortalité due aux maladies cardiovasculaires observée chez les fumeuses est considérablement réduite (baisse de 60 %) cinq ans seulement après l'abandon du tabac. Pour les maladies pulmonaires et le cancer du poumon, l'impact de l'arrêt est tout aussi réel, avec 20 % de réduction du risque cinq

ans seulement après avoir écrasé la dernière cigarette. Plus intéressant encore, à plus long terme, c'est-à-dire vingt ans après l'abandon du tabac, le risque des ex-fumeurs de développer ces maladies devient pratiquement identique à celui des personnes qui n'ont jamais fumé. Ces observations illustrent bien l'incroyable force de récupération du corps humain, capable en quelques années de renverser les énormes dommages causés par les substances extrêmement toxiques présentes dans la fumée de cigarette. Cesser de fumer n'est donc pas seulement un moyen de mettre un terme à une mauvaise (et dispendieuse) habitude, c'est également la décision qui a le plus d'effets positifs sur l'espérance de vie.

Le contrôle du poids: apprivoiser l'obèse qui dort en nous

Il est toujours amusant de jeter un coup d'œil sur de vieilles photographies datant des années 1980 ou plus et de constater à quel point les modes vestimentaires, les coupes de cheveux ou encore l'apparence des voitures se sont modifiées au fil des années. Ce qui l'est moins, cependant, c'est de voir à quel point les personnes de cette époque étaient plus minces qu'aujourd'hui ! En effet, phénomènes autrefois marginaux, le surpoids et l'obésité ont connu une augmentation considérable au cours du dernier quart de siècle, si bien qu'actuellement les deux tiers des habitants des pays occidentaux vivent avec un excédent de poids.

L'excès de poids et l'obésité qui sont associés à la consommation excessive de calories sont la meilleure illustration des dangers liés à l'alimentation industrielle actuelle. On s'attarde encore trop souvent seulement sur les aspects *extérieurs* de l'accumulation de graisse, et on ne compte plus le nombre d'ouvrages ou d'articles qui discutent des aspects esthétique et psychologique associés à l'excès de poids. Cependant, les observations scientifiques accumulées au cours des dernières années à propos des conséquences de l'excès de graisse sur le fonctionnement du corps montrent qu'il est grand temps de se préoccuper également des effets *intérieurs* et de leurs répercussions sur la santé (voir encadré, p. 235). Le surpoids représente un facteur important dans l'apparition de toutes les maladies chroniques qui touchent de plein fouet la population, que ce soit le diabète de type 2, les maladies cardiovasculaires, plusieurs types de cancer ou encore la maladie d'Alzheimer. Au même titre que l'arrêt du tabagisme, maintenir un poids corporel normal, c'est-à-dire un IMC aux environs de 23, représente donc un objectif primordial pour la prévention de l'ensemble des maladies chroniques.

La masse adipeuse n'est pas quelque chose d'inerte ou de statique qui ne sert qu'à accumuler le surplus d'énergie de la nourriture ; il s'agit au contraire d'un organe extrêmement dynamique, une glande qui sécrète des quantités importantes d'hormones et de molécules inflammatoires qui influencent le fonctionnement de tous les organes du corps. Au même titre que nous nous inquiétons (avec raison) de l'apparition d'une excroissance sur n'importe quelle partie de notre corps, la croissance excessive de la masse adipeuse doit être perçue comme la manifestation visible de profondes modifications dans l'équilibre de nos fonctions vitales, le signal de bouleversements métaboliques importants aux nombreuses ramifications pour le développement de plusieurs maladies.

La pression évolutionnelle de survie, qui nous amène à stocker de façon très efficace l'énergie contenue dans la nourriture sous forme de graisse, nous prédispose à l'obésité de par la nature de l'environnement obésogène dans lequel nous vivons. Cette surconsommation d'aliments surchargés de calories apporte un surplus d'énergie pratiquement impossible à contrebalancer par l'activité physique, surtout à une époque où nous devenons de plus en plus sédentaires. Par exemple, pour « brûler » les calories contenues dans une simple collation composée d'une boisson gazeuse, d'un sac de croustilles et d'une friandise au chocolat, il faut marcher plus de deux heures et demie ou encore faire une randonnée de vélo d'une heure et demie ! Avouons que c'est cher payer pour une collation prise en dix minutes à peine...

Le tabac du XXIe siècle

Il existe une grande analogie entre la crise d'obésité actuelle et la situation qui prévalait il y a quarante ans envers le tabac. On savait déjà à cette époque que le tabagisme augmentait de façon dramatique le risque de cancer du poumon, et plusieurs scientifiques avaient commencé à sonner l'alarme et tenté de sensibiliser la population aux dangers associés à cette mauvaise habitude. Face à une industrie très puissante, ce n'est qu'au prix d'un long travail que ces efforts ont progressivement abouti à l'abolition de la publicité destinée à la promotion de ces produits et, finalement, à un consensus social quant à la nécessité d'encadrer très sévèrement l'utilisation de ces produits par un resserrement marqué des législations. La forte baisse de la proportion de fumeurs dans la population témoigne que ces efforts n'ont pas été vains, et il ne fait aucun doute que les effets positifs de cette réduction du tabagisme se feront sentir au cours des prochaines décennies.

Les données scientifiques concernant les effets catastrophiques de l'obésité sur la santé sont actuellement aussi solides que celles qui existaient à l'époque sur les méfaits du tabagisme. Pourtant, s'il est impossible aujourd'hui d'imaginer une publicité qui vanterait une marque de cigarette à une heure de grande écoute télévisuelle, nous assistons sans broncher à la mise en marché extrêmement agressive de produits alimentaires surchargés en sucre et en gras, dont la consommation ne peut que favoriser l'excès de poids et mener en fin de compte à l'apparition de l'obésité et aux maladies chroniques qui lui sont associées. Cette situation est d'autant plus paradoxale que ces publicités visent en grande partie les enfants, l'avenir même de notre société, alors qu'on sait que l'augmentation alarmante de l'obésité infantile hypothéquera leur santé à plus long terme et nous privera par le fait même d'une partie de leur dynamisme et de leur savoir.

La solution pour combattre l'influence de cet environnement obésogène n'est pas de « se priver » en suivant l'un ou l'autre des innombrables régimes amaigrissants à la mode : en général, ces régimes hypocaloriques engendrent un sentiment de faim intense qui peut être réprimé à court terme mais qui, à plus long terme, ne fait que générer découragement et frustration. Non seulement ces régimes sont généralement inefficaces pour perdre du poids, à cause de notre extraordinaire capacité génétique à extraire la moindre parcelle d'énergie contenue dans la nourriture, mais, plus important encore, ils finissent à la longue par détruire notre relation privilégiée avec la nourriture en nous culpabilisant et, par le fait même, en gâchant le plaisir de manger.

La seule approche réaliste pour maintenir un poids idéal consiste à se soustraire à l'influence de ces aliments industriels hypercaloriques et à adopter une alimentation pour laquelle notre métabolisme s'est adapté au cours de l'évolution, c'est-à-dire une alimentation principalement composée de produits végétaux comme les fruits et légumes et les grains entiers. Pierre d'assise de toutes les cuisines du monde, une telle combinaison d'aliments végétaux permet à nos mécanismes internes impliqués dans le contrôle de l'appétit de fonctionner de façon optimale et ainsi d'éviter la surcharge en énergie qui est immanquablement associée aux aliments transformés.

Les végétaux : quand la nature nous veut du bien

Les fruits et légumes : de bons partenaires

On ne peut qu'être ébahis par la diversité, l'abondance et les couleurs extraordinaires des fruits et des légumes offerts sur nos marchés, en particulier pendant la période des récoltes. Les brocolis et les choux au vert luxuriant rivalisent avec le rouge pimpant des tomates pour attirer le regard ; plus loin, les variétés de courges remplissent l'étal de leurs formes oblongues et irrégulières, forçant les concombres et les aubergines à battre en retraite vers l'espace réservé aux poivrons multicolores,

dont le lustre éclatant n'a d'égal que celui des poireaux tout juste arrachés du sol. Tous ces végétaux fabuleux sont la manifestation tangible de l'incroyable fertilité de la terre et nous rappellent à quel point ces aliments ont joué, et jouent toujours, un rôle important dans l'alimentation humaine.

Les aliments d'origine végétale sont véritablement dans une classe à part pour la prévention des maladies de par leur contenu exceptionnel en vitamines, minéraux, fibres, antioxydants et autres composés phytochimiques. Toutes les maladies chroniques qui touchent actuellement la population sont liées de près ou de loin à une carence en végétaux, un effet qui est d'autant plus accentué qu'elle s'accompagne en parallèle d'une surconsommation d'aliments industriels qui favorisent l'obésité. Une telle combinaison représente vraiment le pire scénario possible pour la santé, car les débalancements métaboliques causés par la surcharge calorique favorisent la création d'un climat inflammatoire propice au développement des maladies chroniques, un effet qui ne peut pas être compensé à cause de la perte d'une précieuse source de molécules antioxydante et anti-inflammatoire due à l'absence de végétaux dans l'alimentation.

Si tous les végétaux constituent des aliments bénéfiques pour la santé, certains d'entre eux se distinguent néanmoins par leurs effets extrêmement positifs sur la santé. Les légumes crucifères, par exemple, sont véritablement dans une classe à part pour la prévention de plusieurs types de cancers et

constituent par conséquent des outils indispensables au maintien d'une bonne santé. Les fruits riches en antioxydants méritent également une attention particulière dans toute stratégie de prévention des maladies par l'alimentation en raison de leur grande capacité à neutraliser les impacts négatifs des radicaux libres, sans doute l'une des principales agressions auxquelles notre organisme doit faire face tout au long de l'existence.

En dépit de toutes leurs qualités, les végétaux demeurent encore aujourd'hui boudés par un large segment de la population : à peine 35 % des personnes consomment le minimum de cinq portions quotidiennes de fruits et de légumes. Paradoxalement, cette situation s'explique par le contenu élevé de ces aliments en molécules bénéfiques pour la santé : contrairement à d'autres substances essentielles au fonctionnement du corps humain comme le sucre, le gras et le sel, dont les goûts sont reconnus favorablement par notre cerveau, les molécules bénéfiques associées aux végétaux confèrent à ces aliments une saveur amère qui est interprétée négativement par nos instincts primitifs, hérités de notre lointain passé évolutif (cerveau reptilien). Ce dégoût de l'amer découle du fait que la majorité des poisons végétaux sont

amers et que nous avons dû développer très tôt dans l'évolution des mécanismes de défense pour éviter ces dangers. Il est cependant possible de dompter ce lézard qui sommeille en nous en combinant l'amertume de ces aliments avec d'autres saveurs, comme c'est d'ailleurs le cas dans toutes les grandes cuisines du monde.

Il faut absolument profiter de la passion et du savoir-faire de nos agriculteurs pour faire une plus grande place à ces aliments extraordinaires, tant pour leurs effets bénéfiques sur la santé que pour leurs qualités gastronomiques hors du commun.

Les grains entiers : un retour aux sources

Notre goût s'est tellement habitué aux produits fabriqués à partir des farines raffinées que l'on oublie à quel point ces aliments n'ont que peu de choses en commun avec les céréales dont elles sont issues. Sous leur forme entière, les grains céréaliers constituent des aliments très riches en plusieurs nutriments essentiels à la santé, et c'est justement pour leur capacité à assurer la survie que ces plantes ont été sélectionnées par les premiers agriculteurs il y a 10 000 ans. L'agriculture, telle qu'on la connaît aujourd'hui, n'aurait jamais pu voir le jour si les récoltes avaient été utilisées pour produire du pain blanc, car l'absence de ces nutriments aurait rapidement provoqué de graves carences et menacé la survie des humains... Si la diversité de notre alimentation nous permet aujourd'hui de consommer des farines raffinées sans souffrir de telles carences, il faut néanmoins garder en tête que ces aliments sont essentiellement une source d'amidon (et donc de sucre), dépourvus des principaux éléments qui rendent les grains entiers si attrayants.

D'ailleurs, outre leur contenu plus élevé en fibres et en nutriments, le principal avantage des produits fabriqués avec des grains entiers est de ralentir l'absorption du sucre à partir de l'amidon des céréales et ainsi de permettre d'atteindre une glycémie stable. Cette propriété est importante car les grandes fluctuations de la glycémie provoquées par les produits à base de farines raffinées induisent de multiples dérèglements du métabolisme qui peuvent favoriser l'excès de poids ainsi que le développement de plusieurs maladies chroniques, notamment le diabète de type 2.

Intégrer autant que possible les produits à base de grains entiers dans l'alimentation quotidienne constitue l'une des modifications du mode de vie qui peut avoir le plus d'impact positif sur notre santé et notre bien-être.

Les légumineuses : des végétaux hors du commun

Les légumineuses sont, avec les céréales à grains entiers, les premières plantes à avoir été domestiquées par les humains. D'un point de vue nutritionnel, cette combinaison est cruciale car elle permet d'apporter à l'organisme l'ensemble des acides aminés essentiels : les légumineuses apportent la lysine alors que les céréales permettent un apport en méthionine. À cet égard, il est intéressant de constater que les bénéfices de la combinaison céréales-légumineuses ont été découverts empiriquement par tous les peuples qui dépendaient de ces aliments pour leur survie : pois chiches et semoule de blé (couscous) en Méditerranée, riz et lentilles en Inde, riz et soja en Asie ou encore maïs et haricots en Amérique centrale.

Le contenu exceptionnel des légumineuses en protéines, fibres, vitamines ainsi qu'en composés phytochimiques fait de ces végétaux hors du commun des aliments extrêmement intéressants pour la santé.

L'huile d'olive : l'or de la Méditerranée

Appréciée depuis plus de 5 000 ans par les habitants des pays bordant la Méditerranée pour ses qualités gustatives, l'huile d'olive est de nos jours considérée non seulement comme un ingrédient culinaire essentiel, mais également comme un des corps gras qui possède le plus d'effets positifs sur le maintien de la santé en général. L'huile d'olive est une huile vraiment unique en son genre, tant pour son contenu exceptionnel en gras monoinsaturés que par la présence de certains composés phénoliques qui possèdent une forte activité antioxydante. Des chercheurs ont récemment identifié dans l'huile d'olive la présence d'oléocanthal, une molécule anti-inflammatoire semblable à l'ibuprofène (Motrin, Advil) !

L'huile d'olive joue un rôle clé dans la prévention des maladies cardiovasculaires et représente un des principaux facteurs responsables de la plus grande longévité des habitants des pays méditerranéens. Compte tenu des effets positifs de l'huile d'olive sur la santé, on ne peut que se réjouir de la très grande variété d'huiles qui sont actuellement offertes sur les rayons de nos épiceries. Si le choix d'une huile d'olive est d'abord et avant tout une question de goût personnel (et de budget), il est tout de même important de privilégier l'huile d'olive vierge ou extra-vierge, autant pour son goût supérieur que pour son influence sur la santé. En effet, ces huiles sont issues d'un système d'extraction mécanique qui permet de conserver la saveur, les arômes, les vitamines et les antioxydants présents dans les olives d'origine. À l'inverse, lorsque la bouteille porte seulement la mention « Huile d'olive », il s'agit d'une huile de qualité inférieure, produite par un raffinage industriel impliquant une extraction à l'aide de solvants organiques qui détruit une partie des molécules antioxydantes présentes naturellement dans l'olive.

La viande rouge : les avantages de la modération

Autrefois considérées comme des produits de luxe réservés aux fêtes et aux occasions spéciales, les viandes rouges occupent aujourd'hui une place prédominante dans l'alimentation occidentale. Par exemple, un Américain consomme en moyenne 123 kg de viande par année alors qu'un Indien n'en consomme que 5 kg ! Un tel excès de viande rouge peut nuire à la santé, non seulement parce qu'elle entraîne l'absorption de gras saturés, d'un excès de calories et augmente forcément le risque de surpoids, mais également parce qu'elle favorise le développement de certaines maladies graves, en particulier le cancer du côlon. En conséquence, le Fonds mondial de recherche contre le cancer recommande dans son dernier rapport de limiter la consommation de viandes rouges à 500 g par semaine.

Dans toutes les traditions culinaires du monde, le goût savoureux des viandes est utilisé depuis des millénaires pour compléter la saveur des plats de légumes, comme dans le couscous, le pot-au-feu

ou encore les différents plats sautés asiatiques, et la richesse de saveurs (umami, entre autres) des viandes permet de rehausser admirablement le goût des bouillons et des sauces et représente une excellente façon d'augmenter notre apport en végétaux et ainsi de diversifier notre alimentation.

D'un point de vue environnemental, la réduction de la consommation de viande constitue une façon souvent méconnue d'entreprendre une action concrète pour la santé de notre planète. Le bétail est responsable à lui seul de 18 % de tous les gaz à effet de serre émis dans l'atmosphère, soit une quantité plus importante que ceux qui sont causés par les activités de transport (12 %)! En plus de son impact sur le réchauffement climatique, l'élevage intensif de bétail occupe le quart de la surface terrestre, nécessitant à lui seul près de 10 % de l'eau disponible. Et puisque la production d'un kilo de viande requiert 7 kg de végétaux, le tiers des terres arables de la planète ne sont utilisées que pour nourrir le bétail...

Les oméga-3 : les rois des gras

Mettre régulièrement des poissons gras comme le saumon, les sardines ou le maquereau au menu n'est pas seulement une excellente façon de diversifier notre alimentation, c'est aussi un moyen de profiter du contenu exceptionnel de ces poissons en EPA et DHA, des acides gras oméga-3 à longue chaîne qui jouent de nombreux rôles essentiels dans le bon fonctionnement de notre organisme. Peu de molécules d'origine alimentaire possèdent autant d'effets bénéfiques sur plusieurs processus essentiels au maintien d'une bonne santé physique et mentale, que ce soit dans le développement et le fonctionnement des cellules du cerveau ou dans la régulation du rythme cardiaque, ou encore par leur effet anti-inflammatoire, qui prévient le développement de nombreuses pathologies. Puisque l'apport insuffisant en acides gras oméga-3 est sans doute l'une des principales carences alimentaires qui touchent actuellement les habitants des pays industrialisés, la consommation de deux ou trois repas de poissons gras par semaine peut avoir un impact considérable sur la santé.

Les bénéfices des oméga-3 ne sont pas seulement associés à la forme à longue chaîne : des études ont montré que les oméga-3 à courte chaîne, présents en quantités extraordinaires dans les graines oléagineuses, comme les graines de lin ou de chia, ont également des effets anti-inflammatoires spectaculaires en réduisant de moitié la production de molécules inflammatoires très puissantes comme le TNF ou l'interleukine-6. L'ajout de graines de lin fraîchement

moulues aux céréales du matin est une des façons les plus simples d'augmenter significativement l'apport en oméga-3 et de profiter de l'impact positif de ces gras sur la prévention des maladies chroniques.

Les graines de chia, quant à elles, n'ont pas besoin d'être moulues pour être absorbées par le tube digestif, et on peut les ajouter directement aux céréales du matin, au yogourt ou aux salades. Le *chia fresca*, par exemple, est une boisson très populaire au Mexique et en Amérique centrale : mélanger 2 cuillerées à thé de graines dans une tasse d'eau pour former un liquide légèrement gélatineux, ajouter un peu de lime et de sucre et savourer. Très différent et surprenant ; une excellente boisson santé pour l'été !

Les épices et aromates : une question de bon goût

Rien n'illustre mieux l'importance du plaisir dans l'alimentation humaine que la place essentielle occupée par les épices et aromates dans toutes les grandes traditions culinaires du monde. En effet, le poivre, le gingembre, le curcuma et les milliers d'autres plantes identifiées au fil des siècles témoignent de l'attrait inné des humains pour la découverte de goûts nouveaux et de nouvelles façons d'apprêter les mets afin qu'ils procurent une expérience allant au-delà du simple apport en calories. La découverte par les premiers explorateurs européens du monde des épices a permis à un nombre croissant de personnes de profiter du goût exceptionnel de ces produits végétaux, qui furent longtemps l'apanage des habitants du continent asiatique, ouvrant la porte à ce qui représente sans doute la première forme de « globalisation des marchés ». L'engouement pour les épices, considérées comme de véritables trésors, ne s'est jamais démenti par la suite : ainsi, en septembre 408, lorsque le roi des Wisigoths Alaric assiège Rome, les habitants affamés finissent par accepter de payer leur libération avec 5 000 livres d'or, 30 000 d'argent, 4 000 vêtements de soie, 3 000 livres de peaux et 3 000 livres de... poivre !

On oublie trop souvent que les épices sont d'abord et avant tout des produits végétaux fabriqués par la plante pour se protéger des agressions de son environnement. Comme pour les fruits et légumes, ces molécules possèdent donc de multiples activités biologiques antioxydantes et anti-inflammatoires qui peuvent influer sur le développement de maladies.

Alors qu'en Amérique du Nord nous avons trop souvent le réflexe d'utiliser le gras, le sucre ou encore le sel pour donner du goût à nos aliments, il est possible de modifier ces habitudes et d'utiliser les propriétés bénéfiques associées aux épices et aromates autant pour donner un parfum incomparable à nos aliments quotidiens que pour profiter de leur impact positif sur la santé. Comme quoi la prévention des maladies peut également être une question de bon goût !

Le thé vert : un reflet de la culture humaine

Considéré depuis deux mille ans comme une boisson santé et comme un symbole d'humanité, le thé n'a d'égal que le vin quand la culture humaine célèbre la richesse de la nature.

Cet extrait d'un poème de Lu Tung (790-835), un poète chinois appelé le « Fou du thé », célèbre le plaisir apporté par les infusions successives du thé dans une théière Yixing :

> *Le premier bol caresse mes lèvres et ma gorge*
> *Le deuxième exile toute ma solitude*
> *Le troisième dissipe la lourdeur de mon esprit*
> *Le quatrième chasse par mes pores la douleur des*
> *afflictions passées*
> *Le cinquième purifie tous les éléments de mon*
> *être, ma chair et mes os*
> *Le sixième me rend semblable aux immortels*

Comme pour le vin, la meilleure façon de découvrir le thé est d'en goûter une grande diversité. Les vins présentent de grandes variétés de goûts, selon les cépages et le terroir ; certaines personnes apprécient le cabernet, d'autres le merlot, le tempranillo ou le syrah. La même diversité se retrouve dans les thés : certains sont herbacés, d'autres floraux, terreux, tanniques ou épicés. Il ne faut donc pas se limiter aux thés en sachet, qui sont souvent des résidus de production des thés, mais plutôt élargir son éventail de saveurs en expérimentant le plus de variétés possibles de thé en vrac, disponibles chez des importateurs. À raison de 5 à 25 dollars les 50 g, et à raison de 2 g la tasse, les meilleurs thés du monde coûtent entre 0,20 et 1 dollar la tasse, soit une fraction du coût d'une boisson gazeuse ou d'un café. N'hésitez donc pas à explorer cet univers de plaisir à coût modeste ! Les seuls noms de thés sont à faire rêver : Bourgeon de neige, Rosée précieuse, Grande robe rouge, Puits du Dragon... Laissez-vous bercer par les effluves d'un Anji Bai Cha, d'un Gyokuro, d'un Tie Guan Yin ou d'un Da Hong Pao.

Il existe de nombreuses façons de déguster le thé, selon les cultures et les régions du monde. C'est en Chine et au Japon que se sont toutefois développées les méthodes les plus raffinées et élégantes. D'après la première méthode, le thé à infuser est déposé dans une tasse appelée Chung, l'eau ajoutée et le couvercle ajusté, pour laisser l'infusion se réaliser. Après quatre à cinq minutes, le couvercle est légèrement déplacé et le thé est bu à même la tasse, en utilisant le couvercle pour retenir les feuilles dans la tasse. Les Chung sont des objets d'art, à la porcelaine délicate et aux glaçures magnifiques. Les feuilles de thé peuvent s'y épanouir en toute liberté et libérer leurs effluves de façon optimale. On peut faire infuser les feuilles plusieurs fois.

La seconde méthode, utilisée en Chine et au Japon, fait usage d'une petite théière de terre cuite ou de porcelaine, d'une capacité d'environ 150 ml. Les meilleures, en argile de grès, viennent d'une région de Chine (Jiangsu) dont la terre possède des caractéristiques particulières à la fabrication des théières. Ces théières, appelées Yixing, sont des objets d'art, de forme superbe, présentant des lignes gracieuses et fluides, de diverses couleurs (du jaune au bleu), mais généralement rouge-brun. Les Japonais utilisent plutôt des théières émaillées, tout aussi élégantes, mais où l'accent esthétique est mis sur la beauté de la glaçure. Quelle que soit la théière, on y dépose les feuilles de thé (2 g), puis l'eau qui a été portée à ébullition, et on laisse infuser de 5 à 8 minutes. Le thé est versé entièrement dans une petite tasse correspondant au volume complet de la théière. Appréciez la couleur de l'infusion, la richesse de l'arôme et la complexité de la saveur. On déguste le thé lentement, en savourant non seulement la boisson, mais également la beauté de la tasse, de la théière et du plateau dans lequel vous aurez préparé le tout. Pour servir, on utilise souvent un plateau de bois sobre, dont les veines sont apparentes, sans décoration superflue. Le plateau permet de transporter et de déguster confortablement le thé.

Sachez créer ce moment d'introspection, si vous le consommez seul, ou apprécier ce moment d'amitié si vous le partagez avec un ami. Dans toutes les cultures où l'on boit le thé, il est associé à l'hospitalité et à la chaleur de la solidarité humaine. Faites-en votre plaisir quotidien.

Pour profiter des effets bénéfiques du thé, voici quelques conseils pratiques

- Visitez un négociant en thé, en personne ou sur Internet ; demandez-lui conseil pour vous initier à ce vaste monde.

- Expérimentez des thés d'origines diverses, d'arômes et de goûts différents, afin d'établir vos goûts personnels ; commencez par une douzaine, pour déterminer vos goûts. Vous allez en préférer certains, vos amis en aimeront d'autres ; offrez-leur ceux-ci, gardez pour vous vos préférés.

- Gâtez-vous en acquérant une belle théière en terre de Yixing ou en céramique japonaise, de belles petites tasses et un plateau de dégustation.

- Faites infuser 1 cuillerée à thé rase par 250 ml, pendant environ 7 minutes ; ajustez à votre goût personnel. Il est normal de percevoir une douce amertume, elle est associée aux polyphénols.

- Créez des pauses de thé, à la maison ou au travail.

- Choisissez un décor relaxant et apaisant pour apprécier cette délicate boisson.

- Savourez ce moment d'introspection si vous le prenez seul.

- Profitez de ce moment d'amitié avec celle ou celui qui partage votre thé.

- Respectez ce moment de culture et d'humanité, issu de vingt siècles d'histoire.

Le vin rouge : recevoir avec raffinement

Avec le chocolat noir, la consommation modérée de vin rouge est sans doute l'une des recommandations santé les plus populaires ! Cet engouement pour le vin s'explique par l'apport incontestable de cette boisson au plaisir de manger, autant pour le mariage de son goût avec la nourriture que pour le climat de détente et de complicité qui est associé à la dégustation d'une bonne bouteille. Personne ne désire gâcher un bon vin avec un repas médiocre (ni d'ailleurs un bon repas avec un vin médiocre), si bien que le désir de prendre un verre de vin en mangeant est généralement associé à une nourriture de bonne qualité, souvent cuisinée avec soin à partir d'ingrédients frais. Le vin est l'ennemi juré de la malbouffe !

Au-delà de son caractère festif, un aspect essentiel du vin rouge qui contribue à la prévention des maladies est son contenu exceptionnel en polyphénols – des molécules qui possèdent de multiples propriétés antioxydantes et anti-inflammatoires et qui empêchent la progression des maladies chroniques. Une de ces molécules, le resvératrol, possède également l'incroyable propriété d'augmenter la longévité de plusieurs espèces animales, et il est probable que cette caractérisque contribue aux bienfaits associés à la consommation modérée de vin. Qu'une boisson aussi délicieuse que le vin rouge puisse contenir autant de molécules aux multiples effets positifs sur la santé est un véritable cadeau de la nature !

Le chocolat noir : la nourriture des dieux

Aucun aliment d'origine végétale n'est capable de susciter autant de passion que le chocolat, le fruit du cacaoyer (*Theobroma cacao*), cette « nourriture des dieux » cultivée par les Olmèques et les Mayas il y a plus de 2 000 ans. Grand bien nous fasse, car la pâte de cacao est une des sources les plus importantes d'antioxydants répertoriée jusqu'à présent !

Pour profiter des effets positifs de ces molécules, il faut cependant privilégier la consommation de chocolat contenant un minimum de 70 % de pâte de cacao et éviter les chocolats au lait : les protéines du lait interagissent directement avec les antioxydants et empêchent leur absorption au niveau de l'intestin.

Même si au fil des siècles le chocolat est devenu synonyme de sucrerie, il est également intéressant de découvrir d'autres mariages de saveurs plus représentatives du chocolat tel qu'il était consommé par les Aztèques. Faites fondre du chocolat à 70 % de cacao au bain-marie, ajoutez du piment d'Espelette, de la cannelle ou encore du poivre et laissez figer en plaçant le mélange dans des petits moules. On peut également appliquer la même technique en ajoutant du gingembre fraîchement râpé, des zestes d'orange ou même... du basilic !

L'exercice physique : beaucoup plus qu'une simple question de muscles !

On sait depuis longtemps que les gens sédentaires sont généralement en moins bonne santé que les personnes qui font régulièrement de l'activité physique. Une telle importance de l'activité physique pour une bonne santé n'est pas un concept nouveau : elle est déjà mentionnée dans les traités médicaux chinois et indiens datant de 3 000 ans !

La sédentarité des habitants des sociétés modernes est remarquable : en effet, on estime que près de 70 % de la population fait moins de 30 minutes par jour d'activité physique d'intensité modérée. Il s'agit d'une situation fort regrettable car la sédentarité augmente le risque d'être touché par au moins trente-cinq désordres de santé sérieux, notamment les maladies cardiovasculaires, certains types de cancer, tels ceux du côlon et du sein, le diabète de type 2 ainsi que d'autres maladies dégénératives comme la maladie d'Alzheimer.

Ce lien étroit entre le manque d'exercice et le développement des maladies chroniques est causé par des mécanismes similaires à ceux qui sont responsables des effets néfastes associés à l'obésité. En effet, l'inactivité et l'obésité provoquent la formation d'un climat d'inflammation chronique à l'intérieur de notre corps, caractérisée par une surproduction de molécules inflammatoires qui perturbent la fonction normale de plusieurs organes. Par exemple, l'inflammation au niveau des adipocytes est liée au développement de la résistance à l'insuline et à l'apparition du diabète de type 2. Les molécules inflammatoires relâchées à proximité de la paroi des vaisseaux sanguins favorisent le développement de lésions d'athérosclérose, alors qu'au niveau cérébral ces conditions inflammatoires peuvent altérer le fonctionnement des neurones et accélérer l'apparition de maladies neurodégénératives. Enfin, la contribution majeure de l'inflammation au développement du cancer fait en sorte que la présence d'un climat généralisé d'inflammation chronique augmente considérablement les risques de croissance incontrôlée de cellules anormales et le développement subséquent du cancer. Faire régulièrement de l'activité physique n'est donc pas seulement un moyen de demeurer en bonne forme et de maintenir l'intégrité de la masse musculaire ; il s'agit en fait d'une véritable thérapie de choc anti-inflammatoire aux conséquences extrêmement positives pour l'ensemble du corps.

Il ne faut pas sous-estimer non plus l'impact capital de l'exercice physique sur notre équilibre mental et psychologique. Pratiquer une activité physique est sans doute la meilleure façon d'apprendre à reconnaître ses limites, à savourer la victoire tout en acceptant la défaite et à confronter ses peurs en faisant preuve de courage, de persévérance et de résilience.

La malbouffe : peu c'est mieux !

Se préoccuper des répercussions de l'alimentation sur la santé ne signifie pas qu'il faille diaboliser les aliments qui ne répondent pas à ces

critères, en particulier ceux qui sont issus de l'industrie de la malbouffe. Manger « santé » ne signifie pas que l'on entre dans une sorte de « secte orthorexique » où les plaisirs associés aux chips, frites, hot-dogs ou autres « gâteries » sont bannis à tout jamais ! Il faut être réalistes : nous vivons dans un environnement qui regorge d'aliments sucrés, gras ou salés (quelquefois les trois en même temps) extrêmement attirants, et il est tout à fait sain et normal de se faire plaisir de temps à autre. C'est la « chronicité » de nos mauvaises habitudes qui est génératrice de problèmes de santé chroniques. Ce n'est pas en mangeant occasionnellement du *fast-food* que l'on devient obèse ou malade : si l'alimentation industrielle moderne est si néfaste pour la santé, ce n'est pas parce qu'une personne mange trois fois par an un menu hot-dog-frites-boisson gazeuse, mais plutôt parce qu'elle en mange trois fois par semaine ! On peut donc adopter une approche défensive face à l'abondance des produits industriels qui nous entourent et considérer ces aliments pour ce qu'ils sont : des plaisirs occasionnels.

Les suppléments ne sont pas la solution

Pour certaines industries, les problèmes de santé liés à une mauvaise alimentation sont faciles à résoudre : il s'agit tout simplement de consommer des suppléments apportant les éléments essentiels manquants, sans remettre pour autant en question notre façon de nous alimenter. Stratégie payante s'il en est : près de 50 % des Nord-Américains consomment régulièrement de ces suppléments, générant des ventes annuelles frisant les 15 milliards de dollars. Cet engouement est d'autant plus remarquable qu'il n'existe aucune étude scientifique montrant que ces suppléments compensent une carence chronique en fruits et légumes. En effet, les nombreuses études réalisées depuis une vingtaine d'années n'arrivent pas à démontrer de façon convaincante un réel bénéfice de ces suppléments multivitaminiques sur le taux de cancer ; au contraire, on observe plutôt une augmentation du risque de développer certains types de cancer par de fortes doses de vitamines A et E. C'est d'ailleurs pour cette raison que le Fonds mondial de recherche contre le cancer recommande dans son dernier rapport de ne pas utiliser de suppléments pour prévenir le cancer.

Une telle médicalisation de l'alimentation, dans laquelle des aliments aussi complexes que les fruits et légumes sont réduits à de simples sources de vitamines, minéraux ou composés phytochimiques facilement remplaçables par des comprimés, est absurde : une alimentation diversifiée, riche en végétaux, peut apporter à l'organisme jusqu'à 20 000 molécules différentes, toutes ces molécules interagissant pour maintenir notre équilibre physiologique et homéostasique et réduire le risque de développer des maladies chroniques. L'absorption et la distribution de ces molécules dans notre corps sont également fortement influencées par la matrice de l'aliment, c'est-à-dire l'ensemble des autres composantes non actives pharmacologiquement mais qui modulent l'absorption, la distribution et l'élimination des molécules biochimiquement actives dans un produit végétal. La nature des graisses, protéines, sucres, contenu en sel, fibres, pH et autres paramètres vont tous moduler cette efficacité d'absorption. Pour la plupart des végétaux, c'est l'évolution qui a permis à une plante d'optimiser cette matrice. Si l'être humain consomme une plante comme aliment, cela est dû non seulement à la présence de molécules bénéfiques pour la santé, mais aussi à l'existence de cette matrice qui permet l'absorption de ces molécules actives.

L'importance de cet « enrobage » des molécules actives présentes dans les végétaux n'est pas anodine : l'industrie pharmaceutique doit déterminer les excipients (produits ajoutés pour l'enrobage, la conservation, le goût et la couleur des comprimés) qui permettent la meilleure absorption d'un médicament. Les études de pharmacocinétique et de pharmacodynamique représentent des investissements de dizaines de millions de dollars dans le développement d'un médicament. Évidemment, une telle complexité est absolument impossible à reproduire dans le cas des suppléments, ce qui contribue à l'inefficacité de ces molécules.

Les suppléments ne sont pas une solution à la forte incidence de maladies chroniques associées à une mauvaise alimentation. En dépit des rôles essentiels des composés phytochimiques, des oméga-3 ou encore des vitamines dans le maintien d'une bonne santé, l'alimentation moderne n'est pas un problème médical qui peut être résolu simplement en absorbant quelques molécules chimiques d'origine alimentaire. Aborder

l'alimentation sous un angle aussi réductionniste, c'est faire preuve de pensée magique, c'est nier la complexité du corps humain et le délicat équilibre qui permet le fonctionnement harmonieux de nos fonctions vitales. Pire encore, c'est manquer de respect à l'alimentation pour le rôle capital qu'elle a joué dans l'histoire humaine, en particulier l'incroyable capacité de notre espèce à utiliser la nourriture comme une source de plaisir et un symbole culturel essentiel à la cohésion des peuples. Nous avons peut-être évolué en mangeant pour survivre, mais c'est en vivant pour manger que nous sommes véritablement devenus des humains.

Vivre pour manger

En Chine, une vieille coutume consiste à saluer quelqu'un non pas par un « Bonjour », mais plutôt par un « *Chi fan le ma ?* » (« As-tu mangé ? »). Cette simple politesse est la meilleure illustration de la place prédominante occupée par la nourriture dans le quotidien des Chinois, une préoccupation qui est admirablement reflétée par l'aspect festif des repas, axés sur le partage de nombreux plats autour de tables animées et bruyantes.

D'un point de vue occidental, nous avons tendance à percevoir ce type de comportement comme « bizarre », une anomalie totalement à l'opposé de notre perception de la place que devrait occuper la nourriture dans nos vies. Pour les Occidentaux, particulièrement les Nord-Américains, manger est un acte nécessaire mais peu important, un besoin parmi tant d'autres que l'on peut satisfaire rapidement. Persuadés que le confort, la richesse et l'abondance typique de notre mode de vie représentent un sommet inégalable, nous avons développé au fil des années une incompréhension, voire une certaine arrogance envers des comportements qui diffèrent de nos habitudes. Pourtant, c'est plutôt notre mode de vie actuel qui va à l'encontre de la relation qui existe entre les humains et la nourriture !

En survolant les grandes étapes qui ont jalonné l'histoire de l'alimentation humaine, on ne peut qu'être fascinés par l'incroyable capacité d'adaptation de notre espèce et par les trésors d'ingéniosité que nos lointains ancêtres ont su déployer tout au long de l'évolution pour parvenir à obtenir la nourriture essentielle à leur survie. Que ce soit les premiers grands singes qui ont cherché à améliorer leur sort en marchant debout, les premiers hominidés qui ont ajouté la viande à leur menu ou encore les premiers chasseurs qui ont utilisé les ressources d'un cerveau toujours plus performant pour devenir des prédateurs redoutables malgré leur petite taille, toutes ces « innovations » destinées à acquérir la nourriture ont directement contribué à l'émergence de l'espèce humaine. Cette grande curiosité des humains envers la nourriture a mené à l'« invention » de l'agriculture, permettant l'identification de nouveaux aliments et la découverte des combinaisons alimentaires qui procurent le plus de plaisir et de bénéfices pour la santé, une nouvelle dimension

culturelle. Ce trésor phénoménal de connaissances empiriques, transmis de génération en génération, constitue la plus formidable expérience réalisée sur cette terre, un héritage d'une valeur inestimable. Beaucoup plus qu'une simple question de survie, l'histoire de l'alimentation humaine est celle de l'humanité elle-même.

L'industrie de la malbouffe est en train de gaspiller cet héritage. En considérant les aliments comme des produits destinés essentiellement à combler les besoins en énergie, l'industrialisation rabaisse l'alimentation à un produit de consommation comme les autres, sans égard pour sa dimension culturelle et historique. Autrefois sacré, l'acte de manger est devenu sans valeur. Il occupe une place de plus en plus restreinte dans nos préoccupations quotidiennes et l'on cherche souvent à le satisfaire au plus bas prix en achetant l'un ou l'autre des innombrables produits transformés présents dans nos épiceries. La préparation des repas est souvent la première à écoper du manque de temps qui caractérise notre époque ; pourtant, il s'agit d'une excuse qui tient beaucoup plus à notre manque d'intérêt envers l'alimentation qu'à un véritable manque de temps : en moyenne, les Canadiens consacrent moins d'une heure par jour aux repas mais plus de deux heures à regarder la télévision. Même chose pour le prix : il coûte beaucoup plus cher de se nourrir de produits industriels que de cuisiner avec des aliments non transformés : en 2007, une étude réalisée à Montréal indiquait que pour une famille composée de deux adultes et de deux enfants, un panier d'épicerie contenant entre autres des fruits, des légumes, des légumineuses et des produits laitiers représentait un coût quotidien « mirobolant » de... 6,11 dollars par personne.

Il ne faut pas se leurrer : le but poursuivi par l'industrie de la malbouffe est en complète contradiction avec ce qu'a représenté l'alimentation tout au long de l'histoire de l'humanité. Le but de l'industrie de la malbouffe, en prenant en charge la responsabilité de nourrir les gens, n'est pas de promouvoir le plaisir de bien manger ou de mettre l'accent sur l'importance de cuisiner avec des ingrédients non transformés comme les fruits et les légumes. Il s'agit au contraire de persuader les gens que manger est un besoin qu'il est possible de satisfaire rapidement, plusieurs fois par jour, à l'aide de produits très riches en calories qui correspondent à notre inclination naturelle pour le sucre, le gras et le sel. Une telle approche est particulièrement dévastatrice pour les enfants : alors que l'enfance représente une étape essentielle pour explorer la multitude d'odeurs, de goûts et de textures associés aux aliments et ainsi développer une relation d'intimité et de respect envers la nourriture et les façons de la préparer, la présence continuelle d'aliments hypercaloriques et au goût uniforme interfère avec l'acquisition de ces connaissances gastronomiques de base. C'est pour cette raison que l'industrie de la malbouffe vise principalement les jeunes et réussit à s'imposer auprès d'eux avec autant de succès dans toutes les régions du monde, même celles qui ont une tradition culinaire très riche comme l'Europe et l'Asie : en redéfinissant les notions mêmes de goût

dès le plus jeune âge, ce type d'alimentation élimine complètement la dimension culturelle qui est depuis des millénaires associée à la nourriture pour la remplacer par le plaisir éphémère qui découle d'un acte destiné strictement à combler nos besoins vitaux.

Tirer profit de l'abondance

Il est dans la nature humaine de considérer ce qui est rare comme quelque chose de précieux et de se désintéresser de ce qui est abondant. Par exemple, en Occident, les épices d'Asie, notamment le poivre, ont pendant longtemps été considérées comme des substances précieuses, réservées à l'usage des riches et des puissants en raison de leur provenance lointaine et de leur rareté. Disponibles aujourd'hui dans n'importe quelle épicerie de quartier, ces épices n'évoquent plus rien de précieux !

Une situation similaire s'est produite avec la nourriture, du moins dans la partie riche de la planète. Alors que pendant des millénaires le principal problème auquel nous avons dû faire face était de survivre aux périodes de disette et de famine, nous vivons aujourd'hui, pour la toute première fois de notre histoire, dans une époque d'abondance extraordinaire de nourriture. Cependant, au lieu de profiter de cette abondance pour améliorer notre condition, nous nous désintéressons de plus en plus non seulement des aliments en tant que tels mais aussi de leurs effets

sur la santé. Pourtant, la rapidité avec laquelle l'alimentation moderne est susceptible de provoquer le développement de plusieurs maladies graves montre à quel point une telle approche est dangereuse et complètement inadaptée à la façon dont notre métabolisme s'est développé au cours de l'évolution. Aussi paradoxal que cela puisse paraître, la surabondance de nourriture doit donc être considérée comme une menace pour notre santé et notre bien-être au même titre que la rareté de nourriture. Cependant, alors que notre métabolisme s'est peu à peu adapté à la rareté de nourriture en développant des mécanismes très efficaces d'utilisation de l'énergie contenue dans les aliments, nous sommes physiologiquement démunis face à une surabondance de nourriture. La seule façon de contrer les effets néfastes qui découlent de la surconsommation alimentaire est de redéfinir la place qu'occupe l'alimentation dans nos vies, de nous adapter culturellement à cette surabondance, non pas en l'utilisant pour manger à outrance, mais plutôt pour explorer de nouveaux horizons culinaires et redécouvrir le plaisir de bien manger.

Manger est l'acte social par excellence, un moment privilégié qui a de tout temps été associé au partage et à la fête. Des banquets et symposiums gréco-romains aux célébrations qui entourent encore aujourd'hui les récoltes de la tomate (Espagne), de l'oignon (Berne), des bleuets (Lac-St-Jean) et autres innombrables produits de la terre, toutes ces fêtes témoignent de l'importance du lien qui existe entre l'homme et la nourriture.

La monotonie de l'alimentation actuelle, dans laquelle le plaisir de manger est surtout associé à la présence de sucre, de gras et de sel, nous fait oublier à quel point la quête de goûts et de sensations nouvelles fait partie intégrante de l'expérience gastronomique humaine. Testicules de taureau en Espagne, scorpions et autres insectes en Chine, reptiles comme l'alligator ou les crotales aux États-Unis, ces aliments témoignent de la curiosité et de l'intrépidité des humains pour identifier de nouvelles ressources alimentaires et repousser les limites du goût (et du dégoût). Cette exploration se fait même parfois au risque de la vie, le meilleur exemple étant le fugu, un poisson au goût délicieux. Considéré comme un mets très raffiné au Japon, le fugu peut cependant se transformer en poison s'il est mal cuisiné. Pour cette raison, seuls des chefs licenciés peuvent le préparer, car la chair doit absolument éviter tout contact avec certains organes de ce poisson, qui contiennent un poison très puissant, la tétrodoxine, un bloqueur de canaux sodiques qui entraîne une mort foudroyante en quelques minutes. Manger représente donc une expérience complexe et stimulante, un exercice d'ouverture sur le monde. On ne peut que s'émerveiller devant les explorations nouvelles que livrent la cuisine moléculaire d'un Hervé This, les plats fabuleux issus des approches de déconstruction culinaire d'un Ferran Adrià, l'œnologie moléculaire qu'élabore un François Chartier ou les talents exceptionnels d'un Mibu Ishida. La découverte en cuisine est toujours enrichissante et reflète la quête

perpétuelle de notre espèce à profiter davantage des richesses de la nature, pour son plaisir.

Le monde dans lequel nous vivons regorge de ressources alimentaires extraordinaires provenant des quatre coins du monde. On ne peut qu'être impressionnés par l'abondance de végétaux des marchés de Bangkok, la diversité des plats de *tapas* espagnols et de *mezze* libanais ou encore de la beauté et l'élégance associées aux *kaizeki* japonais. Dans toutes les grandes traditions culinaires du monde, les plats ne sont pas seulement des aliments sains et délicieux, ce sont de véritables œuvres d'art ! Il faut célébrer cette beauté et cette richesse, s'imprégner de l'histoire et de la culture qui ont permis d'atteindre un tel niveau de raffinement.

Redécouvrir le plaisir de bien manger, c'est profiter de cette incroyable diversité des tables du monde et ainsi explorer la fabuleuse richesse des goûts et des textures associés à ces cuisines millénaires. C'est puiser à même la plus formidable expérience jamais réalisée par l'homme, le résultat tangible de notre ingéniosité à améliorer constamment notre quotidien de façon à ce qu'il procure santé et plaisir. Plus qu'un besoin vital, manger est un acte culturel unique, qui témoigne de la relation privilégiée entre l'homme et la nature. Bien manger, c'est célébrer notre humanité.

Les références indiquées ne représentent qu'une infime fraction de l'abondante littérature établissant les liens entre notre mode de vie et l'apparition des maladies chroniques. Elles peuvent néanmoins constituer un excellent point de départ pour ceux et celles qui désirent explorer plus en détail ce sujet passionnant...

Chapitre 1

Global burden of disease and risk factors, Lopez A.D., Mathers C.D., Ezzati M., Jamison D.T., Murray C.J.L., Eds, Oxford University Press, New York, 2006.

Oeppen J., Vaupel J.W. Broken limits to life expectancy. Science 2002; 296: 1029-1031.

Yates L.B., Djoussé L., Kurth T., Buring J.E., Gaziano J.M. Exceptional longevity in men: modifiable factors associated with survival and function to age 90 years. Arch Int. Med. 2008; 168: 284-290.

Khaw K.-T. Healthy aging. BMJ 1997; 315: 1090-1096.

Popkin B.M. The world is fat. Sci Am. 2007; 297: 88-95.

Willett W.C. Eat, drink and be healthy: The Harvard medical school guide to healthy eating. Free Press, New York, 2001.

Chapitre 2

Human diet: Its origin and evolution. Ungar P.S. et Teaford M.F. Eds, Bergin & Garvey, Westport, 2002.

The emergence of agriculture: a global view. Denham T. et White P. Eds. Routledge, New York, 2007.

Cordain L., Eaton S.B., Sebastian A. et al. Origins and evolution of the Western diet: health implications for the 21st century. Am. J. Clin. Nutr. 2005; 81: 341-354.

Leonard W.R. Food for thought: dietary change was a driving force in human evolution. Sci. Am. 2002; 287:106-115.

Wolf K. Visual ecology: coloured fruit is what the eye sees best. Curr. Biol. 2002; 12: R253-R255.

Becoming human: evolution and the rise of intelligence. Scientific American Special Edition, September 2006.

Larsen C.S. Animal source foods and human health during evolution. J. Nutr. 2003; 133: 3893S-3897S.

Tishkoff S.A., Reed F.A., Ranciaro A. et al. Convergent adaptation of human lactase persistence in Africa and Europe. Nature Genetics 2007; 39: 31-40.

Balter M. Plant science: Seeking agriculture's ancient roots. Science 2007; 316:1830-1835.

Chapitre 3

Goff S.A., Klee H.J. Plant volatile compounds: sensory cues for health and nutritional value? Science 2006; 311: 815-819.

Scott K. Taste recognition: food for thought. Neuron 2005; 48: 455-464.

Chandrashekar J., Hoon M.A., Ryba N.J..P, Zuker C.S. The receptors and cells for mammalian taste. Nature 2006; 444: 288-294.

Flier J.S, Maratos-Flier E. What fuels fat. Sci Am. 2007; 297:72-81.

Cummings D.E., Overduin J. Gastrointestinal regulation of food intake. J. Clin. Invest. 2007; 117: 13-23.

Yamaguchi S., Ninomaya K. Umami and food palatability. J. Nutr. 2000; 130: 921S-926S.

Wooding S. Evolution: a study in bad taste? Curr. Biol. 2005; 15: R805-R807.

Bachmanov A.A., Beauchamp G.K. Taste receptor genes. Annu Rev. Nutr. 2007; 27: 389-414.

Coll A.P., Farooqi I.S., O'Rahilly S. The hormonal control of food intake. Cell 2007; 129: 251-262.

Chapitre 4

Kopelman P.G. Obesity as a medical problem. Nature 2000; 404: 635-643,

Willett W.C., Dietz W.H., Colditz G.A. Guidelines for healthy weight. New Engl. J. Med. 1999; 341: 427-434.

Rosen E.D., Spiegelman B.M. Adipocytes as regulators of energy balance and glucose homeostasis. Nature 2006; 444: 847-853.

Chakravarthy M.V., Booth F.W. Eating, exercise, and "thrifty" genotypes: connecting the dots toward an evolutionary understanding of modern chronic diseases. J. Appl. Physiol. 2004; 96: 3-10.

Christakis N.A., Fowler, J.H. The spread of obesity in a large social network over 32 years. New Engl. J. Med. 2007; 357: 370-379.

Bouchard C. The biological predisposition to obesity: beyong the thrifty genotype scenario. Int. J. Obesity 2007; 31: 1337-1339.

Prentice A.M. Early influences on human energy regulation: thrifty genotypes and thrifty phenotypes. Physiol. Behav. 2005; 86: 640-645.

Willett W.C. Eat, drink and be healthy:The Harvard medical school guide to healthy eating. Free Press, New York, 2001.

Schlosser E. Fast food nation: The dark side of the all-American meal. Houghton Mifflin, New York, 2001.

Chapitre 5

Ross R. Atherosclerosis: an inflammatory disease. New Engl. J. Med. 1999; 340: 115-126.

Di Castelnuovo A., Costanzo S., Bagnardi V., Donatti M.B., Iacoviello L., de Gateano G. Alcohol dosing and total mortality in men and women. Arch. Int. Med. 2006; 166: 2437-3445.

De Lorgeril M., Renaud S., Mamelle N. et al. Mediterranean alpha-linolenic acid-rich diet in secondary prevention of coronary heart disease. Lancet 1994; 343: 1454-1459.

Serafini M., Bugianesi R., Maiani G., Valtuena S., De Santis S., Crozier A. Plasma antioxidants from chocolate. Nature 2003; 424: 1013

Buijsse B., Feskens E.J.M., Kok F.J., Kromhout D. Cocoa intake, blood pressure and cardiovascular mortality: The Zutphen elderly study. Arch. Int. Med. 2006; 166: 411-417.

Lawes C.M.M., Hoorn S.V., Rodgers A. Global burden of blood-pressure-related disease, 2001. Lancet 2008; 371: 1513-1518.

Hansson G.K. Inflammation, atherosclerosis, and coronary heart disease. New Engl. J. Med. 2005; 352: 1685-1695.

Hu F.B., Willett, W.C. Optimal diets for prevention of coronary heart disease. JAMA 2002; 288: 2569-2578.

Després J.-P., Lemieux I., Bergeron J. et al. Abdominal obesity and the metabolic syndrome: contribution to global cardiometabolic risk. Arterioscler. Thromb. Vasc. Biol. 2008; 28: 1039-1049.

Visioli F., Borsani L., Galli C. Diet and prevention of coronary heart disease: the potential role of phytochemicals. Cardiovasc. Res. 2000; 47: 419-425.

Liu S., Manson J.E., Stampfer M.J. et al. Whole grain consumption and risk of ischemic stroke in women: A prospective study. JAMA 2000; 284: 1534-1540.

Willett, W.C. Eat, drink and be healthy:The Harvard medical school guide to healthy eating. Free Press, New York, 2001.

Chapitre 6

Kahn S.E., Hull R.L., Utzschneider K.M. Mechanisms linking obesity to insulin resistance and type 2 diabetes. Nature 2006; 444: 840-846.

Hotamisligil G.S. Inflammation and metabolic disorders. Nature 2006; 444: 860-867.

Lieberman L.S. Dietary, evolutionary, and modernizing influences on the prevalence of type 2 diabetes. Annu. Rev. Nutr. 2003; 23: 345-377.

Qi L., Hu F.B. Dietary glycemic load, whole grains, and systemic inflammation in diabetes: the epidemiological evidence. Curr. Opin. Lipidol. 2007; 18: 3-8.

Fung T.T., Hu F.B., Pereira M.A. et al. Whole-grain intake and the risk of type 2 diabetes: a prospective study in men. Am. J. Clin. Nutr. 2002; 76: 535-540.

Barclay A.W., Petocz P., McMillan-Price J. et al. Glycemic index, glycemic load, and chronic disease risk: a meta-analysis of observational studies. Am. J. Clin. Nutr. 2008; 87: 627-637.

Buchanan T.A. How can we prevent type 2 diabetes? Diabetes 2007; 56: 1502-1507.

Zimmet P., Alberti K.G.M.M., Shaw J. Global and societal implications of the diabetes epidemic. Nature 2001; 414: 782-787.

Muoio D.M., Newgard C.B. Molecular and metabolic mechanisms of insulin resistance and b-cell failure in type 2 diabetes. Nature Rev. Mol. Cell Biol. 2008; 9: 193-205.

Ramasamy R., Vannucci S.J., Du Yan S.S., Herold K., Yan S.F., Schmidt A.M. Advanced glycation en products and RAGE: a common thread in aging diabetes, neurodegeneration, and inflammation. Glycobiology 2005; 15: 16R-28R.

Hu F.B., Manson J.E., Meir J. et al. Diet, lifestyle, and the risk of type 2 diabetes mellitus in women. New Engl. J. Med. 2001; 345: 790-797.

Willett, W.C. Eat, drink and be healthy :The Harvard medical school guide to healthy eating. Free Press, New York, 2001.

Chapitre 7

Hanahan D., Weinberg R.A. The hallmarks of cancer. Cell 2000; 100: 57-70.

Food, Nutrition, Physical Activity and the Prevention of Cancer: a global perspective. WCRF/AICR Export report, 2007.

Anand, P., Kunnumakara, A.B., Sundaram, C., Harikumar, K.B., Tharakan, S.T., Lai, O.S., Sung, B., Aggarwal, B.B. Cancer is a preventable disease that requires major lifestyle changes. Pharm. Res. 2008; 25: 2097-2116.

Calle E.E., Kaaks R. Overweight, obesity and cancer: epidemiological evidence and proposed mechanisms. Nature Rev. Cancer 2004; 4: 579-591.

McTiernan A. Mechanisms linking physical activity with cancer. Nature Rev. Cancer 2008; 8: 205-211.

Benetou V., Trichopoulou A., Orfanos P. et al. Conformity to traditional Mediterranean diet and cancer incidence: the Greek EPIC cohort. Br. J. Cancer 1998; 99: 191-195.

Ames B.N., Gold L.S. Paracelsus to parascience: the environmental cancer distraction. Mutat. Res. 2000; 447:3-13.

Renehan A.G., Tyson M., Egger M., Heller R.F., Zwahlen M. Body-mass index and incidence of cancer: a systematic review and meta-analysis of prospective observational studies. Lancet 2008; 371:569-578.

Holick M.F. Vitamin D: its role in cancer prevention and treatment. Prog. Biophys. Mol. Biol. 2006; 92: 49-59.

Kirsh V.A., Peters U., Mayne S.T. et al. Prospective study of fruit and vegetable intake and risk of prostate cancer. J Natl Cancer Inst. 2007; 99 :1200-1209.

Yang G., Shu X.O., et al. Prospective cohort study of green tea consumption and colorectal cancer risk in women. Cancer Epidemiol Biomarkers Prev. 2007; 16:1219-1223.

Michaud D.S., Spiegelman D., Clinton S.K., Rimm E.B., Willett W.C., Giovannucci E.L. Fruit and vegetable intake and incidence of bladder cancer in a male prospective cohort. J Natl Cancer Inst. 1999; 91: 605-613.

Chapitre 8

Cummings J.L. Alzheimer disease. New Engl. J. Med. 2004; 351: 56-67.

McCarty M.F. Toward prevention of Alzheimer disease: potential nutraceutical strategies for suppressing the production of amyloid beta peptides. Med. Hypotheses 2006; 67: 682-697.

Pasquier F., Boulogne A., Leys D., Fontaine P. Diabetes mellitus and dementia. Diabetes Metab. 2006; 32: 403-414.

Kodl C.T., Seaquist E.R. Cognitive dysfunction and diabetes mellitus. Endocrine Rev. 2008; 29: 494-511.

Ferri C.P., Prince M., Brayne C., et al. Global prevalence of dementia: a Delphi consensus study. Lancet 2005; 366: 2112-2117.

Hendrie H.C., Ogunniyi A., Hall K.S. et al. Incidence of dementia and Alzheimer disease in 2 communities: Yoruba residing in Ibadan, Nigeria, and African Americans residing in Indianapolis, Indiana. JAMA 2001; 285: 739-747.

Chandra V., Ganguli M., Pandav R., Johnston J., Belle S. and DrKosky S.T. Prevalence of Alzheimer's disease and other dementia in rural India: The Indo-US study. Neurology 1998; 51: 1000-1008.

Yaffe K., Kanaya A., Lindquist K. et al. The metabolic syndrome, inflammation and risk of cognitive decline. JAMA 2004; 292: 2237-2242.

Morris M.C., Evans D.A., Bienias J.L. et al. Dietary fats and the risk of incident Alzheimer disease. Arch. Neurol. 2003; 60: 194-200.

Steele M., Stuchbury G., Münch G. The molecular basis of the prevention of Alzheimer's disease through healthy nutrition. Exp. Gerontol. 2007; 42: 28-36.

Verghese J., Lipton R.B., Katz M.J. et al. Leisure activities and the risk of dementia in the elderly. New Engl. J. Med. 2003; 348: 2508-2516.

Singh-Manoux A., Gimeno D., Kivimaki M., Brunner E., Marmot M.G. Low HDL cholesterol is a risk factor for deficit and decline in memory in midlife: The Whitehall II study. Arterioscler. Thromb. Vasc. Biol. 2008; 28: 1556-1562.

Rossi L., Mazzitelli S., Arciello M., Capo C.R., Rotilio G. Benefits from Dietary Polyphenols for Brain Aging and Alzheimer's Disease. Neurochem Res. 2008.

Kivipelto M., Ngandu T., Fratiglioni L. et al. Obesity and Vascular Risk Factors at Midlife and the Risk of Dementia and Alzheimer Disease. Arch Neurol. 2005;62:1556-1560.

Chapitre 9

Ames B.N., Shigenaga M.K., Hagen T.M. Oxidants, antioxidants, and the degenerative diseases of aging. Proc. Natl. Acad. Sc. USA 1993; 90: 7915-7922.

Stahl W., Sies H. Bioactivity and protective effects of natural carotenoids. Biochim. Biophys. Acta 2005; 1740: 101-107.

Hsu S. Green tea and the skin. J. Am. Acad. Dermatol. 2005; 52: 1049-1059.

Morita A. Tobacco smoke causes premature skin aging. J. Dermatol. Sci. 2007; 48: 169-175.

Afaq F., Mukhtar H. Botanical antioxidants in the prevention of photocarcinogenesis and photoaging. Exp. Dermatol. 2006; 15: 678-684.

McCullough J.L., Kelly K.M. Prevention and treatment of skin aging. Ann. N.Y. Acad. Sci. 2006; 1067: 323-331.

Purba M., Kouris-Blazos A., Wattanapenpaiboon N. et al. Skin Wrinkling: Can Food Make a Difference? J. Am. Coll. Nutr. 2001; 20: 71–80.

Boelsma E., Hendriks H.F.J., Roza L. Nutritional skin care: health effects of micronutrients and fatty acids. Am. J. Clin. Nutr. 2001;73:853–864.

Rabe J.H., Mamelak A.J., McElgunn P.J.S., Morison W.L., Sauder D.N. Photoaging: Mechanisms and repair. J. Am. Acad. Dermatol. 2006;55:1-19.

Chapitre 10

Kenfield S.A., Stampfer M.J., Rosner B.A., Colditz G.A. Smoking and smoking cessation in relation to mortality in women. JAMA 2008; 299: 2037-2047.

Heidemann C., Schulze M.B., Franco O.H., Van Dam R.M., Mantzoros C.S., Hu F.B. Dietary patterns and risk of mortality from cardiovascular disease, cancer, and all causes in a prospective cohort of women. Circulation 2008; 118: 230-237.

Handschin C., Spiegelman B.M. The role of exercise and PGC1α in inflammation and chronic disease. Nature 2008; 454: 463-469.

Pollan M. In defense of food: an eater's manifesto. The Penguin Press, New York, 2008.

Petrini C. Slow food nation: Why our food should be good, clean, and fair. Rizzoli Ex Libris, New York, 2007.

CRÉDITS PHOTOS

Cet ouvrage a été composé en ITC Legacy Serif 11/13,75
et achevé d'imprimer au Canada en février 2017